權謀術數
권모술수

학술편수관

▌시작하는 말 ▌

　현대를 일컬어 무한 경쟁 시대라고 한다. 이러한 경쟁 시대에 강자가 약자를 제압하고 다수가 소수를 제압하려는 것은 당연한 힘의 원리이다. 그리하여 이긴 자는 살아남고 경쟁에서 패한 자는 도태될 수밖에 없는 것이 냉혹한 경쟁의 세계이다.

　강자가 약자를 제압하는 것은 어디까지나 힘의 원리에 의하여 이루어질 수 있지만 힘이 더 강하다고 늘 이기는 것은 아니다. 약자도 강자를 제압할 수 있다. 그것은 권모술수라는 수단을 활용하면 가능해진다. 지혜라는 것 역시 힘이며 물리적인 힘을 이길 수 있는 강력함을 갖추고 있다.

　그런데 권모술수라고 하면 무언가 음험하고 부도덕한 것이 떠오른다. 국어사전에도 '남을 속이는 술책'이라고 풀이하고 있다. 일찍이 고대 국가의 성립과 함께 권력을 둘러싼 정치 투쟁은 물론 생존 수단으로서 권모술수가 생겨난 것도 사실이다.

　그러나 권모술수는 원래 약자를 위한 것이다. 강자가 힘으로 약자를 제압하려 할 때 약자는 정공법으로 강자와 맞설 수 없다. 그것은 무모한 짓이다. 따라서 지혜, 즉 권모술수로써 강자의 힘을 막아낼 수밖에 없다. 이런 의미에서 권모술수는 강자의 행동 원리가 아니고 약자의 생존 전략이다.

　중국의 한(漢)나라 때 유향(劉向)이라는 이가 지은 〈설원(說苑)〉이라는 책에 처음으로 '권모(權謀)'라는 말이 나온다. 그 책에 의하면 '사전 계획' 또는 '선견지명'의 뜻으로 풀이되어 있다. 그리고 '술수(術數)'는 '방법을 꾀한다'는 뜻이다.

오늘날과 같은 무한 경쟁 시대에 승부를 결정하는 것은 힘이라기보다는 불가지(不可知)의 권모술수이다. 그리고 정보화 시대가 발달하면 할수록 권모술수는 더욱 각광을 받고 발달해 갈 것이다.
　왜냐하면 권모술수야말로 가장 적은 비용으로 약자가 강자를 이길 수 있는 최선의 방법이기 때문이다.

평역자 이 언 호

차 례

- 제1편 권모술수란 무엇인가
  1. '권모술수'라는 말의 뜻 … 15
  2. 권모술수의 역사 … 16
  3. 한비와 마키아벨리 … 18
  4. 정보화 시대의 병기 … 21

- 제2편 앞을 내다보는 지혜
  1. 간신이 득세하게 만든다 … 25
  2. 상대방의 의심을 풀어준다 … 27
  3. 앞날을 정확하게 내다본다 … 28
  4. 사람에게 투자하라 … 29
  5. 징조를 미리 포착하여 대비한다 … 31
  6. 이상한 징조가 보이면 근신한다 … 32
  7. 속임수로 경쟁자를 제거하다 … 34
  8. 이상하면 뭔가 있는 것이다 … 35
  9. 간파당한 선수(先手)는 무용지물이다 … 36
  10. 후환이 될 만한 것은 미리 제거한다 … 37
  11. 사태를 뒤집어서 본다 … 38
  12. 공격한 다음에 보이는 허점을 친다 … 39
  13. 더 먼 앞을 내다보아야 한다 … 39

- 제3편 중상모략의 기법
  1. 소문의 공명(共鳴) 효과를 이용한다 … 45
  2. 동조자를 이용한다 … 46

3. 거짓말을 하려면 참말부터 하라 … 48
4. 상대의 시기심을 이용한다 … 49
5. 대의명분을 먼저 세운다 … 51
6. 상대방의 뒤통수를 친다 … 52
7. 역효과의 전법을 쓴다 … 53
8. 무책(無策)이 상책이다 … 54
9. 유비무환(有備無患)의 대비책 … 55
10. 중상모략을 역이용한다 … 57

• 제4편 **나를 알고 적을 아는 지략**

1. 상대방의 반응을 관찰한다 … 61
2. 은밀히 상대방을 시험한다 … 63
3. 상대방을 격동시켜 본다 … 64
4. 입장을 바꾸어 생각해 본다 … 65
5. 상대방을 간파하고도 모른 체한다 … 66
6. 상대방에게 시험당할 수도 있다 … 67
7. 지나치게 앞서 가면 다치기 쉽다 … 68
8. 상대를 꿰뚫어보는 눈을 가져라 … 70
9. 상대방에 대한 테스트는 신중하게 … 71

• 제5편 **역습의 술책**

1. 그럴 듯한 논리로 역습한다 … 75
2. 점령군으로 표변한 구원병 … 76
3. 안심을 시켜 놓고 친다 … 77
4. 옳은 말이 자신을 망치기도 한다 … 78
5. 자신의 비밀을 아는 자는 위험하다 … 79
6. 상대를 타락에 빠뜨린다 … 79
7. 야욕을 조장시킨다 … 82

8. 다른 사람에게 덮어씌운다 … 83
   9. 사태의 원리를 간파하라 … 84
  10. 에둘러쳐서 목표를 노린다 … 85
  11. 상대를 혼란에 빠뜨린다 … 86
  12. 자기 희생으로 신뢰를 얻는다 … 87
  13. 서투른 책략은 쓰지 말라 … 89
  14. 상대의 뿌리를 생각하라 … 92
  15. 아부와 충성을 구별해야 한다 … 94
  16. 반대파 숙청은 인재까지 말살한다 … 95

• 제6편 **일석이조의 비책**

   1. 서로 싸우게 하여 틈을 노린다 … 99
   2. 이해관계를 이용한다 … 100
   3. 원한을 폭발시킨다 … 101
   4. 교묘하게 양다리를 걸친다 … 103
   5. 상대를 자극한다 … 104
   6. 인간의 심리를 이용한다 … 105
   7. 실익이 있는 장사를 해야 한다 … 108
   8. 보험에 들어둔다 … 108
   9. 양면을 동시에 노린다 … 109
  10. 일인이역의 술법을 쓴다 … 110
  11. 적의 내부를 친다 … 110

• 제7편 **인간 심리의 이용**

   1. 미인계를 써서 이간시킨다 … 115
   2. 상대방의 심리를 이용한다 … 117
   3. 미색(美色)으로 마음을 흔든다 … 119
   4. 여자의 약점을 이용한다 … 120

5. 상대방으로 하여금 믿게 한다 … 122
6. 은혜는 베풀 때를 알아야 한다 … 124
7. 상대의 분통이 터지게 한다 … 126
8. 상대를 추어올린다 … 127
9. 사람을 격동시켜 능률을 높인다 … 128
10. 비상한 상황에서는 비상한 수단을 쓴다 … 130
11. 감정에 호소한다 … 131
12. 수치를 주어 분발시킨다 … 132
13. 주색잡기에 빠뜨린다 … 135
14. 상하를 이간시킨다 … 136

- 제8편 **연막 전술의 기교**

    1. 알고 있어도 짐짓 모르는 척한다 … 139
    2. 혼자 똑똑한 체하지 말라 … 140
    3. 진심을 쉽게 드러내지 않는다 … 141
    4. 이유 있는 반항의 동기를 꿰뚫어본다 … 144
    5. 때로는 딴전을 피운다 … 147
    6. 적당한 구실을 붙인다 … 148
    7. 시치미를 떼고 의표를 찌른다 … 150
    8. 은근히 자기 의사를 나타낸다 … 152
    9. 스스로 신중하게 처신한다 … 153
    10. 시대 상황에 따라 움직인다 … 154
    11. 속마음은 함부로 드러내지 않는다 … 156
    12. 위장으로 상대를 속인다 … 157

- 제9편 **사람을 다루는 비결**

    1. 상대를 나의 의도대로 유도한다 … 163
    2. 상대방의 마음을 포착한다 … 165

3. 상황에 따라 임기응변한다 … 166
4. 상대방의 마음을 감동시킨다 … 167
5. 위기 상황에서 힘이 발휘된다 … 168
6. 위축된 심리는 폭발력을 가진다 … 170
7. 대세를 유리하게 조성한다 … 171
8. 시기의 선택이 중요하다 … 172
9. 무자비한 응징으로 미리 경고한다 … 174
10. 강경과 유화의 균형이 필요하다 … 175
11. 함정에 걸려들게 한다 … 177
12. 다른 사람의 권위를 빌린다 … 178
13. 사람을 쓸 때 좋은 점을 이용한다 … 181

• 제10편 **위장의 전법**

1. 웃는 사람을 조심하라 … 185
2. 자신의 내심을 간파당하지 말라 … 186
3. 교묘한 방법으로 속이다 … 189
4. 거짓 항복으로 상대를 무찌르다 … 189
5. 안과 밖이 달라서는 안 된다 … 191
6. 상대의 거짓을 꿰뚫어보라 … 192
7. 속지 않는 지혜가 필요하다 … 193
8. 미소 뒤에 숨긴 칼을 경계하라 … 195
9. 위장술로 상대를 안심하게 만든다 … 196

• 제11편 **리더십의 비밀**

1. 미끼를 잘 이용한다 … 201
2. 본보기를 보인다 … 202
3. 신뢰를 미끼로 대어를 낚는다 … 204
4. 상대의 원수를 미끼로 삼는다 … 205

5. 은혜를 미끼로 한다 … 207
6. 은의(恩義)를 산다 … 208
7. 신의로 치고 힘으로 잡는다 … 209
8. 사람을 알아보는 눈을 가져야 … 210
9. 뚜렷한 대의명분을 세운다 … 211
10. 희생의 제물로 본보기를 삼는다 … 212
11. 큰 것을 얻으려면 작은 것을 버린다 … 214
12. 인정을 쓸 때는 써야 한다 … 214

• 제12편 **이해득실의 계산**

1. 남을 도와줄 때는 최대한 생색을 내라 … 219
2. 무력보다는 돈의 힘이 더 크다 … 220
3. 뇌물로 환심을 산다 … 221
4. 이익이 용기를 분발케 한다 … 223
5. 상대방에게 맞는 미끼를 쓰라 … 224
6. 상대가 심약해졌을 때를 노린다 … 225
7. 끈질긴 집념이 필요하다 … 225
8. 돈으로 내부를 교란시킨다 … 227
9. 상대를 안심시킨다 … 228

• 제13편 **회피의 술수**

1. 거짓말로 위기를 면하다 … 233
2. 교묘하게 속인다 … 234
3. 도망하여 복수를 하다 … 236
4. 도망을 거부하여 화(禍)를 당하다 … 237
5. 위장하여 도망하다 … 238
6. 변장술을 쓴다 … 239
7. 어려움을 알면 도망하라 … 240

- 제14편 **허허실실의 기략**

    1. 상대방을 혼란시킨다 … 245
    2. 상대방의 허점을 노린다 … 247
    3. 상대편의 불행을 노려서 친다 … 247
    4. 상대의 위장술을 조심한다 … 249
    5. 계책을 써서 사로잡는다 … 249
    6. 상대의 기를 꺾는다 … 251
    7. 무방비를 노려 갑자기 친다 … 254
    8. 함정에 빠뜨린다 … 256
    9. 세심한 관찰력이 필요하다 … 257
    10. 정공법보다 기계(奇計)를 쓴다 … 260
    11. 몇 수 앞을 내다본다 … 261
    12. 허점을 만들어서 친다 … 264

- 제15편 **난세의 유영술**

    1. 적과 동지는 종이 한 장 차이다 … 269
    2. 경쟁자들끼리 싸움을 붙인다 … 271
    3. 적대 세력을 분열시킨다 … 272
    4. 대세에 적응한다 … 273
    5. 가까운 곳을 친다 … 274
    6. 어부지리(漁父之利)를 노린다 … 275
    7. 사태의 핵심을 간파해야 한다 … 276
    8. 책략은 함부로 쓰는 것이 아니다 … 279
    9. 스스로 낮추어야 한다 … 280
    10. 굽힐 줄도 알아야 한다 … 283
    11. 이해득실을 따진다 … 284
    12. 주체 의식이 중요하다 … 285
    13. 끝까지 단념하지 않는다 … 285

14. 책략이 정도(正道)를 이긴다 … 287
15. 강자의 비위를 맞춘다 … 287
16. 지나침은 모자람만 못하다 … 289
17. 때를 기다린다 … 290
18. 스스로 정도(正道)를 걷는다 … 291
19. 지나치게 직설적으로 말하지 말라 … 292

• 제16편 **싸우지 않고 이기는 법**

1. 힘으로 안 될 때는 꾀로 이긴다 … 298
2. 모함하여 제거한다 … 299
3. 다른 사람의 명성을 빌린다 … 300
4. 세 치 혀로 실지(失地)를 회복하다 … 301
5. 남의 손을 빌려 보복한다 … 302
6. 강자의 권위를 이용한다 … 303

제1편 권모술수란 무엇인가

제1편 권모술수란 무엇인가

1. '권모술수'라는 말의 뜻

　권모술수라는 용어에 대해서 명확하게 정의를 내리기는 쉽지 않다. 문자의 뜻으로만 말한다면 '권(權)'은 원래 '저울'이라는 뜻이었으나 이것이 변하여 '일을 꾸미다'는 의미를 갖게 되었다. '모(謀)'는 '꾀'이며 '술(術)'은 '방법'이다. 그리고 '수(數)'는 '헤아린다' 또는 '도모한다'는 뜻이다.

　이 낱자들을 모아 보면 '권모'는 '일을 저울질하여 꾀를 쓴다'는 뜻이고 '술수'는 '방법을 도모한다'는 뜻이 된다. 그런데 국어사전을 찾아보면 '권모술수'는 '남을 속이는 술책'이라고 되어 있다. 말하자면 나쁜 뜻으로 풀이하고 있다.

　현대는 질식할 정도의 과밀한 사회이고 무서운 경쟁의 시대이다. 사람들은 서로 부닥치며 살아갈 수밖에 없다. 권모술수는 이러한 과밀 경쟁 시대를 살아가는 일종의 안전 운전술이라 할 수 있다.

　넘쳐나는 자동차의 홍수 속에서 안전 운전을 하려면 그 나름의 기술이 필요하다. 다만 자기 차를 움직이기만 하면 되는 것이 아니다. 앞을 잘 내다보고 주위의 차가 움직이는 것을 잘 파악하여 사고를 일으키지 않고 빨리 안전하게 목적지에 도착해야 한다.

　베테랑 운전사가 되면 자기 차를 잘 운전할 뿐만 아니라 주위의 차도

교묘하게 컨트롤하게 된다.

  오늘날과 같은 경쟁 사회를 살아가기 위해서는 그 나름의 지혜가 필요하다. 누구와 힘을 합치고 누구와 싸우며 경쟁 상대를 어떻게 다루느냐. 이 모든 일이 권모술수의 범주에 속한다.

  이러한 지혜는 태어날 때부터 가지고 있다. 아직 젖먹이일 때는 물론 형제라도 생기면 더욱 심해진다. 어떻게 해서든지 어머니를 독점하려고 깜찍한 꾀를 부리기도 한다.

  더 성장한 뒤로는 이웃 어린이들과 어울릴 때라든지 유치원에라도 가게 되면 벌써 자기편과 상대편이 생기면서 이른바 이합집산을 통해 결국은 자기의 입장을 유리하게 만들기 위해 지혜를 짜고 꾀를 부린다. 여기에 이미 권모술수의 요소가 다분히 발휘되고 있다.

  권모와 술수는 방어에만 쓰는 것이 아니고 공격에도 쓴다. 그것이 무기로 둔갑을 하는 경우 쓰는 방법과 목적에 따라 평가는 달라진다.

  〈설원(說苑)〉에 의하면 '같은 권모에도 정(正)이 있고 사(邪)가 있다. 군자의 권모는 옳고 범인의 권모는 나쁘다'는 것이다. 같은 권모술수도 그것을 쓰는 사람 또는 그 결과에 따라서 세상에 유익하면 정당한 것이 되고 세상에 해악을 끼친다면 나쁜 것이 된다.

2. 권모술수의 역사

  권모술수의 역사는 인류의 역사만큼이나 오래되었다. 이를 좀 더 정확하게 말하면 생물의 역사와 함께 탄생했다고도 할 수 있다.

  식충식물(食蟲植物)조차 자기의 먹이를 구하기 위해 항상 '의태(擬態)'와 보호색을 드러내어 '의장 전술(擬裝戰術)'로 적을 속이고 포로를 잡아먹는다. 하물며 동물의 세계야 더 말할 나위가 없다.

생물학자의 연구에 의하면 사자나 호랑이 같은 육식 동물이 들소나 코끼리나 하마 또는 코뿔소와 같은 맹수와 대결할 경우 정공법보다는 '권모술수'를 써서 적의 허점을 찌르고 그 배후에 불의의 습격을 가한다.

사자와 같은 맹수는 날카로운 이빨과 억센 발톱 그리고 기민한 동작 등 선천적인 무기를 가지고 있으면서도 다른 맹수들과 싸울 때는 항상 정정당당하게 대결하는 것이 아니다.

코끼리나 코뿔소 같은 거대한 짐승들은 한 번 발로 차거나 들이받는 것만으로도 사자와 같은 맹수의 내장을 파열시킬 엄청난 힘을 가지고 있기 때문이다.

인간의 투쟁은 맹수와 싸우는 데에 그치는 것이 아니다. 인간 대 인간 또는 집단 대 집단의 투쟁이 계속되고 기업 대 기업의 수평적인 경쟁이 있는가 하면 자본가 대 노동자의 수직적인 투쟁도 있고 내적 모순에 의한 갈등과 항쟁도 있다. 그와 더불어 권모술수의 기교도 다양하게 발전해 왔다.

클라우제비츠는 그의 〈전쟁론〉에서 이렇게 말하고 있다.

"기지(機智)가 관념과 표상의 요술품이라면 책략은 행동의 요술품이다."

이에 비해 손자는 '병(兵)은 궤도(詭道)이다'라고 설파한다. 손자의 '궤도'는 클라우제비츠가 말한 정공·역공의 양자택일의 것이 아니다. '정(正)으로 마주치고 기(奇)로써 이긴다. 그러므로 능히 기(奇)를 나타내는 자는 무궁무진하기가 천지와 같고 그 다함이 없음은 강하수와 같다'라 했다.

'병(兵)'이라는 것은 싸움을 뜻하며, '궤'라는 것은 적을 기만하고 음모를 획책하는 것이다. 손자는 '기만'을 최선의 방법으로 삼는데, 그것은 '병(兵)은 거짓으로써 존립하고 이(利)로써 움직이고 분합(分合)으로써 변화를 일으킨다'라는 중국 병법 사상의 흐름을 따르고 있다.

한편 '승리는 항상 대병(大兵)에 있다'고도 말한다. 나폴레옹과 같은 '대병주의자(大兵主義者)'는 물량 작전을 선호했는데 미국도 대병주의를 채택하고 있다.

그러나 최소의 비용으로 최대의 효과를 얻는다는 경제 원칙에 의하면 물량 작전보다도 기계(奇計)에 의한 소수의 정예주의가 더 효과적이라고 할 수 있다.

3. 한비와 마키아벨리

중국을 원류로 삼는 동양의 권모술수에 상응하여 인용되는 것이 서양의 권모술수, 즉 마키아벨리즘이다. 서양의 권모술수와 동양의 것 사이에는 많은 공통점이 있는가 하면 또 전혀 다른 점도 없지 않다.

'마키아벨리즘'이라는 것은 이탈리아의 사상가 마키아벨리(Niocolo Benardo Machiavelli)가 주장한 정치·사회적 인간 관계의 이론이다. 그는 '인간은 본래 사악한 존재'라고 보고 이러한 인간을 지배하기 위해 군주는 어떻게 해야 하는가를 논하고 있다.

14세기에서 16세기에 걸쳐 이탈리아는 소국들로 분열하여 격동을 거듭했다. 밀라노·나폴리 등의 군주국, 피렌체·제네바·베네치아 등의 도시 국가가 대립 항쟁을 벌이는 가운데 프랑스·독일·스페인이 호시탐탐 이들을 노리고 있었다.

마키아벨리는 피렌체의 귀족 집안에서 태어나 정부의 관리가 되었다. 그는 약소국 피렌체가 살아나갈 길을 모색하기 위한 많은 저작을 펴냈는데 특히 고대 로마 이래의 지배자들을 연구하고 그 통치술에 대해 깊은 관심을 가졌다. 이것이 유명한 〈군주론〉이다.

그는 인간을 믿어서는 안 된다고 주장한다. 인간이라는 것은 애정보다도 이해(利害)로 움직이는 동물이라는 것이다.

인간은 아버지의 죽음은 빨리 잊어버리지만 재산의 손실은 좀처럼 잊어버리지 않는다.(〈군주론〉 제17장)

인간은 모두 간악한 것으로 제약이 없으면 사악한 성격을 그대로 발휘하려고 기회를 노린다.(〈로마사론〉 제1부)

군주가 신하를 단결시켜 충성심을 발휘하게 만들려면 잔학하다는 악평을 두려워해서는 안 된다. 잔학한 군주는 특정의 인간을 해칠 뿐이지만 온정적인 군주는 국민 전체를 상하게 하기 때문이다.(〈군주론〉 제17장)

자기의 본심을 드러내서는 안 된다. 목적을 달성할 때까지는 어떤 수단이라도 모두 사용해야 하기 때문이다.(〈로마사론〉 제1부)

대중을 조종하기 위해서는 큰 희망을 주는 것과 과감한 약속이 필요하다.(<로마사론> 제1부)

이상에 인용한 마키아벨리의 주장은 철저히 인간 불신에 근거를 둔 지배술이다. 이러한 그의 주장은 〈한비자(韓非子)〉를 쓴 한비(韓非)의 것과 흡사하다. 물론 한비는 마키아벨리보다 1,700년 전에 태어난 사람이며 그 역사적 배경 또한 다르다.

그러나 한비도 전국 시대라는 혼란기에 소국인 한(韓)나라에서 태어나 대국인 진나라에 의하여 멸망할 위기에 처해 있었던 나라를 어떻게든 지키려 한 것은 마키아벨리와 비슷하다.

한비의 책을 유학자들이 이단으로 여긴 것이나 마키아벨리의 저서를 로마 교회 관계자들이 '악마의 서(書)'라는 낙인을 찍은 것도 같다. 표면적으로는 악서라는 비난을 받으면서도 실은 많은 사람들이 몰래 읽은 것 또한 비슷하다.

이러한 유사성이 있지만 동양과 서양의 권모술수에 대한 주장의 본질은 실제에서 상당한 차이가 있다.

한마디로 말하면 중국의 권모술수는 여러 개의 다양한 안목으로 보는 '이동 초점'식이다. 반면 서양의 권모술수는 단일 시점에서 바라보는 '고정 초점'식이다. 이를 다르게 말하면 동양식은 애매모호한 가운데 인간미가 있으나 서양식은 기계 같이 냉혹하고 무자비하다.

서구적 사고방식은 '이것이냐 저것이냐'의 양자택일 방식이자 분석적인 방법이다. 이에 대해 동양적 사고방식은 '이것도 하고 저것도 하며' 무엇이든 종합적으로 생각하는 방식이다.

과학을 발달시키는 데는 서양식이 적합할지 모르나 인간이라는 모순의 실체를 파악하는 데는 동양식이 적합하다.

서구적인 술수에는 동양의 경우처럼 인간의 의리나 인정이 얽힌 심리적 조작 요소가 없다. 마키아벨리에 대한 몇 가지 인용에서도 짐작되듯이 힘에 의한 지배와 정치 역학적인 대중 조종의 요소가 강하다.

클라우제비츠는 다음과 같이 말하고 있다.

> 상대를 속이는 책략은 책략면에서 별로 가치가 없다. 인생의 경우도 마찬가지이다.(<전쟁론>)

> 교활함이나 속임수는 전략상의 정석이 아니다.(<전쟁론>)

그러나 동양에는 '궤도(詭道)'라는 말이 있을 정도로 보다 깊고 넓은 의미를 담고 있다.

4. 정보화 시대의 병기

적을 공격하는 데는 정공법과 기공법이 있다. 정정당당하게 정면 대결하는 것이 정공법이라면 힘의 대결을 피하고 책략을 써서 측면 또는 배후를 치는 것이 기공법이다.

특히 정보화 시대라 불리는 오늘날 적이나 경쟁자에 관한 정보 탐지 능력은 정보 수집 능력과 기술의 발달로 눈부시게 향상되었다.

그러나 문제는 적의 주관적 의도라 할 수 있는 권모술수의 파악은 기계의 능력이 미치는 한도 밖에 있다.

이러한 의미에서 '권모술수'라는 무기는 정보화 시대가 발달하면 할수록 더욱 각광을 받게 될 것이다.

제2편 앞을 내다보는 지혜

제2편 앞을 내다보는 지혜

앞날을 예측한다는 것은 쉬운 일이 아니다. 그러나 지혜 있는 사람들은 매우 독특한 방법으로 먼저 앞날을 내다보고 선수를 쳐서 기선을 잡았다.

권모술수란 이처럼 남보다 먼저 앞을 내다보고 판단하는 일로부터 시작된다고 해도 과언이 아니다. 그렇다면 권모술수의 명수들은 과연 어떻게 미리 앞날을 예측하고 선수를 쳤을까?

1. 간신이 득세하게 만든다

은(殷)나라의 주왕(紂王)은 악녀로 유명한 미녀 달기를 사랑하여 주지육림 속에서 밤낮을 술과 노래에 파묻혀 지냈다. 그는 기름칠한 구리기둥을 숯불 위에 걸쳐 놓고 죄인을 그 위로 건너가게 해 잔인하게 불태워 죽이는 '포락(炮烙)'이라는 형을 고안해 내기도 했는데 이의 폐지를 권고한 충신을 '건육(乾肉)'으로 만들어 죽이기도 한 폭군이었다.

이 은나라를 때려눕힌 나라가 서쪽의 호족 중에서 일어난 주(周)나라이다. 그러나 주나라가 어느 날 갑자기 은나라로 쳐들어간 것은 아니었다. 주(周)의 문왕(文王)은 은나라의 주왕에게 땅을 헌납하고 대신 포락의 형을 폐하도록 청하여 천하의 민심을 모으는 한편, 자신도 그 영내에 선정을 베풀면서 조용히 때를 기다리고 있었다. 결국 주가 은을 친 것은 문왕의 아들인 무왕(武王)의 대에 와서 비로소 이루어졌는데 문왕의 재위 50년은 말하자면 때를 기다리고 준비를 하는 기간이었다. 다음은 그 시기의 이야기이다.

주나라가 비장하고 있는 보물에 '옥판(玉版)'이라는 진귀한 보배가 있었다. 그런데 어느 날 주의 문왕에게 은나라의 주왕이 교격(膠鬲)이라는 대신을 사자로 보내어 그 옥판을 달라고 했다. 문왕은 평소에 교격의 고결한 인품을 존경해 왔던 터라 그에게 후한 대접을 하였으나 문제의 옥판만은 내주려고 하지 않았다.

"이것은 전래의 보물이므로 드릴 수가 없습니다."

교격은 하는 수 없이 빈손으로 돌아갔다.

그러나 주왕은 끝내 그것을 단념하지 못하고 이번에는 비중(費仲)이라는 사람을 시켜서 재차 옥판을 얻어 오라고 보냈다. 이 비중이라는 자는 사악한 신하로 주왕의 악행을 부추겨 사욕을 채우는 간신이었다.

주나라 사람들은 이번에도 문왕이 당연히 거절할 것이라고 생각했다. 그런데 문왕은 뜻밖에도 비중이 찾아오자 두 말 없이 옥판을 내주었다.

그 이유는 간단하다. 교격은 고결한 현신이고 비중은 사악한 간신이기 때문이다. 문왕은 교격과 같은 현신이 은 왕조에서 출세하는 것을 원치 않았다. 그래서 비중에게 준 것이다. 만일 교격에게 주면 그는 왕명을 완수한 공으로 은나라에서 높은 지위를 얻게 될 것이다. 그렇게 되면 은나라는 발전할 것이 틀림없고 그것은 결과적으로 주나라에는 이롭지 못하게 된다.

한편 비중은 사악한 간신이기 때문에 그에게 보물을 내주어서 이러한 인물이 득세하게 만들면 머지않아 은나라는 멸망할 것임에 틀림이 없다. 이 경우에 보물 따위는 문제가 되지 않는다. 은나라가 망하면 그 보물은 자연히 되찾게 될 것이기 때문이다.

그 후의 사태는 과연 문왕이 예견한 대로 진행되었다. 은나라에는 간신들이 득세를 하고 정치는 혼란을 거듭하여, 주나라 군대가 밀어닥치자 허무하게 무너지고 말았다.

2. 상대방의 의심을 풀어준다

진(秦)나라의 노장(老將) 왕전(王翦)이 60만 대군을 거느리고 초나라를 치러 갈 때였다. 왕전이 진왕 정(政: 나중에 진시황제가 된다)에게 말했다.

"신이 대왕께 청할 일이 있습니다."

진왕 정이 물었다.

"무엇인지 말해 보오."

노장 왕전은 소매 속에서 목록을 내놓았다. 그 목록에는 함양 땅 중에서도 가장 좋은 밭과 훌륭한 저택들이 적혀 있었다.

진왕 정이 말했다.

"장군이 초나라를 무찌르고 개선하면 과인은 장군과 함께 부귀를 누릴 것인데 장차 가난할까봐 걱정이오?"

왕전이 다시 청한다.

"신은 이제 늙었습니다. 늙으면 죽게 마련입니다. 하오니 신이 죽을지라도 좋은 밭과 저택들을 자손에게 물려주고 싶습니다."

진왕 정이 크게 웃고 대답했다.

"알겠소. 장군의 청대로 해 주겠소."

마침내 왕전은 대군을 거느리고 함양을 떠나 함곡관으로 나아갔다. 왕전은 함곡관을 지나면서 수하 아장(牙將)을 불러 일렀다.

"그대는 곧 함양으로 돌아가서 대왕께 나의 말을 전하라. '좋은 밭과 저택은 받았지만 기왕이면 아름다운 동산과 못(池)이 있는 훌륭한 저택을 좀 더 많이 주셨으면 합니다' 하고 나의 뜻을 아뢰어라."

부장(副將) 몽무(蒙武)가 왕전에게 말했다.

"노장군께서는 대왕에게 너무도 많은 것을 청하십니다그려."

노장 왕전이 빙그레 웃고 대답했다.

"진왕은 성미가 사납고 의심이 많은 사람이오. 이번에 왕은 나에게 60만 대군을 맡겼소. 지금 국내에 남아 있는 군사라곤 몇 백 명밖에 안 되오. 만일 내가 반역이라도 하면 어쩌나 하고 왕은 속으로 의심을 할 것이오. 내가 나의 자손을 위해서 많은 청을 한 것은 왕을 안심시키기 위해서였소. 왕의 의심을 받는 신하는 죽임을 당하기 때문이오."

3. 앞날을 정확하게 내다본다

변화가 무쌍한 난세를 살아가려면 다른 사람보다도 빨리 앞을 내다보고 적절하게 손을 쓰지 않으면 안 된다.

7대 강국이 생존을 위해 격심한 경쟁을 계속하던 전국 시대의 일이다. 진(秦)·한(韓)·위(魏)·조(趙)·연(燕)의 5개국이 동맹을 맺고 동쪽의 제(齊)나라를 쳤다. 이것을 보고 기뻐한 것은 초(楚)나라였다. 싸움의 영향권 밖에 있는 초나라로서는 강 건너 불구경이요 타국끼리의 싸움이니 크게 환영할 만한 일이었다.

초왕을 비롯해서 중신들은 잇달아 들려오는 첩보에 모두 손뼉을 치고 있었다. 그런데 오직 한 신하만 오히려 그것을 염려하고 있었다. 곧 소양(昭陽)이라는 사람이었다. 그는 생각했다.

'5개국 동맹군이 제나라를 친 다음에는 반드시 우리 초나라로 쳐들어 올 것이다.'

5개국의 중심 세력은 진나라이며 진나라가 진정으로 노리고 있는 것은 인접하고 있는 초나라 땅이었다. 초나라를 노리지 않을 까닭이 없었다.

그의 의견은 초왕에게 상주되었고 이를 받아들인 초왕은 그 대책을 강구했다. 그 결과 5개국 동맹을 분열시키는 것이 가장 효과적이라는 결론을 내렸다. 그리하여 5개국 중에 제일 먼저 위나라를 목표로 하여 초나라의 밀사가 파견되었다.

"5개국 동맹에서 탈퇴하면 우리 초나라는 귀국에 다섯 성(城)을 할양해 드리겠습니다."

위왕은 이 말을 믿고 당장에 동맹을 깨뜨리고 말았다.

이렇게 해서 5개국의 위협이 사라지자 초나라는 이 약속을 이행하지 않고 어물어물 미루기만 했다. 이리하여 소양의 예견으로 초나라는 위기를 사전에 막을 수 있었다. 이에 비해 위왕은 앞을 내다보지 못하고 동맹을 깨뜨려 신의만 잃고 말았다.

4. 사람에게 투자하라

조나라의 거상(巨商) 여불위(呂不韋)는 어느 날 거리에 나갔다가 우연히 진(秦)나라의 왕손 이인(異人)을 보았다. 이인은 그 때 볼모로 와 있었는데 조나라 조정으로부터 천대를 받고 있었다.

여불위가 이인을 본즉 참으로 귀인의 상이었다. 얼굴은 백옥 같고 입술은 붉은빛이었다. 여불위는 속으로 은근히 탄복하며 중얼거렸다.

"잘만 하면 참으로 좋은 밑천이 되겠구나."

여불위는 그 날 집으로 돌아가 그의 아버지에게 물었다.

"농사를 지으면 몇 배나 이익을 볼 수 있습니까?"

아버지가 대답했다.

"열 배의 이익을 보게 되겠지."

"구슬이나 옥 같은 보물 장사를 하면 몇 배나 이익을 봅니까?"

"줄잡아 백 배의 이익은 보겠지."

여불위가 계속 물었다.

"만일 한 사람을 도와서 그 사람을 일국의 왕이 되게 하여 그 나라 정권을 잡는다면 그 이익이 몇 배나 되겠습니까?"

아버지가 웃으면서 대답했다.

"참으로 그렇게 된다면 그 이익을 어찌 다 헤아릴 수 있겠느냐."

이리하여 여불위는 천금을 흩어 왕손 이인의 탈출 계획을 진행하는 동시에 자신의 애첩 조희(趙姬)를 이인과 맺어 주기까지 했다. 그 때 조희는 이미 여불위의 씨를 배고 있었으나 이 일은 극비에 부쳐 두었다.

마침내 조나라를 탈출하는 데 성공한 왕손 이인은 그 후 진나라 왕이 되고 여불위는 승상이 되어 진나라의 정권을 장악했다.

지난날 여불위의 애첩이었던 조희는 왕후가 되고 실은 여불위의 자식인 정(政)이 태자가 되었는데 태자 정이 나중에 진시황이 되었다. (여불위는 그 후 지나치게 권세를 오로지하고 조희와 관계를 계속하다가 마침내 진왕 정(政)에 의해 자결하라는 명을 받는다.)

5. 징조를 미리 포착하여 대비한다

한대(漢代)에 편찬된 〈설원(說苑)〉이라는 고대 중국의 설화집에 '권모(權謀)'라는 제목이 붙은 한 편(篇)이 있는데 그 책에 모아놓은 일화의 대부분은 미리 앞을 내다본 현자들의 이야기라고 할 수 있다. 그 당시의 정의에 의하면 '권모'라는 것은 '앞을 예견하는 것'이라고 하였다.

대개의 경우 일이라는 것은 뚜렷한 형태를 갖추기 전에 어떤 징조가 먼저 나타난다. 아무리 갑자기 일어난 일이라도 사실은 '징조'가 있다는 것이다. 다만 주의를 기울이지 않았거나 그에 대한 지식이 없었기 때문에 그것을 몰랐을 뿐이다.

간단한 실례를 들어 보자.

'은나라의 주왕이 상아로 젓가락을 만들었다. 이를 본 중신 기자(箕子)는 천하의 화(禍)를 예지했다'는 말이 나오는데 과연 그 후 천하는 혼란에 빠지고 은나라는 멸망했다. '상아 젓가락'과 '천하의 화'란 어떻게 연결되는 것일까?

〈한비자(韓非子)〉에 의하면 기자는 다음과 같이 생각했다고 한다.

상아로 젓가락을 만들게 되면 음식을 만드는 그릇도 옥석으로 만들어야 할 것이다. 옥으로 만든 집기와 상아 젓가락을 사용하면 콩이나 야채 따위는 먹지 않을 것이고 코끼리의 고기나 표범의 창자 등 진미를 먹게 될 것이다.

그렇게 되면 입는 옷이나 사는 집도 지금 같은 것과는 맞지 않으므로 비단옷에 화려한 궁전에 살게 마련일 것이다. 이렇게 사치에 흐르게 되면 망하지 않을 수 없다.

이러한 견해는 '바람만 불어도 통을 만드는 장사는 돈벌이가 된다'는 식의 비약적 논리로 발전할 가능성이 없는 것은 아니지만 요컨대 사소한 징조에서도 숨겨진 본질을 찾아낼 수 있다는 점이 중요하다.

[* 바람만 불어도 나무통을 만드는 장사는 돈벌이가 된다: 일본의 속담. '바람이 세게 불면 자칫 눈에 먼지가 들어가 눈이 멀 수 있다 → 두 눈이 안 보이면 안마사가 될 수 있다 → 안마사를 하려면 샤미센을 퉁기면서 골목을 누벼야 한다 → 샤미센 줄은 고양이 가죽으로 만든다 → 고양이를 많이 잡으면 쥐가 극성을 부린다 → 쥐가 많아지면 집집마다 목욕통에 물을 길어 붓는 나무통을 갉아먹는다 → 집집마다 나무통을 새로 만들거나 고쳐야 한다 → 나무통 장사가 돈을 번다'는 공식이다.]

6. 이상한 징조가 보이면 근신한다

삼국 시대 위나라의 권신 하안(何晏)이 들으니 평원 땅에 있는 관로(管輅)가 점을 잘 친다고 했다. 하루는 관로를 청하여 주역을 논하고 있는데 때마침 그의 동료 등양이 옆에 있다가 관로에게 물었다.

"그대가 말로만 주역에 밝다면서 한 번도 주역 가운데 사의(詞議 또는 辭意: 글이나 말로 이야기되는 뜻)는 말한 적이 없음은 무슨 까닭이오?"

관로가 대답했다.

"모르시는 말씀…. 원래 주역을 잘하는 자는 주역에 대해 말하지 않는 법이라오."

듣고 있던 하안이 크게 웃었다.

"옳은 말이오."

한바탕 칭찬하고 나서 관로에게 은근히 물었다.

"어디 내 점 한번 쳐 보시오. 혹시 삼공(三公) 자리에 앉기나 할지 한번 잘 봐 주슈."

한편으로 관로의 눈치를 보면서 물었다.

"영감, 내 여러 차례나 쉬파리 떼 수십 마리가 콧등에 날아들었는데 그게 무슨 조짐이겠소?"

"코라는 것은 원래가 산이라서 산은 높으면서도 위태롭지 않아야 길이 귀함을 지킬 터인데 이제 쉬파리가 악취를 맡고 모였으니 벼슬 높은 자가 넘어지지 않을까 두렵습니다. 바라건대 귀공께서는 많은 것을 펴고 적은 것을 더하여 예(禮)가 아니면 밟지 않아야 비로소 삼공의 자리에 이를 수 있을 것이며 쉬파리 떼를 물리칠 수 있을 것입니다."

관로의 말이 미처 끝나기도 전에 등양이 눈을 부라리며 소리쳤다.

"그게 무슨 점인가? 무엄한 소릴 함부로 지껄이다니!"

관로도 소리를 높이며 소매를 떨치고 나와 버렸다.

"노생(老生)이 살지 못할 것을 보고, 상담하는 자 말하지 못할 것을 보았구나!"

하안과 등양은 껄껄 웃으며 비웃어 마지않았다.

"그것 참… 미친 놈이로군!"

관로는 집으로 돌아오자 마침 다니러 온 외삼촌에게 이 일을 이야기했다. 듣고 나자 외삼촌은 크게 놀랐다.

"아니, 네가 정신이 있는 사람이냐? 그 두 사람의 권세가 어떠한데 함부로 그런 말을 지껄였느냐?"

그러나 관로는 서슴지 않고 내뱉듯이 말했다.

"아, 죽은 사람하고 얘기했는데 걱정은 무슨 걱정이십니까?"

외삼촌은 더욱 놀라서 물었다.

"죽은 사람이라니? 그건 또 무슨 말이냐?"

"제가 보기에 등양의 걸음걸이는 힘줄이 뼈를 묶이지 못하고 맥이 살을 누르지 못하여, 일어나고 서는데 마치 수족이 없는 듯 뒤룩거리니 곧 귀신이 뛰노는 상(相)이요, 하안으로 말하면 눈을 뜨는데 넋이 집을 지키지 못하고 피가 화색(華色)이 없으며 얼굴이 마치 마른나무 같으니,

바로 귀신이 씐 상입니다. 두 사람에게 필시 조만간 살신지화(殺身之禍)가 있을 텐데 무엇이 두렵겠습니까."

듣고 있던 관로의 외삼촌 역시 하도 어처구니없는 말에 자리를 떨치고 나가 버렸다.

"예끼 미친 놈!"

그 일이 있고 얼마 지나지 않아 하안과 등양은 기회만 엿보고 있던 사마의(司馬懿)의 반정(反正) 때에 모두 무참한 죽임을 당하고 말았다. 이상한 징조가 보일 때 스스로 근신했어야 옳았다.

7. 속임수로 경쟁자를 제거하다

초나라 왕후 정수(鄭袖)는 자색이 아름답고 지혜가 뛰어나 초왕의 사랑을 독차지하고 있었다. 그런데 초왕이 한 미인을 새로 맞아들인 뒤로 그녀에게서 점점 멀어져 갔다. 사랑을 빼앗긴 정수가 새로 들어온 미인에게 말했다.

"그대는 아직 모르겠지만 대왕은 여자가 손으로 코를 살짝 가리는 것을 몹시 좋아한다네. 그러니 대왕 앞에서는 언제나 코를 가리도록 하게."

그 후로 미인은 그 말을 곧이듣고 정수가 시키는 대로 초왕 앞에서는 항상 손으로 코를 가렸다.

어느 날 초왕이 정수에게 물었다.

"미인이 나만 보면 손으로 코를 막으니 무슨 까닭일까?"

정수가 앙큼스럽게 대답했다.

"대왕의 몸에서 노린내가 어찌나 심하게 나는지 코를 막아야 견디겠다고 하더군요."

이 말을 듣고 크게 노한 초왕은 그날로 미인의 코를 베어 버렸다. 이리하여 정수는 다시 초왕의 사랑을 독차지하게 되었다.

8. 이상하면 뭔가 있는 것이다

진(晋)나라의 지백(智伯)은 한·위(韓魏) 동맹군을 이끌고 조나라로 쳐들어가 진양성을 물로 함몰시키는 수공(水攻)을 가했다. 성은 곧 수몰될 찰나였고 항복은 시간 문제였다.
그 때 지백의 한 부하가 말했다.
"동맹군인 한나라와 위나라가 배반할 것 같습니다."
"어떻게 그것을 알 수 있는가?"
지백이 묻자 부하가 대답했다.
"적의 성이 함몰 직전에 있는데도 한·위 두 나라의 왕이 기뻐하기는커녕 어딘가 석연치 않은 얼굴을 하고 있습니다. 이것은 바로 딴마음을 가지고 있다는 증거입니다."
다음 날 지백은 한·위 두 나라의 왕에게 추궁하였다.
"귀공들이 배신할 것이라고 밀고하는 사람이 있는데 사실이오?"
두 사람이 동시에 말했다.
"조나라를 이겨서 그 땅을 셋으로 나누려는 터에 어찌 우리가 딴마음을 먹겠소. 그것은 우리를 분열시키려는 중상모략일 것이오."
지백은 그 말을 믿고 그 부하를 죽이려고 했다. 이 기미를 알아챈 부하는 재빨리 도망을 치고 말았다. 그러나 그 후 얼마 되지 않아 한나라와 위나라는 과연 지백에게 반기를 들었다.
이런 경우 대개는 기뻐하는 것이 보통이다. 기뻐하지 않는다는 데서 그 부하는 무엇인가 이상한 '조짐'을 발견했다. 마치 땅 표면의 희미한 변화를 보고 광맥을 발견하는 것과 같다. 더욱이 마음의 동요는 어떤 형태로든 겉으로 나타나게 마련이다.

'숨기고 있는 것만큼 잘 나타나는 것은 없다.'(<중용(中庸)>)

9. 간파당한 선수(先手)는 무용지물이다

진(晋)나라에서 위(衛)나라에 막대한 보화를 선물로 보내왔다. 위왕은 크게 기뻐하며 신하들을 모아놓고 축하연을 베풀었다. 위나라는 소국인데 진나라는 국토가 엄청나게 넓고 강한 나라였다. 그런 대국에서 예를 갖추어 선물을 보내왔으니 기뻐하는 것도 무리가 아니었다.

그런데 남문자(南文子)라고 하는 신하는 축하는커녕 어두운 얼굴로 위왕에게 간했다.

"이유가 없는 선물을 보낸다는 것은 화근의 징조입니다. 진나라와 위나라의 힘의 관계를 보면 이쪽에서 예물을 올려야 할 것인데 오히려 저쪽에서 보내왔습니다. 이것은 심상치 않는 일로 결코 방심해서는 안 될 것입니다."

"흠, 일리가 있는 말이오."

위왕은 느낀 바 있어 성을 수축하고 군사들을 훈련시키는 등 국경 방비를 게을리 하지 않았다.

실은 그 선물은 진나라 지백(智伯)의 계략이었다. 지백은 먼저 보물을 선사하여 안심시킨 다음 군마를 선물로 가장하여 보내 일거에 위나라를 치려 했던 것이다.

때를 보아 국경 가까이 군마를 집결시킨 지백은 뜻밖에도 위나라의 수비가 튼튼한 것을 보자 계략이 탄로 난 것을 알고 즉시 군사를 되돌리고 말았다.

10. 후환이 될 만한 것은 미리 제거한다

한신(韓信)은 한(漢) 제국 건립의 일등 공신이다. 그 한신이 모반을 꾸미고 있다는 밀고가 여후(呂后)에게 알려지자 여후는 위계(僞計)를 꾸며 한신을 궁중에 들어오라 하고는 복병을 시켜 그를 죽였다.

뿐만 아니라 그녀는 한신의 삼족, 즉 부계·모계와 처족 등을 모두 죽여 이른바 연좌제를 처음으로 적용한 공포 정치의 명수였다.

그 후 양왕(梁王) 팽월(彭越)이 고조 유방의 토벌전에 참여하지 않았다는 이유로 평민으로 강등되자 그 억울함을 낙양에 있는 여후에게 호소하며 구명 운동을 했다.

그러나 여후는 거꾸로 고조에게 팽월을 그대로 두면 나중에 모반할 것이니 그 전에 미리 죽여야 한다고 하였다.

"양왕 팽월은 만약 제가 그를 구해 주더라도 한을 품을 것이며 또한 구해 주지 않으면 더욱 한을 품을 것입니다."

"음, 그것도 그렇겠구먼…."

유방이 결정을 내리지 못하고 유예하자 여후가 다그쳤다.

"팽월은 결코 남의 밑에 있을 인물이 아닙니다."

"…."

여후와 고조의 대화는 이렇게 끝났다.

결국 팽월은 살해되고 그 일족도 모조리 처형되었다. 그의 시체는 소금에 절여 여러 제후들에게 본보기로 보여주었다.

11. 사태를 뒤집어서 본다

위에서 보았듯이 조금이라도 부자연스러운 '징조'가 보일 때는 그것을 통해서 앞일을 예견할 수 있다. 그런데 표면적으로는 아무런 이상도 보이지 않는 경우가 있다.

이에 대해서 권모술수의 명수들은 매우 독특한 방법을 쓰고 있다. 그것은 음성적인 방법으로 보는 수법이다. 달리 말하면 뒤집어서 보는 방법이다.

초나라의 장왕(莊王)은 소국 진(陳)나라를 공략하기 위해 첩자를 보내어 그 허실을 살펴보게 했다. 이윽고 첩자가 돌아와서 보고했다.

"진나라를 공격해서는 안 되겠습니다."

"무엇 때문인가?"

"성벽은 높고 해자(垓字)는 깊어 그 방비가 철통같습니다. 게다가 군사들이 먹을 군량과 군마들이 먹을 마초(馬草)가 산더미같이 쌓여 있기 때문입니다."

그 말을 들은 장왕은 빙그레 웃으며 말했다.

"음, 그렇다면 진나라를 칠 기회는 바로 지금이로군."

"그것은 무슨 까닭입니까?"

"진나라에 멸망의 징조가 보이기 때문이네."

"?…"

"그래도 모르겠는가. 진나라와 같은 소국에서 그토록 많은 전쟁 준비를 했다면 필경 혹독하게 세금을 거두어들여서 백성들의 원망이 들끓고 있을 걸세. 또 그 나라에서 그처럼 성벽을 높이 쌓고 물길을 깊이 팠다면 많은 백성들이 심한 노역에 시달렸을 것인즉, 그들은 모두 피로에 지쳐 마음 속으로 깊이 원망하고 있을 것이야."

과연 장왕은 군대를 일으켜 진나라를 쳐 대승을 거두었다.

12. 공격한 다음에 보이는 허점을 친다

초나라가 오군(吳軍)과 불과 30리를 사이에 두고 서로 대진하였을 때의 일이다. 계속 내린 비로 양쪽이 모두 군대를 움직이지 못하고 있었다. 그러나 10일째 되는 날 밤이 되자 겨우 날이 개고 별이 보였다.

초나라의 좌사(左史) 기상(奇想)이 말했다.

"비가 열흘이나 계속되어 그 동안 충분히 휴식을 취한 오군이 오늘밤 야습을 해 올 것 같습니다. 미리 대비책을 세워야 할 것입니다."

그의 말에 따라 초군이 대열을 정비하고 있으니 과연 오군이 짓쳐 들어왔다. 그러나 초군의 방비를 보고 그대로 돌아가고 말았다.

그러자 기상이 다시 말했다.

"이번에는 우리가 추격을 해야 합니다. 적은 우리를 치려고 왕복 60리를 달려 지금쯤 아마 쉬거나 식사를 하고 있을 것입니다. 우리 군은 30리만 달리면 족합니다. 피로의 차이가 있지 않습니까?"

초군은 오군을 추격하여 그들을 대파하였다.

13. 더 먼 앞을 내다보아야 한다

춘추 전국 시대에는 개성적인 인물들이 많이 활약하고 있었는데 월(越)나라의 범려(范蠡) 같은 사람은 인생의 앞날을 간파한 달인이라 하겠다.

그는 월왕 구천(句踐)을 도와 숙적인 오나라를 멸망시킨 명신이었다. 20년이 넘는 기간 동안의 간난신고(艱難辛苦) 끝에 구천이 천하 제패의 야망을 달성하고 패자가 되었을 때 그 자신도 상장군으로 임명되었지만 고국으로 개선하자 범려는 곧 사직하고 말았다. 그는 이렇게 생각했다.

"명성을 오래 간직하기는 힘들다. 명성 아래에는 오래 머물기가 어렵다."

자고로 재물과 명예를 탐내어 헛되이 목숨을 잃어버린 사람이 얼마나 많은가. 특히 창업기에는 주종(主從)이 일체가 되어 고락을 함께 하지만 공을 이루고 이름을 떨치게 되면 무자비하게 배신하는 예가 얼마든지 있다.

범려는 이러한 사태를 미리 예견하고 있었다. 그는 사직한 후에 아예 산동 지방의 제나라로 이주 해 버렸다. 그곳에서 이름을 바꾸고 신분을 숨긴 채 부지런히 농사를 짓기 시작했다. 몇 해 지나지 않아서 그는 거액의 돈을 모았다.

그의 평판이 제나라의 도읍에까지 전해지자 제왕은 그에게 재상 자리를 주겠다는 제의를 했다.

"명예는 화의 근본이다. 오랫동안 명성을 누리는 것은 불길한 일이 아닐 수 없다."

범려는 이번에는 재산을 친구와 마을 사람들에게 나누어 주고 중요한 재보만을 챙겨서 몰래 제나라를 떠나 버렸다.

그 후 도(陶)나라로 옮겨간 범려는 또 이름을 바꾸고 부지런히 농사도 짓고 짐승도 기르는 한편으로 다른 제후국과 무역하는 일에도 손을 대어 다시 거액의 돈을 쌓았다.

그는 이름을 떨치면 그 일을 그만두었고 성공을 하면 곧 떠나 버렸다. 그 때마다 거듭되는 변신술은 화와 복을 꿰뚫어보는 달인의 경지라고 하지 않을 수 없다.

그렇다고 해서 범려와 같은 예견이나 선견지명이 반드시 좋다고 할 수는 없다. 그 시대의 사정에 따라 달리 생각할 수도 있다. 너무 앞을 내다본 나머지 오히려 당장의 일을 망칠 수도 있기 때문이다.

제3편 중상모략의 기법

제3편 중상모략의 기법

사람들이 모여 사는 곳에는 중상과 모략의 병균이 있게 마련이다. 이 병균에 한 번 다치면 비록 건강한 사람이라도 상처를 입고 만다.

역설적인 말이지만 어쩌면 이 병균은 우리 인간 사회의 필요악인지도 모른다. 미리 한번쯤 그 실상을 알아두고 면역성을 길러 두는 것이 필요하다.

1. 소문의 공명(共鳴) 효과를 이용한다

'공명'이란 외부로부터 음파의 자극을 받고 그 진폭이 증대되어 울리는 현상이다. 이 효과를 이용하면 약한 힘이라도 되풀이하여 증폭시키면 보다 큰 힘을 얻을 수 있다.

중상(中傷)을 더욱 강력하게 만들기 위해서는 이 '공명 작용'을 일으켜야 한다. 중상은 공명에 의하여 확대되는 동시에 진실성을 띠게 된다. 단적인 것이 '소문'이다.

소문의 증폭 작용에 대해 효자로 이름난 증삼(曾參)의 일화가 〈사기(史記)〉에 나온다. 증삼은 증자(曾子)라는 존칭을 얻은 공자의 제자로 〈효경(孝經)〉이라는 책을 저술한 사람으로도 유명하다.

어느 날 증삼과 이름이 같은 사나이가 사람을 죽였다. 이를 전해들은 이웃 사람이 증삼의 어머니에게 달려가서 일러주었다.

"댁의 아드님이 사람을 죽였대요."

그러나 어머니는 조금도 동요하지 않고 베 짜던 손을 멈추지 않은 채 말했다.

"내 아들이 그런 일을 저지를 리가 없소."

한참 후에 다시 다른 사람이 찾아가서 또 말했다.

"아드님이 사람을 죽였답니다."

어머니는 역시 믿으려 하지 않고 계속 베를 짰다. 얼마 후에 이번에는 세 번째 사람이 달려갔다.

"아드님이 사람을 죽였어요."

그 때는 어머니도 깜짝 놀라 베틀에서 내려와 담을 넘어 그대로 도망을 쳤다. 〈사기〉에서는 이 대목에 대해 '실로 증삼의 현명함과 그 어머니의 믿음으로도 세 사람이 의혹을 품게 하면 어쩔 수 없이 당하게 된다'고 적고 있다.

그 마력의 열쇠는 바로 '반복'이다. 한 가지 일을 거듭하여 계속 들으면 곧 그것을 진실로 생각하게 마련이다. 이것은 현대 심리학에도 그 근거가 있다.

2. 동조자를 이용한다

앞에서 언급한 이야기는 불특정 다수의 사람들이 공명 작용을 일으키는 방법이었다. 이번에는 그와는 달리 특정의 사람들이 공명 작용을 일으키게 하는 기법이다.

사람을 중상할 경우 자기 혼자만 의견을 말해서는 좀처럼 신뢰를 얻기 어렵다. 그래서 자기 의견이 아니고 '누가 이렇게 말하더라'는 식으로 중상하는 수법이 자주 쓰인다.

강윤(江尹)과 소해휼(昭奚恤)은 다같이 초왕(楚王)을 섬기는 중신이었으나 서로의 사이는 견원지간과도 같은 정적 사이였다. 특히 강윤은 사사건건 소해휼을 비난하고 그를 규탄하였다.

〈전국책(戰國策)〉에 강윤의 정적에 대한 끈질긴 공격 자료가 기록으로 남아 있는데 특히 주목을 끄는 것은 그가 소해휼 반대 파벌을 만든 경위이다.

그는 소해휼에 대해 험담을 하려고 했으나 힘이 모자랐다. 그래서 산양군(山陽君)이라는 인물을 자기편으로 끌어들이려고 마음먹었다. 이 산양군은 소해휼과 늘 반목하고 있는 사이였다.

강윤은 소해휼이 반대하리라는 것을 예상하고 산양군의 승진을 왕에게 진언했다. 현명한 왕 같으면 그 내막을 알고 무마책을 썼겠지만 어리석은 왕은 그것을 알지 못했다.

"좋도록 하오."

그러자 예상대로 소해휼이 반대를 했다.

"별다른 공로도 없는 산양군이 그렇게 중요한 자리에 앉혀서는 안 됩니다."

이 말을 들은 산양군은 자기를 천거해 준 강윤에게 감사하고 그것을 반대한 소해휼을 원망하게 된 것은 두말할 나위도 없다.

그 후 산양군은 강윤과 서로 결탁하여 소해휼에게 중상의 화살을 쏘아대기 시작했다. 모든 일은 강윤의 계책대로 되어 갔다. 자신의 험담은 효과가 없었지만 산양군의 이름을 빌려 간접화법으로 해대니 객관성이 확보되었던 것이다. 결국 소해휼은 안팎으로부터 미움을 받아 재상 자리에서 물러나고 말았다.

3. 거짓말을 하려면 참말부터 하라

상대가 첫말부터 거짓말을 하면 다음 말도 모두 거짓으로 생각하게 된다. 이것이 인간의 심리이다. 따라서 이것을 거꾸로 이용한 '초두 효과(初頭效果)'를 노려야 한다.

즉, 처음에는 정직한 말을 해서 인정을 받아 놓은 다음에 거짓 정보를 제공하는 것이다. 이 허(虛)와 실(實)을 잘 구사하면 상대는 거짓말도 진실로 생각하게 된다.

진(秦)나라의 재상 감무(甘茂)는 공손연(公孫衍)이 갑자기 왕과 자주 만난다는 것을 알았다. 재상인 자기를 빼놓고 왕이 공손연을 지나치게 총애하는 것 같아 심히 못마땅했다.

가만있어서는 안 되겠다 생각하고 궁리하는 참인데 마침 깜짝 놀랄 정보가 들어왔다. 왕이 자기를 재상 자리에서 밀어내고 공손연을 기용하려 한다는 것이었다.

왕이 공손연에게 '당신을 곧 재상으로 임명할 것이오'라고 말한 것을 감무의 심복 부하가 도청을 한 것이니까 틀림없는 정보였다.

감무는 지체하지 않고 왕에게 축하의 말을 올렸다.

"대왕께서 새로운 재상을 얻었다고 하니 감축드립니다."

왕은 속으로 움찔했다. 아니, 어떻게 그런 비밀을 알았다는 말인가. 그러나 왕은 시치미를 떼었다.

"그게 무슨 말이오? 나는 이 나라를 경에게 맡기고 있지 않소. 그런데 다른 재상이 왜 필요하단 말이오?"

감무는 능청스럽게 말했다.

"하오나 대왕께서는 공손연 장군을 곧 재상으로 임명하실 예정이라고 들었습니다."

왕은 생각했다. 그 사실을 아는 사람은 자신을 빼놓고는 공손연밖에 없지 않은가. 왕이 다시 물었다.

"경은 그것을 누구에게 들었소?"

감무는 그 말이 떨어지기를 기다리고 있었다. 여기서는 단 한 마디의 말이면 족한 것이다.

"네, 공손연 장군이 말해 주었습니다만…."

왕이 비밀을 누설한 공손연에게 노여움을 품게 된 것은 말할 것도 없다. 이미 어떤 변명도 통할 수가 없었다. 공손연은 즉각 추방되고 말았다. 첫 마디가 사실이었으니 다음은 거짓말을 꾸며대도 사실로 믿어 버린 것이다.

4. 상대의 시기심을 이용한다

저리자(樗裏子)는 진왕(秦王)의 이복동생으로 장군이 되었다가 다시 재상이 되어 진(秦)나라의 시황제(始皇帝)가 천하를 통일하기 50년 전에 죽었지만 당시에 '힘이라면 임비(任鄙), 지혜라면 저리자(樗里子)'라는 말이 있을 정도로 머리가 좋은 인물이었다.

장의(張儀)는 원래 위(魏)나라 출신으로 여러 나라를 유세하다가 진왕의 신임을 얻어 재상이 되었는데 왕의 동생이자 지혜가 출중한 저리자를 항상 경계했다. 그렇다고 함부로 그에게 도전했다가는 오히려 자기가 위태로워질 수 있기 때문에 그럴 수도 없었다.

그래서 장의는 우선 저리자를 초나라에 특사로 파견했다. 당시 진·초 양국은 서로 국경을 맞대고 있어서 자주 싸우기도 하고 혹은 동맹도 하는 등 변전을 거듭하고 있었다.

그 무렵 장의의 책략으로 초나라의 두 성을 진나라가 빼앗은 사건이 있어서 양국의 관계가 험악했다. 그래서 저리자는 그것을 타개하기 위하여 파견되었다.

저리자가 진왕의 특사로서 초나라에 도착했을 때 초왕의 특사도 진나라를 방문 중이었다. 초왕의 특사가 진왕에게 말했다.

"우리 초왕께서는 저리자 대감의 인품에 감탄하여 초나라의 재상으로 취임해 줄 것을 원하고 계십니다. 굽어 살피시어 허락해 주시기를 바랍니다."

그 당시는 인물의 교환이 자유롭게 행해지고 있을 때였다. 그래서 한 인물이 몇 나라의 재상을 겸하고 있는 예도 있었다. 따라서 진왕에 대한 초왕의 이러한 요청은 하등 이상할 것이 없었으나 그것은 장의가 꾸민 계책이었다.

즉, 장의는 저리자를 초나라로 파견하는 한편 비밀리에 초왕에게 공작하여 저리자를 달라는 요청을 하도록 꾸민 것이다.

장의는 초나라 특사의 말이 떨어지자 진왕에게 은근히 속삭였다. 장의가 노리고 있던 중상의 기회가 온 것이다.

"저리자는 사자로 초나라에 파견되었으면서도 그 임무는 제쳐 놓고 초왕에게 재상 자리를 달라고 간청했다는 소문이 있습니다. 초왕이 그를 달라고 하는 것이 그 증거입니다. 방심했다가는 그가 우리 나라를 초나라에 팔아넘길지도 모를 일입니다."

진왕은 대로하여 펄펄 뛰었다.

"저런 죽일 놈이 있나!"

이리하여 저리자는 감히 진나라로 돌아오지 못하고 부득이 초나라에 망명하고 말았다.

장의의 말은 진왕의 경계심을 계산한 것이었다. 자신의 이복동생인 저리자가 국내외에서 평판이 좋으니 진왕은 불안을 느끼고 있던 참이었다. 전국 시대의 일인즉 언제 자신의 왕위가 달아날지 모르기 때문이었다. 이와 같은 불안은 항상 권력자에게 있게 마련이다.

5. 대의명분을 먼저 세운다

초나라의 강윤(江尹)은 음모와 술수에 능한 사람이었다. 그는 동료 중신이나 장군들을 모략중상하기 이전에 왕에게 미리 이런 얘기를 해 두었다.

"남의 일을 좋게 말하는 사람이 있다면 대왕께서는 어떻게 하시겠습니까?"

"남을 칭찬하는 사람은 군자이니 물론 가까이 할 것이오."

"그럼 남의 일을 나쁘게 말하는 인물이 있다면 대왕께서는 어떻게 하시겠습니까?"

"남의 험구를 하는 자는 소인이니 물론 멀리 할 것이오."

이 때부터 강윤은 자기의 독특한 논리를 전개한다.

"그렇다면 가령 대왕에 대해 역모를 꾸미고 있는 신하가 있다 하더라도 대왕께서는 알지 못하게 될 것입니다. 왜냐하면 대왕께서는 남의 일을 나쁘게 얘기하는 인물은 피하신다고 하니 역신의 모의를 들은 자가 있어도 아무도 그것을 대왕에게 아뢰려고 하지 않을 것입니다."

"음, 듣고 보니 과연 그렇군. 과인도 이후로는 남을 험구하는 사람의 말도 듣기로 하겠소."

강윤은 그 때부터 좌우의 동료나 평소에 밉게 보던 사람들을 마구 중상모략하기 시작했다.

남의 험구를 들으면 그것이 사실이라 해도 유쾌한 일은 아니다. 듣는 쪽에서는 중상 험담을 하는 자를 경원하게 되는 경우가 많다. 따라서 중상을 하는 사람의 입장에서는 여간 교묘하게 하지 않으면 안 된다. 강윤은 대의명분을 먼저 세워놓고 당당하게 중상하는 방법을 썼다.

6. 상대방의 뒤통수를 친다

비난이나 험담을 하지 않고 상대를 중상하는 것이 상책이다. 이 방법을 쓰면 중상을 당한 사람으로부터 원망을 사지 않아도 될 뿐만 아니라 거꾸로 감사하다는 말까지 듣게 된다.

어떤 신하가 왕자들 중의 한 사람과 사이가 나빠졌다. 이 왕자는 생모가 천민 출신이기 때문에 지위도 낮고 수레를 끄는 말도 여윈 말이었다. 신하가 왕에게 청원을 했다.

"그 왕자님은 가난하고 말도 여위어 있습니다. 말 양식이라도 좀 늘려 주소서."

물론 왕은 허락하지 않았다.

신하는 밤이 되자 마구간에다 불을 질렀다. 왕은 이를 그 왕자의 소행이라 단정하고 그를 엄하게 벌했다. 그 신하는 상대의 험담을 하기는커녕 오히려 대우 개선을 진정했다. 그러고는 그를 궁지에 빠뜨린 것이다.

이 경우에는 두 가지 위험이 있었다. 한 가지는 미워하고 있는 상대를 위하여 유리한 말을 하는 것이 부자연스럽게 여겨졌으면 실패하고 말았을 것이다. 또 한 가지는 방화이다. 이것은 발각되기 쉽기 때문이다.

7. 역효과의 전법을 쓴다

　기원전 156년, 한(漢)나라 경제(景帝) 때의 일이다. 황후가 아들이 없었기 때문에 폐위되었다. 황후의 후임을 둘러싸고 후궁들 사이에 화제가 끊이지 않았다.
　그 중에서 맨 먼저 율희(栗姬)가 아들을 낳았다. 순서에 따라 그 아이가 태자가 되었다. 따라서 생모인 율희가 승격하여 황후가 되어야 했다. 그러나 율희는 질투가 심한 여자여서 후궁들 사이에서도 평판이 나빴다. 그것을 왕도 잘 알고 있어서 율희를 그리 가까이하지 않았다.
　그런 내막을 눈치 채지 못한 율희는 아들 낳은 것을 기화로 점점 더 성미가 간악해졌다. 그 때 마침 다른 후궁이 낳은 아들의 장래 문제에 대해 왕이 율희에게 묻자 그녀는 마구 화를 냈다.
　왕은 매우 불쾌했으나 그렇다고 내쫓을 수도 없었다. 이러한 사정을 눈치 챈 다른 후궁이 몰래 시종을 불러서 이렇게 말했다.
　"황후 자리가 오래 비어 있는 것은 온당치 못합니다. 차제에 태자의 생모인 율희를 황후의 자리에 앉히도록 왕에게 진언해 주십시오."
　그 후궁은 경쟁자인 율희를 험담하기는커녕 그녀의 승격을 권했다.
　시종은 그 후궁의 말에 솔깃했다. 황후를 천거한 공을 자기도 나눠 가지려는 속셈도 함께 작용하여 왕에게 곧 율희의 황후 책봉을 진언했다.
　"태자의 생모를 다른 후궁과 동격으로 두는 것은 아무래도 부자연스럽습니다. 황후로 승격시킴이 좋을 줄로 압니다."
　그 말을 듣자 왕은 버럭 화를 냈다.
　"관여할 일이 아니다."
　싫어하기는 하지만 내쫓지는 못하고 있던 여자를 승격시키라는 바람에 노여움이 폭발한 왕은 당장에 그 시종을 하옥시키고 율희가 낳은 태자를 폐하고 말았다. 율희는 왕 앞에 감히 나가지도 못하고 있다가 고민 끝에 죽고 말았다.

한참 후에 그 후궁이 승격하여 황후가 되고 그녀가 낳은 아들이 유명한 무제(武帝)가 되었다. 그녀는 율희를 황후로 승격시키도록 진언하면 왕의 노여움이 폭발하리라는 것을 미리 계산에 넣고 '역효과의 전법'을 썼던 것이다. 이 경우 만약 그녀가 율희의 험담을 했다면 사태는 달라졌을지도 모를 일이다.

8. 무책(無策)이 상책이다

중상에 대한 최고의 방비는 '무방비의 방비책' 곧 무책(無策)이 최선의 방법인 경우도 있다. 이에 대한 실례를 든다면 극히 개성적인 인물로 한(漢)나라의 대신이었던 직불의(直不疑)를 들 수 있다. 그가 승진을 하자 그를 시기하여 중상을 한 사람이 있었다.

"저 사람은 자기 형수와 밀회하고 있다는 소문이 있습니다."

이 말은 나중에 진짜 소문으로 번져 당사자인 직불의의 귀에도 들어갔다.

직불의에게는 형이 없었다. 있지도 않은 형수와 밀회라니 터무니없는 중상모략이었다. 이런 경우 증거를 들어 부인하기는 용이한 일이다. 그러나 그는 다만 한마디만 중얼거렸을 뿐이다.

"나는 형님이 없는데…."

소문이라는 것은 부정하면 할수록 번져 가는 법이다. 그는 중상을 묵살함으로써 그것을 효과적으로 억제할 수 있었다.

사실 묵살이라는 것은 그 경우에 맞지 않은 표현일지도 모른다. '묵

살'은 상대를 강하게 의식하면서도 무리하게 이것을 무시하는 것이기 때문이다. 그러나 직불의에게는 그러한 의식조차 없었다.

직불의에 대해서는 또 한 가지 예가 있다. 그가 근시(近侍)로서 문제(文帝)를 받들고 있을 때의 일이다. 같은 숙사의 한 동료가 고향으로 휴가를 갈 때 잘못하여 다른 동료의 금덩어리를 가지고 가 버렸다.

그 금의 주인은 직불의가 그것을 훔쳐간 것으로 의심했다. 직불의는 자기가 한 짓이 아니었지만 사죄를 하고 금을 사서 변상까지 했다.

그 후 얼마 있지 않아 고향으로 휴가를 갔던 동료가 돌아와서 금을 돌려주었다. 직불의를 의심했던 동료는 자기의 경솔함을 깊이 뉘우쳤다. 그 후 직불의의 명성은 천하에 알려지게 되었다.

무방비의 방비, 무책(無策)의 대책처럼 효과적인 대응책도 없을 것이다. 직불의는 부침이 심한 경쟁 사회를 일관되게 이러한 태도로 살아 어사대부라는 최고의 직위까지 올랐다.

9. 유비무환(有備無患)의 대비책

위에서 든 직불의 스타일은 현실과 다소 동떨어진 것이다. 대개는 중상을 미리 예상하고 사전에 대응책을 강구한다.

'식양(息壤)의 맹세'라는 고사가 있다. 진(秦)나라 재상 감무(甘茂)는 소진(蘇秦)이나 장의(張儀) 등과 같은 전국 시대의 사람이다. 그는 타인을 중상하는 데에도 능수능란했지만 자기의 중상에 대해서도 대비를 철저히 했다.

때는 중원 진출의 야망에 불타는 진왕이 한(韓)나라의 요충인 선양(宣陽)을 손에 넣으려 했을 때의 일이다. 왕은 이 임무를 감무에게 맡겼다.

감무는 위군(魏軍)과 동맹을 맺고 한나라를 칠 작전을 세웠다. 그러나 각국의 세력 관계가 복잡할 뿐 아니라 각국의 권력 집단이 서로 연결되어 얽혀 있는 관계로 언제 어떤 중상모략을 당할지 알 수 없는 상태였다. 그래서 감무는 출전 직전에 식양(息壤)이라는 곳에서 왕을 만나 신임을 재확인했다.

"이번 일은 결코 쉽지 않습니다. 아마도 유력한 중신들로부터 중도에 작전을 중지하라는 말이 나올지도 모르며 필경에는 저에 대한 중상모략도 있을 것입니다. 저는 대왕의 신하입니다. 그 경우에 대왕의 신뢰가 흔들리지 않을까 두렵습니다."

그 말을 들은 왕은 굳게 약속했다.

"나는 그대를 믿으니 타인의 중상 따위는 듣지 않을 것이오."

이것이 이른바 '식양의 맹세'이다.

과연 5개월 후 적의 성이 함락 직전에 놓였을 때인데 다른 중신이 왕에게 횡설(橫說)을 하자 왕은 감무에게 작전 중지를 종용했다. 그러자 감무가 말했다.

"대왕께서는 '식양의 맹세'를 잊으셨습니까?"

왕은 생각을 돌이켜 공격을 속행시켰다. 그리하여 얼마 후에 선양을 함락할 수 있었다.

난세에는 예측하지 못할 중상이나 엉뚱한 비방에 대해 사전에 손을 써 두는 용의주도한 대비가 필요하다. 평소에 요소마다 자기편을 만들어 두었다가 불리한 상황이 발생했을 경우에 대처하는 유비무환의 자세가 그것이다.

10. 중상모략을 역이용한다

　모략이나 중상을 당했을 경우에 수동적으로 대처하는 것이 아니라 한 걸음 더 나아가서 이를 역이용하는 모사(謀士)가 있었다. 전국 시대 중기에 여러 나라를 유세하던 책사 진진(陳軫)이라는 자가 바로 그 사람인데 그는 당대의 유명한 책사인 장의와 항상 경쟁하는 관계였다.
　장의가 진왕(秦王)에게 이렇게 중상을 했다.
　"진진은 초나라와 내통하고 있습니다. 그런 자를 어찌 그대로 두고 볼 수가 있습니까."
　"뭐라고? 무슨 증거라도 있소?"
　왕이 깜짝 놀라 물었다.
　"그는 초나라로 망명하려 하고 있습니다. 그것이 무엇보다도 큰 증거입니다. 조사해 보면 아시겠지만 만약 초나라로 망명할 기미가 보이면 즉시 처형토록 하소서."
　왕은 즉시 진진을 불러 힐문했다.
　"그대는 어디 가고 싶은 곳이 따로 있지 않은가. 숨기지 말고 말해 보라!"
　물론 진진은 장의의 중상모략임을 짐작하고 있었다. 바로 이 점이 재미있는 승부의 갈림길이다.
　"예, 저는 초나라로 가고 싶습니다."
　진진의 대답에 왕은 한편 노하고 한편 당황해서 물었다.
　"아니, 뭐라고? 역시 장의가 한 말이 옳았구나. 그대가 초나라에서 평판이 좋은 것은 우리 나라의 내정을 초나라에 팔았기 때문이구나."
　그러자 진진이 태연스럽게 말했다.
　"초왕이 저를 좋게 말하는 것은 사실입니다. 그러나 그것은 제가 우리 진나라에 충실하기 때문입니다. 자기가 속해 있는 나라의 비밀을 팔아먹는 인간을 누가 좋아하겠습니까. 대왕께서는 이런 이야기를 알고 계십니까? 어떤 사내가 나이 많은 여자를 유혹하자 그녀는 딱 잘라 거절했습니다. 그래서 이번에는 젊은 여자를 유혹했더니 그 여자는 쉽게 응했습니다. 그 후 얼마 지나지 않아서 그 두 여자의 남편이 모두 죽었습니다. 그러자 그 사내의 친구가 물었습니다. '어때, 두 여자 중에 어느 쪽을 아내로 얻으려는가?' 그러자 사내가 대답했습니다. '그야 물론 나이가 많은 여자를 택하지.' '그게 무슨 말인가. 나이 많은 여자는 자네를 거절했고 젊은 여자는 응해 주지 않았던가?' 친구가 이상하게 여겨 묻자 사내가 이렇게 대답했습니다. '아내로 삼으려면 나를 거절한 여자를 택해야지 다른 남자에게 쉽게 넘어가는 그런 여자를 아내로 삼을 수야 없지 않는가.' 만약 제가 진나라의 비밀을 파는 그런 사람이라면 과연 초왕이 저를 받으려 했겠습니까?"

이 말에 진왕은 깨닫는 바가 있어 그 후부터 진진을 믿게 되었다.

제4편 나를 알고 적을 아는 지략

제4편 나를 알고 적을 아는 지략

병법에도 '나를 알고 적을 알면(知彼知己) 백 번 싸워도 위태로운 경우가 없다(百戰不殆)'는 말이 있듯이 상대편의 정체와 속셈을 안다는 것은 나를 지키고 상대를 이기는 요체가 된다.

그러나 이 세상에서 인간만큼 알기 어려운 존재도 없다. 논리나 경험만으로는 설명할 수 없는 것이 바로 인간이다.

1. 상대방의 반응을 관찰한다

제나라의 재상 설공(薛公)은 근래 며칠 동안 계속 팔짱을 낀 채 무엇인가 골똘하게 생각하고 있었다.

"도무지 알 수가 없군."

실은 얼마 전에 왕비가 죽었다. 그래서 새로운 왕비를 세워야만 하는데 설공은 '왕이 마음 속으로 좋아하는 여자가 누구일까' 하고 고심하고 있었던 것이다.

왕의 마음에 드는 여자를 빨리 알아내어 왕이 말을 꺼내기 전에 먼저 추천을 해야 자기 체면이 설 것이기 때문이었다.

만약 자기가 천거한 여자가 왕의 뜻과 일치한다면 왕은 그 후부터 자기 의견을 더욱 중하게 여길 것이고 새 왕비에게는 호감을 얻게 될 것이다.

그러나 잘못하면 그 화가 적지 않을 것이다. 앞으로 자기 의견이 받아들여지지 않을 뿐만 아니라 새로 왕비가 된 여자는 그를 미워하게 될 것이 틀림없었다.

도대체 왕은 누구를 가장 좋아하고 있을까? 지금 후궁에는 열 명의 애첩이 있다. 그 가운데 누군가 한 사람은 왕비가 될 것이 틀림없다. 그러나 도무지 그것을 알 길이 없었다.

그런데 현명한 왕은 신하들 앞에서 자기 내심을 나타내지 않았다. 그것을 드러내면 신하들이 눈치 채고 다투어 아첨을 할 것이기 때문이었다.

그래서 왕은 사람들 앞에서는 열 사람의 애첩을 조금도 편애하지 않고 똑같이 대해 주었다.

"옳지!"

마침내 설공은 무릎을 쳤다. 그리고 시종을 불러 다음과 같이 지시하였다.

"지금 서둘러 옥으로 만든 귀고리 열 쌍을 준비하라. 단 그 중 한 쌍은 특히 아름답게 만들어야 한다!"

열 쌍의 귀고리는 곧 준비되었고 설공은 즉시 왕에게 진상했다.

다음 날 내전으로 든 설공은 그 중 가장 아름다운 귀고리를 어느 여자가 달고 있는가 확인했다. 설공은 그 여자를 천거했고 그녀가 왕비가 된 것은 두말할 나위도 없다.

상대의 속마음을 알아낸다는 것은 중요하다. 그러나 겉으로 보아서는 남의 마음은 알 수 없다. 이런 때는 상대방에게 마음의 동요를 일으켜서 행동을 유발하고 그 반응에 따라서 진심을 파악하는 것이다.

2. 은밀히 상대방을 시험한다

한(韓)나라의 소후(昭侯)는 뛰어난 군주였다. 어느 날 그는 잘라낸 손톱 한 조각을 일부러 감추어 두고는 자못 엄숙하게 분부를 내렸다.

"잘라낸 손톱을 잃어버린다는 것은 아주 불길한 일이다. 어떻게 해서든 꼭 찾아내도록 하라."

근시(近侍)들이 방 안을 샅샅이 뒤져 보았으나 손톱은 아무 곳에도 없었다.

"무엇들 하는가? 없을 까닭이 없지 않느냐. 더 찾아 보라!"

소후는 불호령을 내렸다.

그러자 근신 중 한 사람이 몰래 자기 손톱을 잘라서 내놓았다. 잘라낸 손톱의 모양은 대개 비슷하기 때문에 구별이 어렵다.

"예, 여기에 있습니다."

이리하여 소후는 누가 거짓말을 하는가 알 수 있었다.

소후는 또 한 가지 일화를 남겼다. 모가 한참 자랄 때에 우마(牛馬)가 논에 들어가게 놓아 두는 것은 법으로 금지되어 있었는데 그것을 위반하는 자가 많았다.

소후는 그 현장을 한 곳 알고 있으면서도 짐짓 관아에 위반자 조사를 명하였다. 이윽고 보고가 올라왔으나 그 속에는 소후가 알고 있는 현장은 들어 있지 않았다.

"이것이 전부는 아닐 터이다. 틀림없이 또 있을 것이니 잘 조사해 보라."

재조사를 시켜 보니 과연 그 밖에도 조사에 누락된 것이 많다는 것을 알 수 있었다.

한비(韓非)는 이를 '협지법(狹知法)'이라 했는데 알고 있으면서도 모르는 체하는 것을 말한다.

한 가지를 알고 있으면서도 모르는 체하고 물으면 지금까지 몰랐던 것까지도 알게 된다. 이쪽이 알고 있는 것을 상대방이 알면 미리 대응책을 쓴다. 하물며 잘 알지도 못하면서 아는 체를 하다가는 큰 코 다치게 된다는 것은 말할 나위도 없다.

3. 상대방을 격동시켜 본다

위(衛)나라의 재상 산양군(山陽君)은 불안해서 견딜 수가 없었다. 아무래도 왕이 자기를 의심하고 있는 것 같았다. 그렇다고 왕에게 그것을 직접 물어볼 수도 없었다. 자칫하면 공연히 긁어 부스럼을 만드는 격이 될지도 모르기 때문이었다.

그 무렵 왕의 총신으로 규수라는 자가 있었다. 그 사람 같으면 왕에게 들어서 알고 있는 일이 있을 것임에 틀림없지만 묻는다고 해서 대답해 주지는 않을 것 같았다.

궁리 끝에 산양군은 묘안을 생각해 내고 그를 만나자 대뜸 힐난을 퍼부었다.

"너는 배운 것도 없고 신분마저 천한 주제에 감히 대왕의 총애를 믿고 재상인 나를 우습게 알다니 중벌을 받아 마땅하다!"

규수는 분노를 참지 못하고 마주 대꾸를 했다.

"뭐라고 욕지거리를 해도 좋습니다. 아무튼 군(君) 같은 분은 이제 대왕께서도 믿고 있지 않습니다."

산양군은 일부러 분노를 유발시켜 그가 왕으로부터 들은 말을 자기도 모르게 털어놓게 한 것이다. 산양군은 이로써 왕의 내심을 알아낼 수 있었다.

4. 입장을 바꾸어 생각해 본다

〈한비자〉에 다음과 같은 말이 있다.

"어떤 사건이 일어나면 그 사건으로 인해 이익을 얻는 자가 반드시 있다."

이와 같은 관점에서 사건의 동기를 파악하고 그 동기를 실마리로 하여 사건의 전모를 파악하는 것을 반찰법(反察法)이라 한다. 이러한 수법은 살인 사건이나 방화범 수사에 많이 적용하기도 한다.

한(韓)나라의 희후(僖侯)가 목욕을 하려고 욕탕에 들어갔더니 욕조에 잔돌이 어지러이 뒹굴고 있었다. 이를 본 희후는 근시를 불러서 물어보았다.

"욕탕의 책임자가 면직되었을 경우 그 후임자 될 사람이 정해져 있는가?"

"예, 정해져 있습니다."

"그 자를 이리로 불러오라."

이윽고 근시가 그 사람을 데리고 오자 희후는 대뜸 호통을 쳤다.

"어째서 내 욕탕에 돌을 집어넣었느냐?"

그 자는 감히 숨기지 못하고 이실직고했다.

"책임자가 파직을 당해야 제가 승진을 할 수 있기 때문에 그만 죽을 죄를 지었습니다. 한 번만 용서해 주십시오."

5. 상대방을 간파하고도 모른 체한다

　상대를 간파한다는 것은 이쪽도 간파당할 가능성이 얼마든지 있다는 얘기다. 이 점을 간과하고 자기만 특수 무기를 가지고 있다고 생각하면 큰 오산이다.
　공격과 방어는 종이 한 장 차이고 동전의 양면과도 같다. 그러므로 간파한 사실을 어떻게 활용하느냐가 문제이다.
　위군(魏軍)이 중산국(中山國)을 치기 위해서는 조나라 땅을 통과하지 않으면 안 되었다. 그래서 위왕(魏王)은 조왕(趙王)에게 사람을 보내어 청하였다.
　"우리 군대의 통과를 허락해 주시기 바라오. 우리의 목적은 단지 중산을 치는 것이지 결코 귀국의 영토에 야심이 있는 것은 아니오."
　조왕이 듣고 이를 거부하려 하자 신하 조각(趙刻)이 나서서 진언했다.
　"그것은 안 될 말입니다. 위군을 통과시키는 것이 좋을 줄로 압니다. 위나라가 중산을 치다가 만약 이기지 못한다면 국력만 소모하게 될 것이니 우리 조나라로서는 그만큼 유리하게 될 것입니다. 설령 위군이 중산을 쳐서 이기더라도 그들은 우리 조나라를 통과하지 않고는 본국과 왕래할 수가 없으니 피를 흘린 것은 위나라의 군대이지만 수확을 거두는 것은 우리 조나라가 될 것입니다. 그렇다고 해서 결코 반가운 표정으로 허락해서는 안 됩니다. 사자를 환영하는 따위의 일을 보이면 상대방은 우리 속셈을 꿰뚫어 보고 중산 공격을 중지할 수도 있습니다. 마지못해 통과시켜 주는 것처럼 보이는 것이 상책입니다."

6. 상대방에게 시험당할 수도 있다

유비(劉備)가 단복(單福)이라는 현사(賢士)를 맞아 그를 극진히 대접했다. 어느 날 단복이 물었다.

"아까 주군께서 타고 오신 말을 다시 한 번 보여주십시오."

유비가 안장을 내려 말을 끌어오게 하니 단복은 한 번 보고 나서 말했다.

"이건 적로마(馰盧馬)가 아닙니까. 비록 천리마이기는 하지만 끝내는 주인을 해치고 말 것이니 주공께서는 부디 타지 마십시오."

그러자 유비는 그 말이 언젠가 자기의 생명을 구해 준 얘기를 했다.

"그것은 벌써 응험이 있었습니다."

그러자 단복이 말했다.

"그거야 주인을 구한 것이지 주인을 해친 것이 아니지요. 그러나 끝내는 어느 주인을 해치고 말 것입니다. 저에게 양법(禳法)이 하나 있으니 한번 해보시지요."

'양법'은 재앙과 질병을 물리치는 비방이다. 유비가 궁금하여 물었다.

"그 양법을 듣고 싶습니다."

단복이 말했다.

"주공의 의중에 원수 지은 사람이 있거든 이 말을 보내서 한 번 그 사람을 해치게 한 다음에 타면 자연 무사하실 것입니다."

유비는 그 말을 듣자 얼굴빛이 변하였다.

"그대가 처음으로 내게 와서 나를 정도(正道)로 가르치려고 하지 않고 자신이 이롭고자 남을 해롭게 하는 일을 일러주니 나는 결단코 그런 말은 듣지 않겠습니다."

그러자 단복이 빙그레 웃으며 죄를 사례했다.

"일찍이 주공의 인덕에 대해 많은 소문을 들었기 때문에 짐짓 시험 삼아 올렸던 것입니다. 주공께서는 과히 허물치 마십시오."

유비가 또한 낯빛을 고치고 사례했다.

"내게 무슨 인덕이 있겠습니까. 다만 선생은 잘 가르쳐 주십시오."

7. 지나치게 앞서 가면 다치기 쉽다

조조가 한중(漢中)에서 유비와 싸울 때의 일이다. 그 동안 연전연승을 자랑하던 조조가 이번만은 연전연패를 거듭했다.

조조는 울민한 마음으로 오랜 날을 보내었다. 당장에 나아가서 싸우고 싶으나 자신이 서지 않고 회군을 하자니 사람들이 비웃을 것 같아 실로 진퇴양난이었다.

그러던 어느 날이었다. 포관(庖官: 요리하는 병사)이 계탕(鷄湯)을 바쳤다. 뚜껑을 열고 보니 그릇 속에 계륵(鷄肋)이 담겨 있었다. 먹자 하니 먹을 것이 없고 버리자니 아까운 닭의 갈비였다. 조조는 지금의 자기 처지 때문에 감회가 자못 깊었다.

그 때 장수 하후돈이 군막 안으로 들어와 야간 암호를 정해 달라고 했다. 조조는 무심코 입에서 나오는 대로 뱉고 말았다.

"계륵, 계륵!"

영을 받고 나온 하후돈이 중장들을 모아 놓고 말했다.

"오늘밤 암호는 계륵이오."

이 암호를 들은 행군주부(行軍主簿) 양수(楊修)는 곧 수행 군사를 시켜 각기 행장을 수습하여 돌아갈 준비를 갖추게 했다. 하후돈이 이 말을 전해 듣고 크게 놀라 양수를 불러들여 물었다.

"공은 어이하여 행장을 수습하오?"

양수가 태연하게 대답했다.

"오늘밤 암호로 위왕이 머지않아 회군하실 뜻을 짐작했기 때문입니다. 닭의 갈빗대란 먹자니 먹을 것이 없고 버리자니 아까운 것입니다. 지금의 형세가 나아진다고 해도 이기지 못하겠고 물러서면 천하에 웃음거리가 될 것입니다. 그러므로 여기 있어 봤자 이익이 없을 바에는 한시라도 빨리 돌아가는 것이 옳습니다. 두고 보십시오. 내일은 필시 위왕께서 회군령을 내리실 것입니다. 그래서 미리 행장이나 수습해 두자는 것입니다."

하후돈은 길이 탄복하며 말했다.

"과연 공(公)은 위왕의 폐부를 환히 들여다보고 있군."

영채로 돌아오자 하후돈도 행장을 수습케 하였다.

어느덧 이 말이 돌고 돌아 진중의 군사들 중에 돌아갈 차비를 하지 않는 이가 없었다. 뒤늦게 이를 알게 된 조조는 곧 양수를 소리쳐 불렀다. 불려온 양수는 야간 암호 계륵으로 자기가 짐작한 바를 그대로 말했다.

듣고 나자 조조는 크게 노하였다.

"네가 감히 유언비어를 퍼뜨려 우리 군심(軍心)을 어지럽히는구나!"

곧 도부수(刀斧手)를 불러 양수의 머리를 베어 그 목을 원문(轅門) 밖에 달도록 호령했다. 아무리 조조의 마음이 그렇더라도 양수가 너무 앞질러 간 것이 그의 죽음의 원인이 되었다.

8. 상대를 꿰뚫어보는 눈을 가져라

　전진(前秦)의 왕맹(王猛)은 경조윤(京兆尹)을 거쳐 이부상서(吏部尚書) 곧 내무장관이 되었다가 고위 참모직인 좌복야(左僕射)를 거쳐 사예교위(司隸校尉)에 오르고 기도위(騎都尉)를 겸임했다.
　이 때 왕맹은 나이가 겨우 36세였다. 한 해 동안에 몇 차례나 승진을 거듭한 그의 권력은 국내외를 뒤흔들었다.
　그러자 왕족과 옛 중신들은 모두 그에 대한 왕의 총애를 시기하고 미워했다. 특히 번세(樊世)는 본래 호족 출신으로 왕을 도와 관중(關中)을 평정한 개국 공신이었는데 여러 사람이 보는 앞에서 왕맹에게 모욕을 주었다.
　"그대는 전장에서 공을 세우지도 못한 주제에 감히 권세를 함부로 휘두르고 있군 그래. 우리에겐 밭을 갈도록 일을 시키고 그대는 편히 앉아서 그 소득만 먹으려 하다니 염치없는 짓이 아닌가?"
　왕맹이 태연하게 말했다.
　"밭을 갈게 할 뿐이겠소. 장차는 요리도 맡길 것이오."
　번세는 화가 머리끝까지 치밀어 올라 호통을 쳤다.
　"네 목을 장안문에 효수하고 말 테니 두고 보아라!"
　이같이 큰소리치는 번세를 왕맹은 무심히 보아 넘기지 않았다. 그에게 믿는 구석이 없으면 그렇게 함부로 말할 수는 없는 일이었다. 그러나 왕맹은 짐짓 모른 척하고 있었다.
　그 후 북방의 흉노족이 전진의 국경을 어지럽히자 왕이 흉노 토벌에 직접 출진했다. 이 기회를 노리고 있던 전왕(前王) 부생(符生)의 동생 5형제는 번세와 함께 제후 여러 나라와 동맹하여 반란을 일으켜 장안으로 쳐들어왔다.

왕맹은 왕이 없는 수도를 혼자 지키며 이 반란의 역도들을 모조리 물리치고 왕권을 더욱 공고히 했다.

그는 번세가 큰소리치는 것을 보자 이미 이러한 반란의 기미를 눈치채고 만반의 준비를 했던 것이다.

9. 상대방에 대한 테스트는 신중하게

미리 공작을 해 놓고 그에 대한 반응을 살펴 상대의 속셈을 아는 방법이 있다. 〈육도(六韜)〉와 〈삼략(三略)〉이라는 병서(兵書)에 있는 기법이다.

그에 따르면 인간의 본심은 은폐되어 있어 겉으로는 그것을 알 수가 없다. 그것을 알기 위해서는 행동을 보아야 한다. 바로 그 테스트 방법을 여덟 가지로 나누고 있는데 이를 팔징법(八徵法)이라고 부른다.

하나, 질문을 해 놓고 그 이해 정도를 관찰한다.
둘, 추궁을 해 놓고 그 반응을 관찰한다.
셋, 함정을 만들어 놓고 그 성실성을 관찰한다.
넷, 비밀을 털어 놓고 그 덕망을 관찰한다.
다섯, 돈을 맡겨 놓고 그 정직함을 관찰한다.
여섯, 여자를 접근시켜 놓고 그 견실함을 관찰한다.
일곱, 어려운 일을 시켜 놓고 그 용기를 관찰한다.
여덟, 취하도록 술을 먹여 놓고 그 태도를 관찰한다.

다만 이 팔징법(八徵法)은 실패했을 경우 돌이킬 수 없는 후환을 낳게 된다. 여간 조심하지 않으면 안 된다.

옛날에 어떤 여자가 남자의 애정을 시험해 보기 위해 그 남자가 지극히 귀여워하는 개를 죽여 버렸다. 그러나 남자는 여자를 극진히 사랑하고 있었기 때문에 별로 나무라지 않았다.

"뭐, 그까짓 개쯤이야 아무려면 어때. 당신이 원한다면 그보다 터한 걸 죽여도 상관없어."

그러나 그 말을 들은 여자는 크게 실망했다. 그토록 귀여워하던 개를 죽였는데 아무렇지 않다니 나중에 자기가 죽어도 마찬가지 아니겠는가.

한편 남자도 여자가 자기의 마음을 일부러 시험한 것을 내심 괘씸하게 생각하고 분을 참지 못하다 마침내 그 여자를 쫓아내 버리고 말았다. 빤히 들여다보이는 일을 테스트한다는 것은 오히려 자기를 망치는 일이 되고 만다.

제5편 역습의 술책

제5편 역습의 술책

인간의 승부는 정정당당한 대결보다는 상대의 약점을 파고들어 뒤통수를 치는 경우가 많다. 손자(孫子)는 이렇게 말하고 있다.

"능히 할 수 있으면서도 이를 능히 못하는 것처럼 보이게 하고, 사용에 능하면서도 그 용도가 아닌 것처럼 보이게 하고, 가까우면서도 이를 먼 것처럼 보이게 하며, 멀면서도 이를 가까운 듯이 보이게 한다."

이것이 바로 역습의 전단계이며 전제 조건이다.

언행의 불일치, 표정과 내심의 불일치 등 불일치의 원칙에 입각해서 적의 판단을 흐리게 하고 시종 적의 이면을 캐며 그 뒤통수를 치는 것이 이 수법의 요체라 하겠다.

1. 그럴 듯한 논리로 역습한다

공웅(空雄)에서 회합을 갖고 진(秦)·조(趙) 양국이 서로 다음과 같이 약속했다.

'이후 진나라가 하고자 하는 일은 조나라가 돕고 또 조나라가 하고자 하는 일은 진나라가 돕는다.'

그러고 나서 얼마 후에 진나라가 군대를 휘몰아 위(魏)나라를 공격하니 조나라는 위나라를 구원하기 위해 군대를 보냈다. 진왕은 노하여 사람을 시켜 조왕을 힐책했다.

"양국이 약속하기를 진나라가 하고자 하는 일은 조나라가 돕는다고 하지 않았는가? 이제 진나라가 위나라를 치려는데 조나라가 위나라를 구원한다는 것은 약속에 어긋나는 일이 아닌가?"

궁지에 몰린 조왕이 평원군 승(勝)을 불러 상의하자 평원군은 다시 책사인 공손룡(公孫龍)과 상의했다.

공손룡이 말했다.

"그게 무에 어려운 일입니까. 이쪽에서도 사람을 보내어 이렇게 진왕을 힐책하라고 하십시오. '조나라가 위나라를 구하고자 하는데 진왕은 위나라를 구하려 하지 않고 오히려 이를 공격하니 약속과 다르지 않은가?'"

대개 동맹이나 협정은 양면적인 경우가 많다. 상대의 비난이나 공격에 오히려 이쪽에서 '그쪽이야말로 조약 위반이 아닌가'하고 되받는다. 역습의 한 방법이라고 할 수 있다.

2. 점령군으로 표변한 구원병

약육강식의 전국 시대에 송(宋)·위(衛)·채(蔡) 세 나라의 연합군이 대(戴)나라를 향해 쳐들어갔다. 이에 정(鄭)나라 장공(莊公)은 대나라를 구하기 위해 구원병을 거느리고 갔다.

대나라 임금은 크게 기뻐하며 성문을 열고 정나라 군사들을 맞아들였다. 대나라의 열렬한 환영을 받고 성안으로 들어가자 장공은 태도가 순식간에 돌변해 대나라 임금에게 호통을 쳤다.

"어리석은 임금아! 목숨이 아깝거든 속히 성 밖으로 도망하여라. 조금이라도 지체하면 이 칼이 용서치 않으리라."

대나라 임금은 길이 탄식하고 궁중 권속들과 함께 성에서 나와 멀리 진나라로 달아났다. 이리하여 백세(百世)를 전해 내려온 대나라 성지(城池)는 하루아침에 정나라의 손아귀로 넘어가고 말았다.

3. 안심을 시켜 놓고 친다

정나라의 무공(武公)이 이웃 호(胡)나라를 치기 위해 계책을 꾸몄다. 그는 우선 왕녀를 호군(胡君)에게 시집보내어 우호 관계를 맺고 안심을 시켜 놓았다.

그 후 무공은 군신들을 불러 모으고 상의했다.

"나라의 재정이 궁핍하니 어느 나라를 치면 좋겠소?"

이에 대부(大夫) 관기사(關其思)가 출반하여 의견을 말했다.

"호나라를 치는 것이 좋을까 합니다."

그러자 무공은 대로하여 호통을 쳤다.

"호나라와 우리 나라는 피를 나눈 형제의 나라이거늘 네놈이 감히 형제의 나라를 치라고 하다니 천하에 죽일 놈이로다."

크게 꾸짖고는 그 자리에서 끌어내어 관기사의 목을 베어 버렸다.

호군은 이 이야기를 전해 듣고 정나라는 자기 나라를 진심으로 우방으로 생각하고 있다고 믿었다. 그리하여 정나라에 대한 방비를 아예 하지 않았다. 이야말로 무공이 노리던 덫이었다.

이윽고 기회만 노리고 있던 정나라 대군이 호나라를 습격하여 이를 정복하였음은 말할 나위도 없는 일이다.

여기서 우리의 주목을 끄는 것은 관기사의 죽음이다. 그는 무공이 왕녀를 호군에게 시집보낸 음모를 익히 간파했기 때문에 섣불리 뛰어들었다가 무공이 꾸민 2단계 조치의 제물이 되고 말았다.

사태를 통찰하는 것도 중요하다. 하지만 때와 장소에 따라서는 오히려 스스로 자신을 망치는 수도 있다. 통찰력이나 선견지명만으로는 반드시 충분하다고 할 수 없다.

4. 옳은 말이 자신을 망치기도 한다

〈여씨춘추(呂氏春秋)〉에 이런 이야기가 있다. 송나라의 강왕(康王)이 어느 날 재상인 당앙(唐鞅)에게 물었다.

"나는 수많은 사람들을 죽였지만 신하들은 조금도 나를 어려워하거나 두려워하지 않는다. 그 이유가 무엇이라고 생각하는가?"

당앙이 대답했다.

"대왕께서 벌을 준 사람은 모두 옳지 못한 사람들이었습니다. 옳지 않은 자를 벌주는데 어찌 선한 사람이 두려워하겠습니까. 선과 악의 차별을 두지 않고 닥치는 대로 마구 벌을 주면 모든 신하들이 대왕을 두려워하게 될 것입니다."

그 후 얼마 되지 않아서 강왕은 신하들이 자신을 두려워하게 만들기 위해 그 본보기로 당앙을 죽여 버렸다. 당앙은 선한 인간이었기 때문에 강왕의 '과시'를 위한 제물이 되고 말았다. 그의 옳은 말이 스스로 무덤을 판 것이다.

5. 자신의 비밀을 아는 자는 위험하다

한(漢)나라의 여태후(呂太后)는 효혜제의 황후 장 씨(張氏)에게 아들이 없자 다른 후궁에게서 난 아들을 효혜가 죽은 후에 황제에 즉위케 하여 소제(少帝) 공(恭)이라 부르게 했다.

그러나 소제 공은 여태후가 자기를 황후 장 씨의 아들로 위장하기 위해 자기 생모를 죽인 비밀을 알게 되자 여태후를 죽이려고 획책했다. 그러나 이를 눈치 챈 여태후는 도리어 소제 공을 죽이고 말았다.

여태후는 그 후 역시 혜제의 또 다른 후궁 아들인 홍(弘)을 제위에 앉혀 놓고 제왕의 실권은 여태후의 조카 여산(呂産)이 행세하도록 하여 여태후 전권 시대를 누리게 된다.

그 후 8년 만에 여태후도 병들어 죽게 되는데 여태후의 이러한 계략과 술수는 한나라 2백 년의 기틀을 다지는 수단이 되기도 했다.

그런데 〈사기(史記)〉를 보면 이러한 살인극은 왕궁 내의 참극이었을 뿐 오히려 백성들은 오랜 전란에서 벗어나 태평성대를 누렸다고 적고 있으니 역사의 심판은 두렵다고 아니할 수 없다.

6. 상대를 타락에 빠뜨린다

옛날 진(秦)나라가 점차 세력을 떨칠 무렵에 북방의 융(戎)이 나라를 세워 왕을 참칭하고 있었다. 이 융왕이 진나라와 교섭을 갖고자 유여(由餘)라는 사신을 진나라에 파견하였다. 이 때 진나라의 왕은 목공(穆公)이었다.

목공이 사신 유여에게 물었다.

"도(道)라는 것을 들은 적은 있으나 본 적은 없소. 옛날의 명군(名君)이 나라를 얻거나 혹은 잃거나 하는 것은 어떤 도리에 연유하는 것인지 들려줄 수 있겠소?"

목공의 물음에 유여는 거침없이 대답했다.

"항시 검약함으로써 나라를 얻고 사치로 인하여 나라를 잃는 것으로 알고 있습니다."

목공은 상대의 지혜를 빌릴 수 있기를 기대했으나 별 신통한 대답을 얻지 못하자 실망하여 말했다.

"나는 도에 대한 귀한 말을 듣고자 했는데 기껏 검소함으로 답을 삼으니 어이 된 까닭이오?"

목공이 심히 미진하다는 듯이 반문하자 유여는 정색하고 말했다.

"옛날 요(堯)임금은 흙으로 빚은 접시에 음식을 담아 먹고 흙으로 빚은 종지로 물을 마셨으나 그 영토는 남쪽으로는 교지(交趾)에 이르고 북쪽으로는 유도(幽都)에 이르렀으며 동서로는 일월이 나고 드는 곳까지 복종하지 않는 자가 없었습니다. 그런데 요임금이 선양하여 순(舜)임금이 뒤를 잇자 산의 나무를 베어 반들반들하게 깎고 밀고 하여 검은 옻칠을 해서 이것을 궁중의 식기로 삼으니 제후들은 그것을 보고 사치하게 되었고 복종하지 않는 나라가 열 세 나라가 되었다고 합니다. 순임금이 선양하여 우(禹)에게 전하니 우임금의 나라에서는 식기를 만드는 데 바깥은 옻칠을 하고 안은 붉은색을 칠했습니다. 그러자 이 사치함을 보고 33국이 복종하지 않게 되었다고 합니다. 하(夏)의 시대가 끝나고 은(殷)나라가 되자 큰 수레를 만들되 아홉 개의 기(旗)를 세우고 식기에는 조각을 했으며 잔과 족자에는 문양을 새겼습니다. 이것을 보고 53개국이 복종을 거부하게 되었으니 검약은 나라를 얻는 도(道)라고 말씀드린 것입니다."

 말을 마치고 유여가 조용히 자리를 뜨자 목공은 급히 내사요(內史寥)를 불러들여 말했다.

 "이웃 나라에 더구나 북변의 미개한 융에 이 같은 성인(聖人)이 있음은 우환이라 했소. 유여는 가히 성인이라 이런 성인이 적국에 있으면 마음을 놓을 수가 없으니 이를 어찌하면 좋겠소?"

 내사요가 목공의 물음에 대답했다.

 "융왕이 있는 곳은 야만인이 사는 변지여서 우리 중화(中華)의 음악을 들은 적이 없다고 합니다. 융왕에게 가희(歌姬)와 악기를 보내어 그의 정치를 혼란케 하고 유여를 한동안 우리 나라에 머물도록 하여 유여와 융왕의 사이를 갈라놓는 것입니다. 이리하여 저쪽 군신 사이에 금이 생기면 다음의 일은 어렵지 않을 것입니다."

 목공은 그 말을 받아들였다.

 그는 곧 내사요를 사신으로 파견하면서 아름다운 가희 16명과 악기를 융왕에게 선물로 보내는 동시에 유여의 체재를 연기하도록 청했다.

 목공의 계략은 예상대로 되어 갔다. 융왕은 유여를 까맣게 잊어버린 채 미희와 음악에 도취하여 일 년 내내 풍악으로 세월을 보내며 한 곳에 머물렀다.

 그리하여 융족이 먹이던 말과 소는 먹이가 부족하여 절반이나 죽고 말았다. 융족 곧 몽골족은 본시 기마 민족인지라 한 곳에 오래 머물면 소와 말을 먹일 수가 없었다.

 유여는 그 무렵이 되어서야 귀국했다. 이런 상황을 유여는 융왕에게 간했으나 융왕은 듣지 않았다. 유여는 탄식하며 융왕 곁을 떠나 진나라로 다시 돌아가고 말았다. 목공은 기다렸다는 듯이 유여를 맞이하여 크게 중용했다.

마침내 진나라는 융족 12개국을 승복시키고 천하의 땅을 거두었다. 즉, 상대를 타락시킴으로써 나라와 현신(賢臣)을 함께 거둔 것이다.

7. 야욕을 조장시킨다

진(晉)나라의 지백(智伯)이 위(魏)나라의 선공(宣公)에게 땅을 달라고 했다. 선공이 주지 않자 재상 임증(任增)이 물었다.
"왜 땅을 주지 않았습니까?"
선공이 대답했다.
"지백이 이유도 없이 땅을 요구하기 때문에 주지 않았소."
그러자 임증이 말했다.
"그렇다면 그에게 땅을 주십시오. 그는 이유 없이 땅을 탐하는 자이니 조건 없이 땅을 주어 버리면 그의 욕망이 한없이 커져서 필경에는 그것 때문에 망하고 말 것입니다."
선공이 듣고 나자 무릎을 쳤다.
"참으로 좋은 말이오."
드디어 만호(萬戶)의 땅을 지백에게 주었다. 지백은 마음이 흐뭇하여, 이번에는 다시 조나라에게 땅을 달라고 했다.
조나라가 거절하자 지백은 화가 나서 군대를 동원하여 조나라의 진양(晉陽)을 포위했다. 이 때를 기다리고 있던 위나라의 선공이 조나라·한나라와 함께 지백을 쳐서 크게 이기니 지백은 끝내 망하고 말았다.
"위축시키려거든 먼저 신장시켜라. 약하게 만들려거든 먼저 강하게 하라. 멸망시키려거든 먼저 융성하게 하라. 빼앗으려거든 먼저 주라. 이것은 자연의 미묘한 섭리이다. 이것이야말로 약자가 강자에게 이기는 최선의 방법이다."

이는 노자(老子)의 말이다.

"군대가 강하면 곧 멸하고 나무가 강하면 곧 부러지고 가죽이 굳으면 곧 찢어지며 치설(齒舌)이 드세면 곧 부러진다."

이는 회남자(淮南子)의 말이다.

8. 다른 사람에게 덮어씌운다

여동생과 은밀한 관계를 맺고 있던 제나라 양공(襄公)은 이를 눈치 챈 여동생의 남편인 노나라 환공(桓公)을 죽이기 위해 잔치를 열고 그를 대접했다.

잔치가 끝날 무렵 양공은 공자 팽생(彭生)을 불러 은밀히 밀령을 내렸다.

"너는 잔치가 끝나거든 환공을 그의 처소에까지 전송하되 도중에 그를 처치하여라."

공자 팽생은 환공을 수레에 태우고 가다가 주먹으로 환공의 옆구리를 쥐어질렀다. 팽생은 실로 무서운 장수였다. 그의 주먹은 쇳덩어리나 다름이 없어 한 번에 환공은 갈빗대가 으스러지고 오장이 터져 죽었다.

그러자 팽생은 수레를 모는 어자(御者)에게 말했다.

"속히 수레를 돌려라. 환공이 과도히 취하여 음식에 중독된 듯하다."

수행원들은 수레 속에서 일어난 일을 짐작했으나 감히 입 밖에 내어 말하는 자가 없었다.

이 사실은 이윽고 노나라에 알려져 노나라는 크게 분노했다. 그러나 약소국인 노나라는 감히 군대를 일으켜 제나라를 치지는 못하고 항의 사절을 보냈다.

그러자 양공은 공자 팽생을 불러들이고는 노나라 사절에게 들으라는 듯이 언성을 높여 팽생을 꾸짖었다.

"환공께서 과도히 취하셨기에 과인이 각별히 잘 모시라고 분부했거늘 너는 어찌하여 갑자기 세상을 떠나시게 했느냐."

"그것은 군후께서…."

이어서 양공은 팽생이 더 뭐라고 말하기 전에 좌우를 돌아보며 추상 같은 명령을 내렸다.

"저놈을 냉큼 끌어내어 목을 베어라!"

이리하여 팽생은 제대로 입 한 번 놀려 보지 못하고 목이 달아나고 말았다.

9. 사태의 원리를 간파하라

제(齊)나라의 병략가 손빈(孫臏)이 전기(田忌)의 막료로 있을 때였다. 마침 전기는 제나라 왕자들과 내기 경마를 하고 있었다.

손빈이 가만히 보니 마차에는 별로 차이가 없으나 말의 속도에는 상·중·하의 차이가 있음을 간파했다. 그는 은밀히 전기에게 진언했다.

"장군께서는 안심하고 돈을 거십시오. 제가 장군을 반드시 이기도록 해 드리겠습니다."

전기는 그 말을 믿고 왕자들과 함께 천금(千金)을 걸었다. 마침내 경기가 시작되려 하자 손빈이 전기에게 말했다.

"장군의 하급 마차를 상대의 상급 마차와 한 조(組)를 만들고 다음은 장군의 상급 마차를 상대의 중급 마차와 한 조를 만들며 끝으로 장군의 중급 마차를 상대의 하급 마차와 한 조를 만드십시오. 그러면 한 번은 지겠지만 두 번은 틀림없이 이길 것입니다."

이렇게 해서 세 조(組)로 편성된 경마가 끝난 후에 보니 과연 한 번 졌으나 두 번 이겨 천금의 상금을 차지하게 되었다.

지금 세상의 경마에서는 이런 정도의 이론쯤이야 초보라도 알겠지만 당시로서는 놀랄 만한 관찰력과 판단력이 아닐 수 없다.

10. 에둘러쳐서 목표를 노린다

마차를 잘 모는 마부가 초왕(楚王)을 모시고 싶었으나 다른 마부들이 그것을 시기하고 방해했다. 그러자 그는 이렇게 말했다.

"저는 노루 잡는 솜씨가 장기입니다."

그리하여 드디어 초왕을 모실 수 있게 되었다.

그런데 어느 날 왕이 수레를 몰아 노루를 쫓았으나 잡지 못하자 그 마부가 대신 수레를 몰게 되었다.

"음, 그대의 말 모는 솜씨가 참으로 뛰어나군."

초왕이 그를 칭찬했을 때 그는 비로소 다른 마부들의 시기를 사고 있음을 호소하여 그 후부터 왕의 보호와 인정을 받게 되었다.

이 마부가 직선적으로 말했다면 아무리 재능이 있어도 왕의 측근에 있는 동료들로부터 배척을 받았을 것이다. 그래서 에둘러치는 연출로 재능을 인정받게 된 것이다.

11. 상대를 혼란에 빠뜨린다

　제나라 선왕(宣王) 2년, 기원전 341년의 일이다. 제나라는 전기(田忌)를 장군으로 삼고 손빈을 군사(軍師)로 삼아 위나라의 도읍 대량(大梁)을 향하여 쳐들어갔다.
　제나라 군대는 이미 위나라 영토 안으로 깊숙이 들어가 있었기 때문에 위군은 자기 나라 안에서 제나라 군대를 추격하는 형세가 되었다.
　이 때 손빈이 전기에게 말했다.
　"원래 한·조·위의 이른바 삼진(三晉)의 군대는 강하고 용감하여 우리 제나라 군을 경멸하고 있습니다. 우리는 이러한 형세를 역이용해야 합니다. 즉, 오늘 야영지에 10만 개의 솥을 걸어 놓았다면 다음 날은 5만 개로 줄이시고 그 다음 날은 3만 개로 줄이십시오."
　전기는 천천히 군사를 물리며 손빈의 계책대로 했다.
　위나라 대장 방연(龐涓)은 제나라 군사들을 추격하면서 첩자의 보고에 적군의 솥의 수가 10만에서 5만, 5만에서 3만으로 줄어들었다 하자 크게 기뻐했다.
　"나는 본시 제나라 놈들이 겁쟁이인 줄은 알고 있었으나 불과 사흘 만에 사졸들이 반 이상이나 도망을 가다니 참으로 한심한 놈들이로구나."
　교만해진 방연은 보병을 남겨 놓고 정예 기병만 이끌고 제군을 급히 추격했다가 적의 복병에게 참패를 당하고 말았다.
　이것이 유명한 '병졸을 늘이고 밥솥을 줄인다'는 '감조지계(減竈之計)'의 고사로 역사에 남은 손빈과 방연의 명승부이다. 이 승리로 손빈은 이름을 천하에 떨치게 되었다.
　손빈은 군졸의 수를 판단하는 기준의 하나인 밥솥의 수를 줄임으로써 적의 판단을 흐리게 만드는 데 성공했다.

12. 자기 희생으로 신뢰를 얻는다

기원전 208년 겨울, 조조(曹操)는 군사 80여 만, 전선(戰船) 3천여 척을 이끌고 양자강을 따라 내려왔다.

손권(孫權)과 유비(劉備)의 동맹군은 10분의 1도 안 되는 군대로 양자강 남안(南岸)의 적벽에서 조조의 대군과 맞붙게 되었는데 이것이 유명한 '적벽대전(赤壁大戰)'이다.

조조와 제갈량(諸葛亮) 그리고 주유(周瑜) 등 세 군략가들이 혼신의 힘을 다해 싸운 이 전투는 중국 전쟁사에 길이 남을 음모전의 압권이다.

우선 조조는 남방군 안의 주전파와 항복파가 논의를 계속하며 결론을 내지 못하자 동맹군 총수 주유의 동향인 장간(蔣幹)을 파견하여 항복을 종용한다. 장간이 군막에서 자고 있는데 새벽에 사람들이 주유를 찾아와 채모(蔡瑁)와 장윤(張允)에 대한 이야기를 속삭인다. 장간은 이에 속아 황급히 조조에게 돌아가 이를 알리고 조조는 수군 지휘에 능한 장수인 채모와 장윤을 참형에 처함으로써 전력(戰力)을 크게 상실하게 된다.

나중에 이를 알게 된 조조는 그것을 설욕하기 위해 참형을 당한 채모의 동생 채중과 채화를 남방군에게 거짓 투항을 하게 한다.

그러나 가족을 두고 투항해 온 이들을 처음부터 믿지 않았으나 주유는 짐짓 시치미를 떼고 크게 환영하면서 오히려 역이용하기 시작한다.

다음날 주유는 장군들을 모아놓고 군사 회의를 연다. 먼저 주유가 자못 엄숙하게 군령을 내린다.

"조조는 80만 대군으로 3백 리에 걸쳐 포진하고 있소. 졸연히 이들을 파하기가 어려우니 제장(諸將)들은 3개월분의 식량을 준비하고 만일의 사태에 대처하도록 하시오."

젊은 주유의 말이 끝나자 노장 황개(黃蓋)가 코웃음을 치며 말한다.

"3개월이라니 그 무슨 한가한 말입니까. 조조를 격파하는 데 그런 소극적인 전법으로는 어림도 없습니다. 만일 속전속결로 하지 않고 장군의 생각을 고집한다면 나는 차라리 조조에게 항복하고 말겠소."

"감히 삼군의 총수인 나를 능멸하다니 용서할 수 없다!"

주유는 크게 노하여 황개의 목을 베려 했으나 여러 장수들의 간곡한 만류로 태형 50대를 쳐서 회의장에서 내쫓아 버린다. 피투성이가 되어 막사로 돌아온 황개는 몇 번이나 정신을 잃는다. 이 일은 곧 진중에 퍼졌다. 물론 조조의 첩자인 채중·채화의 귀에도 들어간다.

황개는 그날 밤 부하 장수 감택에게 명하여 조조에게 거짓 항서(降書)를 쓰게 하고 어부로 변장시켜 그것을 가지고 조조의 진중으로 잠입케 한다.

그러나 술수에 정통한 조조는 그것을 고육지책(苦肉之策)으로 보고 믿으려 하지 않는다. 그러나 채중·채화로부터 자세한 보고를 들은 조조는 마침내 그것을 믿게 된다. 감택은 투항의 표시로 배에 청색기를 세우기로 약속을 정한다.

마침내 결전의 날이 왔다. 황개는 쾌속선 20척에 유황과 염초 등 불이 잘 붙는 물건들을 가득 싣고 조조의 선단을 향해 살같이 나아간다. 그 배에는 모두 청색기가 휘날리고 있다.

이를 본 조조는 황개가 항복군을 이끌고 투항해 오는 줄 알고 크게 기뻐한다. 황개는 조조의 선단 가까이에 이르자 20척 쾌속선에 일제히 불을 질러 조조의 선단으로 돌진한다.

이리하여 조조의 선단은 불길에 휩싸이고 대패한 조조군은 육지로 도망했으나 다시 복병을 만나 80만 대군 중 겨우 몇 천 명이 살아서 돌아가는 참패를 당하고 만다.

고육지책이란 어떤 목적을 달성하기 위하여 일부러 자신의 육체를 괴롭히거나 혹은 자기 희생을 보여 적을 기만하고 신뢰를 얻어 역습을 꾀하는 계략이다.

물론 이러한 고육지책을 성공시키려면 자기 희생의 대소도 문제이겠지만 그 연출의 기술도 아주 중요하다. 고육지책이 아닌 것처럼 분식(粉飾)하는 것이 이 계략의 요체이다.

13. 서투른 책략은 쓰지 말라

촉한의 명장 조운(趙雲)이 계양성을 공격하자 태수 조범(趙範)은 항복을 하고 조운을 성중으로 청했다. 조운은 단지 50여 기(騎)만 거느리고 성 안으로 들어갔다.

조운이 입성하자 조범은 그를 아문(牙門)으로 청하여 술을 권했다. 술이 반감(半酣: 반쯤 취함)에 이르자 다시 후당(後堂)으로 청하여 들여 다시 술을 권하면서 조운과 의형제를 맺고자 했다. 조운은 기꺼이 이를 허락했다.

그러자 조범이 안에서 한 부인을 청하여 은근히 조운에게 술을 권하게 했다. 조운이 보니 그 부인이 몸에 소복을 입었는데 참으로 보기 드문 미인이었다. 조운이 물었다.

"이 부인이 누구신가?"

조범이 대답했다.

"저의 형수 번 씨(樊氏)입니다."

조운은 곧 낯빛을 고쳐 태도를 공손히 했다. 번 씨가 안으로 들어간 뒤에 조운이 나무랐다.

"현제(賢弟)는 어찌하여 형수에게 그런 수고를 끼쳐 드리는가. 내 몸시 불안스럽네그려."

조범이 빙그레 웃으며 대답하였다.

"다 그럴 만한 까닭이 있어서 그랬으니 형님은 사양하지 마십시오. 저의 선형이 세상을 떠나신 지 이미 3년이 되었는데 형수께서 아직 젊은 몸으로 수절을 하고 있습니다. 저의 형수가 과히 나쁘지 않다면 곧 취하시어 건즐(巾櫛)을 받들게 하심이 어떻겠습니까?"

'건즐'이란 수건과 빗을 아울러 이르는 말로 낯을 씻고 머리를 빗는다는 뜻이나, 이를 받든다는 것을 여자가 아내나 첩이 된다는 표현을 겸손하게 이르는 말이다. 그러나 조운은 그 말을 듣자 크게 노하여 자리를 차고 일어났다.

"내 이미 너와 더불어 형제의 의를 맺었으니 너의 형수면 내게도 형수가 되지 않느냐. 그런데 어찌 그렇듯 인륜을 어지럽게 하는 일을 하려 든단 말이냐!"

"저는 호의로 드린 말씀인데 왜 그처럼 역정을 내십니까."

조범은 얼굴을 붉히며 좌우를 향하여 가만히 눈짓을 했다.

조운이 보기에 자기를 해칠 뜻이 있는 게 분명했다. 그는 즉시 주먹을 들어 조범을 단번에 때려누이고 부문(府門)을 나서 말을 타고 성에서 나와 버렸다.

조범은 곧 수하 장수인 진응과 포룡을 불러서 상의했다. 진응이 말했다.

"저 사람이 그렇듯 성이 나서 갔으니 아무래도 우리 편에서 먼저 선수를 쳐서 죽여 버리는 수밖에 없습니다."

조범이 물었다.

"그와 싸워서 이길 수가 있겠는가? 그는 천하의 용장이 아닌가."

포룡이 대답했다.

"저희 두 사람이 가서 거짓 항복을 드리고 그의 군중에 있을 터이니 태수께서는 친히 군대를 거느리고 싸움을 청하십시오. 그러면 저희 둘이 내응하여 조운을 사로잡겠습니다."

이날 밤 두 사람은 군사 5백 명을 이끌고 조운의 영채로 가서 항복을 드리러 왔노라고 했다. 조운은 거짓임을 알면서도 곧 불러들였다.

조운은 짐짓 기뻐하는 체하고 두 사람에게 술을 취하도록 권했다. 두 사람이 마침내 대취하여 쓰러지자 조운은 곧 그들을 장막 안에다 묶어 놓고 수하 군졸들을 붙들어다 물어 보았다.

과연 두 사람이 사항계(詐降計)를 쓴 것이 분명했다. 조운은 즉시 5백 군사들을 모두 불러들여 술과 밥을 내리고 영을 전했다.

"나를 해치려고 한 것은 진응과 포룡뿐이고 다른 사람은 상관이 없는 일이니 너희들은 내가 시키는 대로만 따라서 행하라. 그러면 다들 상을 후히 주마."

모든 군사들이 다 절하며 사례했다.

"죽이지 않는 것만도 감읍할 일이니 무슨 일이건 시키는 대로 하겠습니다."

조운은 곧 진응·포룡 두 장수의 목을 벤 다음 저들 5백 군사를 앞세우고 자기는 1천 군사를 거느리고 뒤를 따라 밤을 새워 계양성으로 갔다. 성 아래 당도하자 조운은 군사를 시켜 큰 소리로 외치게 했다.

"진 장군과 포 장군이 조운을 죽이고 회군해 오셨소. 곧 성문을 열어 주시오."

조범이 성 위에 올라 횃불을 밝히고 내려다보니 과연 자기편 군마가 틀림없다. 그는 곧 말을 타고 성문을 열고 나왔다.

조운은 즉시 좌우를 꾸짖어 조범을 잡아서 묶게 하고 성으로 들어가서 백성들을 안무한 다음 사람을 유비에게 보내서 이를 보고하게 했다.

유비가 제갈량과 함께 몸소 계양으로 왔다. 조운은 그들을 영접하여 성으로 청해 들이고 즉시 조범을 계하로 끌고 오게 했다. 제갈량이 친히 물으니 조범이 자기 형수로 조운의 아내를 삼으려 하다 도리어 그의 노여움을 산 일을 고했다.

제갈량은 듣고 나자 조운에게 말했다.

"그도 또한 아름다운 일인데 공은 어찌하여 거절했소?"

조운이 대답했다.

"연유를 말씀드리자면, 조범이 이미 저와 더불어 형제의 의를 맺은 터에 만약 그 형수 되는 사람에게 장가든다면 남들이 욕할 것이 그 하나요, 또 그 부인이 개가를 하면 곧 절개를 잃는 것이 그 둘이요, 조범이 항복하자마자 즉시 그 말이 나왔으니 속셈을 알 수 없는 것이 그 셋입니다."

서투른 미인계나 책략은 오히려 쓰지 않는 것만 못하다.

14. 상대의 뿌리를 생각하라

전진(前秦) 왕 부견(苻堅)이 동진(東晋)을 쳐서 천하를 통일하기 위해 백만 대군을 일으켰다. 이 전진군 가운데에는 그 전에 동진의 장군이던 주서(朱序)라는 장수가 있었다.

그가 동진의 양양(襄陽)을 지키고 있을 때 전진의 10만 군대가 쳐들어갔는데 그 때 부장이 내응하여 성이 함락되고 말았다. 양양성에 입성한 전진왕 부견은 주서의 선전(善戰)을 극구 치하하고 내응했던 부장을 오히려 중벌로 다스렸다. 그 후 주서는 전진에 기용되었으나 그의 마음은 항상 동진에 가 있었다.

백만 대군이 회수를 지날 때였다. 주서가 부견에게 진언했다.

"호랑이를 초원에 몰아내어 싸우면 우리 쪽도 피해를 입게 마련입니다. 소장의 생각으로는 동진의 군사들을 함정에 끌어들여 치는 것이 좋을 듯합니다."

"그게 쉽겠는가?"

"우리 전진의 군대가 일시에 후퇴를 하면 틀림없이 동진의 군사들이 강을 건너 추격해 올 것입니다. 그 때를 타서 동진군을 무찌른다면 가히 전승을 거둘 수 있을 것입니다."

"음…."

"비밀이란 여러 사람들이 알게 되면 아무런 효과가 없습니다. 그러므로 이번 퇴각은 군사들에겐 알리지 말고 불시에 퇴각을 명령하는 것이 좋을 것 같습니다."

"음, 과연 그렇다."

그리하여 부견은 동진군을 유인하기 위해 불시에 후퇴 명령을 내렸다. 군사들은 갑작스런 후퇴령에 갈피를 잡지 못하고 정신없이 달아나기 시작했다.

부견은 말이 끄는 높은 망루에 올라 손으로 이마를 짚고 비수의 강변을 바라보았다. 예상했던 대로 전진군이 후퇴하자 동진의 군사들이 강을 건너기 시작했다. 부견은 손을 비비며 때가 오기만 기다렸다. 이윽고 동진군의 선봉이 벌써 강을 건너고 있었다.

"됐다!"

부견은 주먹을 불끈 쥐며 저도 모르게 혼자 중얼거렸다. 이제 잠시 후면 부견의 오른손이 높이 올라갈 것이다. 그렇게 되면 다시 반격을 개시하게 된다. 이윽고 가교가 만들어지고 동진군의 거의 절반이 강을 건넜다.

"바로 지금이다!"

부견은 손을 번쩍 치켜올렸다. 백만의 대군이 이를 신호로 일대 반격을 하게 되어 있는 것이다.

그런데 실로 뜻밖의 상황이 벌어졌다. 부견이 아무리 신호를 해도 퇴각하는 전진의 군사들은 그저 못 본 체하고 후퇴만 계속하고 있었다. 부견은 고래고래 악을 썼다.

"뭣들 하느냐! 어서 반격하라! 어서…."

그러나 전진군은 부견의 호령에는 아랑곳없이 후퇴를 계속하고 있었다.

단 한 번의 접전도 없이 부견의 백만 대군이 8만여 동진군에게 허겁지겁 쫓기는 데에는 그만한 이유가 있었다.

이 계책을 진언했던 주서가 작전의 기밀을 동진군에게 미리 알려준 다음 전진군의 각 영채를 돌아다니며 사태가 불리하니 무조건 후퇴하라고 명령했기 때문이었다.

부견은 패주하는 도중에 화살을 맞고 중상을 입었으며 선봉대장 양성(梁成)도 목숨을 잃고 말았다. 부견이 장안으로 회군하기 위해 군사를 계점해 보니 남은 군사는 겨우 10만밖에 되지 않았다.

15. 아부와 충성을 구별해야 한다

춘추 시대 오패(五覇) 중 한 사람인 제(齊)나라 환공(桓公)은 식도락가로도 유명해 산해진미란 음식은 모두 다 맛을 보았으나 인육(人肉)만은 맛보지 못했었다.

이를 안 궁중 요리장 역아(易牙)는 환공의 비위를 맞추기 위해 자신의 아들을 죽여서 '통구이'를 만들어 환공에게 진상했다고 사마천은 기록하고 있다.

목적을 위해 희생을 바친 것은 사실이지만 그 방법이 너무 끔찍하고 그 목적의 가치가 너무 초라해서 이것을 고육지책이라고 할 수는 없다. 지나친 아부에 불과한 것이다.

명신 관중(管仲)이 환공에게 역아를 멀리 하라고 간했으나 환공은 듣지 않고 오히려 역아를 측근에 두었다. 관중이 죽은 후 환공은 역아의 무리들에게 감금되어 굶어죽고 말았다.

16. 반대파 숙청은 인재까지 말살한다

시황제는 숨을 거두기에 앞서 그의 장자인 부소(扶蘇)에게 제위를 승계한다는 조서(詔書)를 남겼다. 그러나 측근인 환관 조고(趙高)가 승상인 이사(李斯)와 짜고 조서를 위조하여 시황제의 막내아들 호해(胡亥)를 진(秦) 제국의 제위에 오르도록 했다.

그리하여 진나라의 이세황제(二世皇帝)로 호해가 등장하자 피바람이 불기 시작했다. 맨 먼저 위험 분자로 지목된 사람이 맏아들 부소와 만리장성을 쌓은 명장 몽염이었다.

사마천이 남긴 기록에 의하면 몽염은 그 때 죽음을 앞두고 깊은 한숨을 토하였다.

"도대체 나에게 무슨 죄가 있단 말인가. 아무런 죄도 없이 죽어야 하다니."

이렇게 말하고 잠시 생각에 잠겼던 그는 다시 말했다.

"나의 죄는 죽어 마땅하다. 그것은 임조에서 요동까지 장성을 2만여 리나 쌓는 도중에 지맥(地脈)을 끊은 일이 없다고 할 수 없을 것이니 이것이 바로 나의 죄라면 죄로다."

그러고는 마침내 독약을 마시고 자결했다.

물론 몽염의 죽음은 부소와 가까웠기 때문에 부소와 함께 그를 처치해 버리려는 조고 등의 책략이었다.

그러나 후일 사마천의 기록에 의하면 몽염이 시황제의 비위를 맞추기 위해 토목 공사에 열중한 나머지 수많은 백성들을 혹사하고 죽음을 당하게 했다고 적고 있다. 이러한 민원(民怨)은 조고 등이 그를 죽이는 구실이 되기에 충분한 것이었다.

조고는 몽염과 부소뿐만 아니라 시황제 이래의 중신과 공자들을 모조리 죽이고 결국은 진 제국의 기반을 뿌리째 흔들어 놓은 악랄한 모사였다.

더구나 그는 함께 일을 꾸민 이사마저 진 제국의 위기를 방치한 책임을 물어 혹독한 고문 끝에 죄명을 씌워 죽여 버렸다.

이세황제 호해는 그야말로 허수아비에 불과했다. 중승상(中丞相)이라면 승상 다음의 요직이다. 스스로 중승상이 된 일개 환관 조고는 자기 세력과 권위를 테스트해 보기 위하여 이세황제 앞에서 노루를 가리켜 말이라고 했다.

이세황제는 깜짝 놀랐다.

"이것은 말이 아니라 노루가 아닌가?"

좌우의 대신들은 모두 조고의 눈치를 보았다. 그러면서 이구동성으로 대답했다.

"그것은 말입니다."

시류에 따라 흑(黑)을 백(白)이라고 하는 지당주의(至當主義)는 여기에서 생겨났다.

제6편 일석이조의 비책

제6편 일석이조의 비책

최소의 노력으로 최대의 효과를 얻는 것. 이것은 경제학의 원칙이기도 하지만 몇 가지 목적을 동시에 달성하는 것, 즉 일석이조의 방법이야말로 권모술수의 대가들이 노리는 바가 아닐 수 없다.

1. 서로 싸우게 하여 틈을 노린다

한(韓)나라가 위(魏)나라의 침공을 받고 한왕이 제(齊)나라에 구원을 청했을 때의 일이다. 제나라 왕 전후(田侯)는 중신들을 모아 놓고 대책을 논의했다.

"지금 한나라가 위급하니 이를 곧 구하는 것이 낫겠는가 아니면 천천히 구하는 것이 낫겠는가."

전후가 묻자 중신 장개(張丐)가 일어나 말했다.

"천천히 구하면 한나라가 깨어져 위나라에 항복하고 말 것입니다. 즉시 구하는 것이 상책입니다."

그러자 전신사(田臣思)가 이를 반대했다.

"그것은 안 될 말이오. 도대체 한·위 양군이 지치기 전에 이를 구하러 나선다면 한나라 대신 우리가 위군의 공격을 받을 것입니다. 그러니까 은밀히 한나라와 친교를 맺는 한편 한나라가 위나라와 싸워 그 지치는 틈을 보고 일격에 한·위 양국을 들이친다면 쉽게 이길 수 있을 것입니다."

"과연 묘책이오."

전후는 듣고 나서 고개를 끄덕이었다.

한편 한나라는 제나라가 구해주리라 굳게 믿고 다섯 번이나 크게 싸웠으나 다섯 번 모두 패하자 제나라에 간곡히 구원을 청했다.

그제야 제나라는 군대를 휘몰아 먼저 위나라부터 치고 한나라를 제압하니 한·위의 두 왕은 모두 제나라에 굴복하여 제왕에게 조공을 바쳤다.

이와 같이 적끼리 서로 싸우게 하여 어부지리(漁父之利)를 취하는 것은 전국 시대의 대표적인 일석이조의 술책이었다.

2. 이해관계를 이용한다

진(秦)나라가 위(衛)나라의 영토인 포(蒲)를 공격했다. 그러자 세객인 호연(胡衍)이 진나라의 장군 저리질(樗里疾)을 찾아가서 말했다.

"진나라가 포를 공격하는 것은 진나라를 위한 것입니까 아니면 위나라를 위한 것입니까? 만일 위나라를 위한 것이라면 좋습니다만 진나라를 위한 것이라면 이롭지 못한 일입니다. 지금 위나라가 유지되고 있는 것은 포(蒲)가 있기 때문입니다. 그런데 포를 진나라에 빼앗기게 되면 위(衛)나라는 위(魏)에게 항복하게 되고 그러면 위(魏)나라가 강하게 됩니다. 만일 위(魏)나라가 강하게 되는 날에는 진나라가 위태롭게 될 것입니다. 진왕께서 나중에 이를 알게 된다면 장군을 책망하게 될 것입니다."

"그러면 어떻게 하는 것이 좋겠소?"

저리질이 당황하여 묻자 호연이 대답했다.

"장군은 포를 공격하지 마십시오. 그리고 포의 성주에게 공격을 하지 않겠다는 뜻을 전하고 위(衛)나라 왕에게도 그 뜻을 전하십시오."

"거 참 좋은 생각이오."

저리질이 찬동하자 호연은 포로 가서 성주를 만나 말했다.

"지금 진나라 장군 저리질이 포를 치려고 하니 제가 그것을 막아 드리겠습니다."

포의 성주는 감격하여 호연에게 황금 3백 일(鎰)을 사례로 주었다.

"만약 진군을 물리쳐 준다면 위왕(衛王)에게 당신을 후대하도록 하겠소."

이리하여 호연은 포로부터 금 3백 일을 받고 위왕의 후대를 받은 것은 물론 저리질에게서도 사례를 받았다.

호연은 진(秦)·위(衛)·위(魏) 3국의 삼각관계, 그리고 군주와 장군의 사이에 맺어진 주종 관계의 모순을 이용하여 그야말로 일석사조의 이익을 본 것이다.

3. 원한을 폭발시킨다

조(趙)나라의 간자(簡子)가 진(晋)나라의 성하와 섭다 두 대부를 보내어 위(衛)나라의 영공(靈公)과 전택이라는 곳에서 회맹을 할 때였다.

영공이 아직 짐승의 피를 입술에 바르며 맹세를 하기도 전에 성하와 섭다 두 대부가 영공의 손을 뿌리치고 잔을 굴려 버리는 무례를 범했다. 영공이 크게 노하여 조왕(趙王)에게 항거하려고 하자 중신 왕손상(王孫商)이 영공을 만류했다.

"조나라와 싸우려면 먼저 모든 백성들로 하여금 조왕을 미워하는 마음을 가지게 해야 합니다."

"그럼 어떻게 해야겠소?"

영공이 묻자 왕손상이 대답했다.

"군후께서는 명령을 내리시되 다음과 같이 나라 안에 포고하여 주십시오. '며느리나 자매나 어린 처녀 등 여자가 있는 집은 그 중에서 한 사람이 조나라에 볼모로 가야 한다'라고 하시면 됩니다. 백성들은 반드시 조나라를 원망하고 미워할 것입니다. 그 때 조나라에 항거하는 것이 좋을 줄로 압니다."

영공이 승낙하자 즉시 포고령이 내려졌다. 3일 사이에 수많은 여자들이 소집되었다. 위나라 사람들은 모두 눈물을 흘리면서 비분강개했다. 영공이 대부들을 소집하고 상의했다.

"조나라가 이렇듯 무도하니 항거해도 좋겠소?"

"그렇습니다. 조나라를 응징해야 합니다!"

모든 대부들은 이구동성으로 찬성했다.

위나라가 이처럼 전쟁의 결의를 보이자 간자는 이 소식을 듣고 일을 그르치게 한 섭타를 잡아 죽이고 위나라에 사죄했다. 성하는 연나라로 도망치고 말았다.

이 이야기를 듣고 공자의 제자인 자공(子貢)이 이렇게 논평한 바 있다.

"왕손상은 술수에 능한 사람이다. 백성들의 마음을 잘 이끌어 나라의 위기에 잘 대처했다. 한꺼번에 세 가지를 손에 넣은 셈이니 과연 술책의 명수로다."

소국 위나라가 강국 조나라에 항거한다는 것은 마치 달걀로 바위를 치는 것과 같다. 그런데 조왕을 원망하게 함으로써 백성을 총동원하려 한 왕손상의 계책은 뛰어난 것이다.

백성들로 하여금 공동의 적을 향해 적개심을 불러일으키게 하는 것은 현대 심리전에도 흔히 응용되는 수법이다.

4. 교묘하게 양다리를 걸친다

위왕(魏王)이 조(趙)나라의 도읍 한단(邯鄲)을 칠 때 송(宋)나라에 출병해 줄 것을 요구했다. 그 분쟁에 가담하고 싶지 않는 송왕은 사자를 보내어 조왕에게 말했다.

"지금 위나라 군대는 강하고 위세가 사해를 덮고 있습니다. 그런데 위나라가 우리 나라에 출병을 요구하고 있으니 우리가 그 요구에 응하지 않으면 가만있지 않을 것입니다. 그렇다고 위나라를 도와서 귀국을 친다는 것은 우리의 원하는 바가 아닙니다. 장차 이 일을 어떻게 하면 좋을지 하교해 주십시오."

그러자 조왕은 감격해서 말했다.

"송나라가 위나라를 당할 수 없다는 건 나도 잘 알고 있소. 조나라가 위태로워지고 위나라가 강하게 되어서는 송나라에게도 불리할 것이오. 그렇다면 그대에게 어떤 묘책이 있소?"

"귀국의 국경에 있는 한 성(城)을 우리에게 잠시 맡겨 주시면 우리가 공격하는 척하며 시일을 끌겠습니다. 그러다 보면 위군도 지쳐서 물러갈 것입니다."

"그것 참 묘계요."

조왕은 흔쾌히 승낙했다. 그리하여 송나라는 군대를 이끌고 조나라의 국경을 침입하여 한 성을 포위했다. 이 소식을 전해들은 위왕은 크게 기뻐했다.

"음, 송나라가 군대를 보냈군."

한편 조왕도 역시 크게 기뻐했다.

"송나라 군대가 약속대로 왔군."

이리하여 싸움이 끝나고 위나라 군대가 물러가자 결과적으로 송왕은 위왕에게도 은혜를 팔고 조왕에게도 원한을 사지 않았다. 그래서 송왕은 명성을 크게 떨치고 더구나 큰 실리까지 얻었다.

싸움의 중간에 개입하여 더구나 쌍방으로부터 어려운 요구를 받아 그야말로 진퇴양난인 경우에는 양면 술책이야말로 유위전변(有爲轉變)하는 인간사를 헤쳐 나가는 묘책이라 할 수 있다.

5. 상대를 자극한다

춘추 전국 시대에 제(齊)나라의 경공(景公) 휘하에는 공손접(公孫接)·전개강(田開疆)·고야자(古冶子)라는 세 사람의 용사가 있었다. 그들은 저마다 용맹과 공훈을 내세워 횡포가 심했다.

재상 안자(晏子)는 이 세 사람을 그대로 두었다가는 제나라를 위태롭게 할 것이라고 생각했다. 그는 이 세 사람을 없애 버리려는 계책을 꾸몄다.

그러던 어느 날에 이웃 노나라의 소공(昭公)이 명재상 숙손약(叔孫婼)과 함께 찾아왔다. 경공은 이들을 맞아 문무 제관들을 모아 놓고 환영연을 열었다. 물론 그들 세 용사도 참석했다.

주연이 무르익어 가자 안자는 친히 쟁반 위에 여섯 개의 복숭아를 가져와서 바쳤다. 10년에 한 번 열린다는 신비한 복숭아였다. 경공과 소공은 각각 한 개씩 먹고는 그 감미를 절찬하며 안자와 숙손약에게도 한 개씩 하사했다. 안자는 경공에게 청하여 남은 두 개를 세 용사들에게 권하도록 했다.

경공이 세 용사들을 둘러보며 말했다.

"스스로 공적이 다른 사람보다 높다고 생각하는 사람은 이 복숭아를 먹으라."

　복숭아는 두 개밖에 없었다. 그런데 순간 공손접과 전개강 두 사람이 먼저 썩 나서서 두 개 남은 복숭아를 하나씩 먹어 버렸다.

　복숭아의 맛을 보지 못한 고야자는 크게 노하여 군신들 앞에서 자기의 공을 낱낱이 들어 말하며 두 사람의 염치없음을 성토했다. 이에 공손접과 전개강 두 사람은 고야자의 공로가 자기들보다 높은 것을 부끄럽게 여겨 칼을 빼어 자살하고 말았다.

　뒤늦게 고야자도 두 사람의 의형제가 자기 때문에 자살한 것을 보고 자기 혼자 살아 있는 것은 불의라 하여 스스로 목숨을 끊고 말았다. 이리하여 세 사람 모두 안자의 계책에 의하여 힘들이지 않고 제거할 수 있었다.

　세 사람의 용사가 하찮은 복숭아를 놓고 다투다가 목숨까지 끊는다는 것은 참으로 어처구니없는 일이다. 그러나 사람은 누구나 이러한 약점을 가지고 있다. 그것을 교묘하게 이용하는 것이 바로 권모술수의 요체라고 할 수 있다.

6. 인간의 심리를 이용한다

　장의(張儀)가 초나라에서 아직 때를 만나지 못하고 궁핍해 있을 때의 일이다. 그 무렵 후비(后妃) 남후(南后)와 애첩 정수(鄭袖)가 왕의 총애를 받고 있었다. 장의는 초왕을 알현하기는 했으나 왕은 그를 환대하지 않았다.

　장의는 한 가지 꾀를 생각해 내어 말했다.

　"소인이 북쪽의 위왕을 만나 뵈러 떠날까 하는데 소인에게 전하실 말씀이라도 있지 않으시지요?"

"뭐, 별로 없소."

"그러시다면 소인에게 무슨 다른 부탁은 없으신지요?"

"황금도 주옥도 상아도 초나라에는 다 있소. 과인은 위왕에게나 그대에게나 아무것도 부탁할 게 없소."

"그럼 대왕께서는 여색마저도 싫으신 모양입니다."

"그게 무슨 뜻이오?"

"위나라가 있는 중원에는 미인이 많기로 유명하지요. 그들이 화장을 곱게 하고 거리에 나서면 그야말로 선녀같이 아름답지요."

이 말에 초왕은 눈을 빛내며 물었다.

"초나라는 변두리의 궁벽한 나라가 아닌가. 과인은 아직 그렇게 아름다운 중원의 여자를 본 적이 없네. 과인이라고 해서 여색이 싫다는 법은 없지 않겠는가?"

초왕은 두둑한 은자를 내어주면서 중원의 미인을 구해 오라고 했다.

남후와 정수는 이 말을 전해 듣고 크게 당황했다. 만일 그렇게 되면 자기들은 왕의 총애를 빼앗길 것이 틀림없었다. 안달이 난 남후가 먼저 사람을 시켜 장의에게 말했다.

"선생께서 위나라로 가신다고 들었습니다. 마침 황금이 천근 있으니 이를 노자에 보태 쓰세요."

정수도 역시 황금 5백 근을 보내왔다.

두 후비로부터 황금 1천 5백 근을 거뜬히 거두어들인 장의는 떠나기에 앞서 초왕에게 작별 인사를 하며 말했다.

"이 난세에는 왕래하기가 어려워 언제 다시 뵈올지 모르겠습니다. 원컨대 대왕께서 내리시는 하사주를 받고 싶습니다."

초왕은 이별을 아껴 장의에게 술을 내리며 위로했다.

"먼 길을 무사히 다녀오기 바라오."

이윽고 장의는 왕에게 재배를 올리면서 간청했다.

"이곳에 외인은 없으니 아무쪼록 대왕께서 총애하시는 분도 함께 모셨으면 그만한 영광이 없겠습니다."

초왕도 거나한 기분에 남후와 정수를 불러서 잔을 권했다. 그러자 다음 순간 장의는 다시 재배를 올리면서 말했다.

"소인은 대왕께 죽을 죄를 졌습니다."

"아니, 갑자기 그게 무슨 말이오?"

장의가 짐짓 깊이 머리를 조아리며 대답했다.

"소인이 천하를 두루 돌아보았습니다만 이처럼 아름다운 미인들을 본 적이 없습니다. 그런데 소인이 미인을 찾아드리겠다고 했으니 이는 대왕을 속인 것이나 다름없습니다."

초왕은 자기가 총애하는 후비들을 칭찬하는 말에 은근히 기분이 좋아서 말했다.

"허허허…. 염려 마오. 나는 애당초 천하에 이 두 미인만한 사람이 없다고 생각하고 있었소."

이렇게 해서 장의는 결국 초왕과 남후와 정수로부터 거금을 손에 쥐었음은 물론 그들의 환심을 사서 궁중에 출입할 수 있게 되었다.

초왕의 잠재되어 있던 욕망을 자극함으로써 장의의 계책은 적중했다. 초왕의 미녀를 바라는 심리와 후비가 미녀를 시기하는 심리를 이용하여 거금을 손에 쥐었고 그들의 환심까지 사게 되었으니 이 얼마나 절묘한 방법인가.

7. 실익이 있는 장사를 해야 한다

초(楚)나라가 위(魏)나라를 공격하자 진(秦)나라에 머물던 장의가 진왕(秦王)에게 말했다.

"위나라를 도와야 합니다. 위나라가 싸워서 이기면 우리 진나라에 감사하여 서하(西河)의 땅을 일부 우리에게 줄 것이 틀림없고 만일 진다면 초나라에서는 서하를 지킬 수 없을 것이니 그 땅은 반드시 대왕의 손에 들어오게 될 것입니다."

진왕은 장의의 건의를 받아들여 군사 1만 명과 전거(戰車) 1백 대를 위나라 장군 서수(犀首)에게 원군으로 보내주었다.

위나라는 진나라의 도움으로 초나라의 공격을 막기는 했으나 워낙 국력이 피폐 쇠잔해져서 진나라를 두려워한 나머지 결국 서하의 일부 땅을 진왕에게 헌납하고 말았다.

8. 보험에 들어둔다

제(齊)나라의 관중(管仲)과 포숙아(鮑叔牙)는 변함없는 우정의 상징인 관포지교(管鮑之交)라는 말이 생겨나게 했을 정도로 절친한 사이였다. 그들은 제왕 양공(襄公)의 난행에 혐오를 느껴 서로를 위해 목숨까지 바치는 '문경지교(刎頸之交)'를 맺고 이렇게 약속했다.

"양공의 난행이 갈수록 심하니 이대로 가면 틀림없이 변란이 일어날 것이오. 이제 가만히 살펴보건대 제나라의 공자들 중에서 다음 왕이 될 만한 사람은 공자 규(糾)와 소백(小白) 두 사람뿐이오. 우리들은 헤어져서 각자 한 사람씩 섬기기로 합시다. 그리하여 우리들 중에서 먼저 성공한 사람이 다른 사람을 돕기로 합시다."

이리하여 본격적인 권력 쟁투를 벌인 결과 소백이 먼저 제나라의 도읍으로 쳐들어가 경공을 몰아내고 즉위하여 환공(桓公)이 되었다. 환공은 즉위하자 경쟁자였던 공자 규를 도운 관중을 죽이려고 했다. 그러자 포숙아가 나서서 말했다.

"대왕께서 제나라 하나만을 통치하시려면 소신만으로 족할지도 모릅니다. 그러나 만일 천하의 패자가 되려고 하신다면 오히려 관중을 회유하여 크게 쓰시는 것이 좋을 것입니다. 관중은 뛰어난 인물입니다. 그를 받아들이면 천하의 인심을 얻고 나라를 부강하게 할 것입니다. 관중을 잃어서는 아니 됩니다."

환공이 그의 말에 따라 관중을 재상으로 삼은 후 제나라는 세력을 크게 떨쳐 환공은 천하의 패자가 되었다.

두 세력이 패권을 다투고 있을 때 관중과 포숙아의 약속은 모범 답안이 될 수 있다. 방관적인 태도를 취하고 있다가 막상 대세가 결정되고 난 뒤에 허둥지둥 우세한 쪽에 뛰어드는 기회주의자에 비하면 관중과 포숙아의 술책은 확실히 한 수 위인 셈이다.

9. 양면을 동시에 노린다

한(韓)나라의 공자 서가 왕위에 올랐으나 그 지위는 아직 안정되지 않았을 때의 일이다.

그 때 서의 동생은 주나라에 있었는데 주왕은 전거(戰車) 1백 대로 위의를 갖추어 보내고 싶었으나 한나라에는 이미 왕이 있는지라 동생이 왕위를 빼앗을 수 없을지도 몰라 주저하고 있었다.

이 때 주나라의 대신 기모회(基母恢)가 나서서 진언했다.

"황금 백 근을 함께 실어 보내는 것이 좋을 듯합니다. 한나라에서 동생을 왕으로 세우는 경우에는 경호의 비용으로 충당하게 되어 은혜를 베푸는 것이 되고 그렇지 않을 경우에는 '반적(反賊)을 인도합니다'라고 하면 한왕의 환심을 사게 되니 어느 쪽에도 실수가 없을 것입니다."

이야말로 두 가지를 다 취할 수 있는 계책이다. 적의 입장에서는 애매한 수단이지만 애매하기 때문에 이쪽으로서는 오히려 유리한 것이다.

10. 일인이역의 술법을 쓴다

진(秦)나라의 무왕이 어느 날 감무(甘茂)에게 말했다.

"시종장이든 외무대신이든 그대가 원하는 자리를 택하도록 하라."

맹묘(孟卯)가 그 말을 듣자 감무에게 말했다.

"그렇다면 시종장이 되는 것이 좋습니다. 귀공의 장기는 외교이기 때문에 비록 시종장이 되더라도 왕은 역시 외교의 일을 귀공에게 맡길 것입니다. 시종장에 임명되어 외무대신의 일도 맡는다면 일인이역을 겸하게 되니 귀공의 세력도 더욱 커지게 될 것입니다."

양자택일을 요구 당했을 때 자신의 장기인 전문직을 피하고 왕의 측근이 되는 것이 바로 꿩 먹고 알 먹는 격이 되는 것이다.

11. 적의 내부를 친다

제(齊)나라가 조(趙)나라의 늠구(廩丘) 땅을 공격하자 조왕은 장수 공청(孔靑)에게 군대를 거느리고 가서 이를 막게 했다. 제나라 군대와 싸워 크게 이긴 공청은 제나라 장수의 목을 베고 전거 2천 대를 노획한 다음 적군 3만 명의 시체를 모아 무덤산을 만들어 위엄을 보이려고 했다.

그러자 영월(寧越)이란 자가 공청에게 말했다.

"적군의 시체는 돌려주고 차라리 여기서 30리쯤 뒤로 물러나 적들이 시체를 거두어 가도록 하십시오. 적들은 시체를 거두느라 막대한 인력과 돈을 써야 할 것입니다. 이것이 이른바 적의 내부를 치는 법입니다."

그러자 공청이 물었다.

"만약 제나라가 시체를 거두어 가지 않으면 어떻게 하오?"

영월이 서슴지 않고 대답했다.

"싸워서 진 것이 첫째 죄이고 함께 출전해서 함께 철수하지 않은 것이 두 번째 죄이며 시체를 거두어 가지 않으면 그것은 세 번째 죄가 됩니다. 백성들이 이 세 가지 죄를 내세워 왕을 원망하게 되면 위는 아래를 다스릴 능력을 잃고 아래는 위를 받들 생각을 하지 않아 제나라는 스스로 쇠망할 것입니다. 이것이 이른바 중공(重攻)의 술책입니다."

제7편 인간 심리의 이용

제7편 인간 심리의 이용

사람은 누구나 희노애락공(喜怒哀樂恐), 즉 기쁘고 화나고 슬프고 즐겁고 두려운 다섯 가지 감정을 가지고 있다. 이러한 다섯 가지 기본 감정의 온갖 명암을 이용 또는 역이용하여 상대로 하여금 이성을 잃게 하거나 심리적 균형을 깨뜨려 그 허(虛)를 찌르는 수법을 쓰기도 한다.

1. 미인계를 써서 이간시킨다

한(漢) 왕조 말, 황건적의 난이 가라앉자 천하는 다시 어지러워지고 군웅이 할거했다. 이 때 한나라 조정은 권신 동탁(董卓)이 왕도 낙양을 불태우고 서안으로 천도하여 권세를 마구 휘둘렀다.

한 왕실의 사도(司徒) 왕윤(王允)은 동탁을 제거하기 위한 음모를 꾸몄다. 그런데 동탁을 죽이려면 항상 그를 그림자처럼 수행하는 심복 맹장 여포(呂布)가 문제였다.

그래서 왕윤은 친딸처럼 귀여워하는 초선을 이용하여 동탁과 여포 사이를 이간시키는 책모를 쓰기로 했다.

왕윤은 먼저 여포를 자기 집에 초청하여 초선을 여포에게 주겠다고 약속했다. 이 말을 듣고 여포는 감격하여 어쩔 줄을 몰랐다.

다음 날 왕윤은 동탁을 청하여 역시 주연을 베풀고 동탁을 유혹했다.

동탁 역시 초선의 미모에 반한 것을 눈치 챈 왕윤은 즉시 초선을 동탁의 부중으로 보내 버렸다.

이를 본 여포가 왕윤에게 따졌다.

"초선을 내게 주겠다고 약속해 놓고 동태사(동탁)에게 들여보내다니 나를 희롱하는 거요?"

왕윤은 시치미를 떼고 말했다.

"어제 동태사께서 초선을 한번 보시고는 '오늘은 길일이니 내가 이 낭자를 여포에게 데려다 주겠소'라고 하시기에 초선을 보낸 것뿐입니다."

여포는 자기의 성급함을 사과하며 속으로 은근히 기뻐했다. 그런데 돌아와 보니 아무래도 이상했다. 동탁이 초선을 자기에게 줄 것 같지 않았다.

한편 동탁은 동탁대로 여포가 초선을 보는 눈길이 이상하다고 여겨 내심 괘씸하게 생각하고 있었다.

그 후 초선은 동탁에게는 여포가 항상 자기를 유혹하려 한다고 앙탈을 부리고, 반대로 여포에게는 동탁이 자기를 놓아 주지 않는다고 눈물을 흘리면서 호소했다.

어느 날 여포가 봉의정(鳳儀亭)에서 초선과 같이 있는 것을 보고 동탁이 노하여 여포에게 창을 던졌다. 그 후 두 사람 사이에 갈등과 반목이 생기게 되었다.

동탁의 심복인 이유(李儒)는 이를 보고 초선을 여포에게 사양하도록 권했으나 동탁은 대로하여 소리쳤다.

"그렇다면 자네의 처를 여포에게 주게나. 앞으로 초선의 일에는 아예 참견을 말라."

그 뒤 동탁은 가만히 초선을 미오성으로 옮겨 놓았다. 왕윤은 실의에 빠져 있는 여포를 불러 주연을 베풀고 그를 위로했다.

"동태사께서 장군에게 바친 나의 딸을 빼앗다니 이렇게 무도한 일이 어디 있단 말이오. 나는 이제 너무 늙었고 무능한 사람이지만 그대는 당세의 영웅이니 이 수모를 어떻게 견디겠소?"

왕윤이 은근히 여포를 격동시켰다.

"대장부로 태어나서 어찌 이런 치욕을 참으며 언제까지나 남의 밑에만 있으란 법은 없지요!"

여포가 술김에 분노를 참지 못하고 속마음을 털어놓자 왕윤은 그제야 동탁 암살 음모를 비치었다. 여포는 노한 김에 분연히 그 음모에 가담하기로 맹세했다.

그리하여 왕윤은 천자가 제위(帝位)를 물려준다고 속여 동탁을 황궁으로 들게 했다. 이를 모르는 동탁이 대궐로 들어가자 여포가 내달아 그를 죽이고 말았다.

2. 상대방의 심리를 이용한다

제(齊)나라 대장 전기(田忌)와 위(魏)나라 대장 방연(龐涓)이 마릉 땅에서 싸울 때였다. 제나라 대장 전기의 군사(軍師)인 손빈은 마릉의 길 중에서도 가장 험준한 곳을 골라 군사들을 시켜 큰 나무 하나만 남겨 두고 나머지 나무들은 모조리 베어 버리게 했다. 그리고 군사들에게 명령을 내렸다.

"베어 버린 나무를 모아다가 위나라 군사들이 지나가지 못하도록 길을 막아라."

손빈이 다시 군사들에게 명령했다.

"저 하나 남은 나무의 가지들을 다 쳐 버리고 껍질을 벗겨라."

이윽고 껍질이 다 벗겨지자 손빈은 친히 붓을 들어 허옇게 드러난 그 나무에다 여섯 글자를 썼다.

龐涓死此樹下
방연은 이 나무 아래서 죽는다.

이어서 손빈은 수하의 두 장수들에게 말했다.
"오늘 저녁 무렵이면 위나라 군사들이 마릉 땅에 당도할 것이다. 그대들은 각기 궁노수 5천 명씩을 거느리고 길 좌우편에 매복하고 있다가 저 껍질을 벗긴 나무 밑에서 불빛이 일어나거든 그 불빛을 향해 일제히 활을 쏘아라."
한편 위나라 대장 방연이 군사를 거느리고 마릉에 당도했을 때는 이미 날이 저물어 사방이 어두웠다. 더구나 이날은 10월 하순이어서 달도 없었다.
이 때 앞서 가던 군사가 돌아와서 방연에게 고했다.
"나무들을 베어서 길을 막아 놓았기 때문에 더 나아가기가 어렵습니다."
방연이 그 군사를 꾸짖었다.
"제나라 군사들이 우리 군사를 두려워해서 길을 막아 놓고 달아난 것이다. 나무를 치워 버리면 될 것인데 그까짓 것이 무슨 큰일이라고 이렇듯 수선을 떠느냐!"
방연은 나무 치우는 일을 직접 지휘하기 위해 선두로 나갔다. 선두로 가다 보니 바로 앞에 허연 나무가 한 그루 서 있었다. 껍질을 벗긴 나무였다. 방연이 자세히 보니 그 나무에 글씨가 쓰여 있는데 워낙 어두워서 잘 알아볼 수가 없었다.
방연이 군졸들에게 분부했다.

"횃불을 켜라. 도대체 뭐라고 썼는지 좀 보자."

이에 곁에 섰던 군졸이 횃불을 켰다. 횃불로 그 글씨를 비쳐 본 순간 방연은 대경실색했다.

"내가 손빈의 계책에 빠졌구나!"

방연은 군사들을 둘러보고 황급히 외쳤다.

"즉시 후퇴하라!"

방연의 외치는 소리가 끝나기도 전이었다. 길 양쪽에 매복하고 있던 제나라 궁노수들이 일제히 그 횃불을 향해 활을 쏘았다. 1만 궁노수가 쏘는 화살은 사뭇 비 오듯 했다.

이에 무수한 화살을 맞고 쓰러진 방연은 자신의 최후를 직감했다. 그는 차고 있던 칼을 뽑아 자기 목을 찌르고 자결했다. 대장을 잃은 위나라 군대는 참패를 당하고 말았다.

3. 미색(美色)으로 마음을 흔든다

오나라와 월나라는 항상 싸움이 그칠 사이가 없었다. 기원전 496년 오왕 합려(闔閭)가 월왕 구천(勾踐)에게 패하여 죽었다. 그 3년 후 오왕의 아들 부차(夫差)는 회계산에서 다시 구천을 대파하여 아버지의 원수를 갚았다.

오왕에게 항복한 구천은 오왕의 신하가 되어 와신상담하면서 복수의 기회를 노렸다. 그는 오왕 부차가 호색한임을 이용하여 오나라를 혼란케 하기 위한 일곱 가지 계책을 세웠다.

그 한 가지로 구천의 신하인 문종과 범려가 짜낸 것이 미인계였다. 이 미인계에 뽑힌 것이 유명한 서시(西施)라는 미녀였다. 서시는 월나라의 시골 처녀로 구천으로부터 예의범절을 배운 후 오왕 부차에게 헌상되었다.

과연 부차는 서시에게 빠져 나라 일을 소홀히 하게 되고 그러다가 허영심을 채우기 위해 대군을 이끌고 황지(黃池)에서 제후들과 천하의 패권을 다투기에 이르렀다.

구천은 부차가 도성을 비운 틈을 타서 오나라의 도읍을 급습하여 마침내 부차를 자살하게 만들고 오나라를 멸망시켰다.

중국에는 미녀를 두고 하는 말에 경국지색(傾國之色) 또는 경성지색(傾城之色)이라는 말이 있다.

〈한서(漢書)〉에 있는 '북방에 절세의 가인(佳人)이 있어 한 번 표정을 쓰면 성(城)을 기울게 하고 두 번 돌아보면 나라를 망하게 한다. 비록 성을 기울게 하고 나라를 망하게 한다 하더라도 가인은 다시 얻을 수 없느니라'라는 시구(詩句)에서 비롯된 말이다.

4. 여자의 약점을 이용한다

진(秦)나라는 초(楚)나라의 검중(黔中) 땅을 얻기 위해 무관(武關)의 요새 동쪽에 있는 진나라의 영토와 교환하자는 조건을 내놓았다. 이에 대해 초나라의 회왕(懷王)이 대답했다.

"영토 교환은 원치 않으며 책사 장의(張儀)를 내놓는다면 검중의 땅을 드리겠소."

진왕은 내심 장의를 내주고 싶었으나 차마 입 밖에 내어 말할 수가 없었다. 이전에 장의가 초나라에 땅을 할양하겠다는 약속을 하고 이를 파렴치하게 어긴 적이 있어 초왕이 장의를 넘겨받아 죽이려는 것을 알고 있기 때문이었다. 장의는 왕의 심중을 알아채고 스스로 초나라로 가겠다고 했다.

진왕이 말했다.

"초왕은 그대가 상(商)과 오(於)의 영토 문제로 배신한 것에 앙심을 품고 그대에게 보복하려 할 것이오."

이에 장의가 대답했다.

"진나라는 강하고 초나라는 약합니다. 저는 초나라의 근신(近臣) 근상(靳尙)이라는 자와 친한 사이인데 그는 초왕의 총비 정수(鄭袖)를 모시고 있는 사람입니다. 정수의 말이라면 초왕은 따를 것입니다. 더구나 저는 대왕의 사자로 초나라로 가는 것이니 어찌 함부로 저를 죽이겠습니까. 비록 제가 죽게 된다고 하더라도 진나라가 검중의 땅을 얻을 수만 있다면 그것은 저의 더없는 기쁨이니 괘념치 마소서."

이리하여 장의는 초나라에 사절로 가게 되었다.

초왕은 장의가 도착하자 아니나 다를까 그를 감옥에 가두어 죽이려고 했다. 근상이 이를 알고 정수에게 말했다.

"정비(鄭妃)께서는 이제 곧 신분이 낮아지고 왕의 총애를 잃게 될 것을 알고 계십니까?"

정수가 깜짝 놀라며 물었다.

"그게 무슨 말씀입니까?"

"진왕은 장의를 몹시 총애하기 때문에 기필코 그를 석방시키기 위해 상용(上庸) 지방의 여섯 개 고을과 함께 아름다운 왕녀를 보내어 초왕과 혼인시키려 할 것입니다. 대왕께서는 영토를 탐하여 그에 따를 것이며 진나라를 후대할 것입니다. 그렇게 되면 진나라의 왕녀는 반드시 높은 왕비의 자리를 누리게 될 것이고 그에 따라 정비께서는 냉대를 받게 될 것입니다. 장의를 서둘러 감옥에서 풀어주게 하는 것이 상책입니다."

이 말을 들은 애첩 정수는 주야로 초왕을 설득하였다.

"남의 신하가 된 자는 누구나 그 주군을 위해 일하는 게 도리가 아닙니까. 우리에게 주기로 약속된 땅은 아직도 진나라에서 주지 않고 있습니다. 만약 대왕께서 아직 약속의 예를 다하기도 전에 장의를 죽이신다면 진나라는 반드시 노하여 초나라를 치려 할 것입니다. 대왕께서 저의 말을 듣지 않으시려거든 우리 모자(母子)를 양자강의 남쪽으로 옮겨 주십시오. 그래야 진나라 군대의 앙화를 면할 것입니다."

초왕은 이 말을 듣고 깊이 깨달은 듯 장의를 용서하고 전과 같이 후한 대접을 했다.

이 이야기는 오왕 부차가 사랑의 포로가 되어 간계에 속은 경우와는 달리 여자의 허점을 노려서 목적을 달성한 경우이다.

5. 상대방으로 하여금 믿게 한다

진(晋)나라 경공(景公) 때의 일이다. 경공은 날마다 여색과 술과 사냥질로 세월을 보내고 나라의 정사는 모두 권신 도안가(屠岸賈)에게 맡겨 놓고 있었다.

이에 도안가는 경쟁자인 조 씨(趙氏) 일문을 제거하기 위해 경공에게 참소하여 마침내 그 일족을 모조리 도륙했다.

그런데 다만 조삭(趙朔)의 아내 장희(莊姬)만은 전 임금의 딸로서 경공의 고모였기 때문에 궁중으로 몸을 피하여 어머니 보호를 받아 목숨을 구할 수 있었다. 그 때 장희는 임신 중이었다.

이를 알게 된 도안가는 즉시 궁으로 가서 경공에게 말했다.

"공주는 태중이라는데 만일 사내아이를 낳으면 역적의 씨를 남기게 됩니다. 다음 날 장성하면 반드시 원수를 갚으려 할 것이니 미리 화근을 뿌리 뽑아야 할 것입니다."

경공은 미소를 지으며 가볍게 대답했다.

"남자애를 낳으면 그 때 없애 버리기로 하지."

그 뒤로 도안가는 장희가 해산했다는 말을 듣고 여복(女僕)들을 거느리고 들어가서 무엄하게도 내궁을 수색까지 했으나 장희가 갓난애를 치마폭 속에 감추어 위기를 모면했다.

도안가는 내궁의 감시를 더욱 강화하는 한편 갓난애가 이미 궁 밖으로 나갔을지도 모른다는 생각에 천금(千金)의 상을 걸고 아기를 찾게 했다.

이 때 조 씨 가문의 문객으로 있으면서 많은 신세를 진 저구(杵臼)와 정영(程嬰)이란 사람이 있었다. 정영이 저구를 찾아가 말했다.

"간신 도안가 놈이 내궁에 들어갔으나 아기를 찾아내지 못했다니 참으로 다행이오. 그러나 도안가를 속이는 것도 일시에 불과하오. 그러니 아기를 내궁에서 모셔 내어 먼 곳으로 데리고 가서 길러야겠소. 이것이 우리가 해야 할 일이오."

저구는 한참 동안 무언가 골똘히 생각하더니 이윽고 입을 열었다.

"아기를 잘 길러 원수를 갚게 하는 일과 우리가 죽는 것 중에서 어느 쪽이 더 어렵겠소?"

"그야 죽는 게 쉬운 일이지요. 아기를 길러 소원을 성취하는 일이 더 어렵지요."

저구가 정영 앞으로 다가앉으며 말했다.

"미안하지만 그대는 어려운 일을 맡아 주오. 나는 쉬운 일을 하겠소."

정영이 당황하여 물었다.

"그게 무슨 말씀이오?"

"나는 지금부터 갓난아기를 하나 구해 보겠소. 그래서 다른 아기를 조삭의 아들인 것처럼 꾸며 수양산으로 가서 숨겠소. 그러면 그대는 도안가에게 가서 나를 밀고하시오. 도안가는 반드시 가짜 아기를 죽이고 안심할 것이오. 그러면 내궁에 대한 감시도 풀릴 터이니 그때 아기를 모셔 내오도록 하시오. 그래야만 그대도 마음 놓고 진짜 아기를 기를 수 있을 것이오."

정영이 반색을 하며 말했다.

"그것 참 좋은 계책이오. 마침 내 아내가 이번에 사내아이를 낳았소. 공주마마의 아기씨와 태어난 날이 며칠 차이밖에 안 되오. 그러니 내 아들을 데리고 가시오. 그런데 그대는 아기를 감춰 두었다는 죄목으로 틀림없이 죽임을 당할 것인데 이 일을 어찌하면 좋소."

저구가 말했다.

"쉬운 일을 내가 하기로 했으니 오히려 내가 미안할 뿐이오."

이리하여 가짜 아기와 저구를 죽인 도안가는 안심하고 내궁에 대한 감시를 풀었고 정영은 진짜 아기를 모셔 내오는 데 성공했다.

6. 은혜는 베풀 때를 알아야 한다

삼국 시대 때 오나라의 손권이 위나라의 조조와 싸울 때였다. 손권의 휘하에 감녕(甘寧)과 능통(凌統)이라는 두 맹장이 있었는데 두 사람 사이가 아주 나빴다. 감녕이 손권에게 항복하기 전에 능통의 아버지를 전장에서 죽인 일이 있기 때문이었다.

이윽고 싸움이 벌어지자 능통이 말을 달리며 칼을 들고 나가니 조조 진영에서 악진(樂進)이라는 장수가 마주 달려 나왔다. 두 장수가 어울려 싸우기 50합에 이르렀건만 도무지 승부가 나지 않았다.

이 때 조조가 활을 잘 쏘는 조휴(曹休)를 불러 명령했다.

"숨어서 적장을 활로 쏘아 죽여라."

조휴는 몸을 숨기고 있다가 활을 힘껏 잡아당겨 쏘았다. 화살은 날아가 능통을 바로 맞추었다. 그 순간 능통이 말안장에 털썩 엎어지자 말은 놀란 듯 앞발을 들고 일어섰고 능통은 땅 위로 굴러 떨어졌다.

이 기회를 놓치지 않고 악진이 재빨리 창을 고쳐 쥐고 능통을 찌르려 할 때였다. 활시위 소리가 또 한 번 크게 울리며 화살은 정통으로 악진을 맞추었고 악진은 폭풍에 낙엽 떨어지듯 몸을 뒤집으며 말에서 떨어졌다.

그러자 양편 군사들이 일제히 쫓아나가 각기 자기편 장수를 구하여 진영으로 돌아왔다. 양군은 징을 요란히 울리어 싸움을 파했다.

능통이 진중으로 돌아와 손권에게 사죄했다.

"적장을 죽이지 못했으니 면목이 없습니다."

손권이 물었다.

"활을 쏘아 그대를 구한 사람이 누군지 아시오?"

능통이 머뭇거리며 대답했다.

"알지 못합니다."

"그는 다른 사람이 아니고 바로 감녕이오."

"…."

능통이 감녕에게 돈수(頓首: 머리가 땅에 닿도록 하는 절)하고 감격해서 말했다.

"공이 이같이 은혜를 베푸실 줄이야 미처 생각하지 못 했소."

그 후로부터 능통은 감녕과 생사지교(生死之交)를 맺고 다시는 서로 미워함이 없었다.

7. 상대의 분통이 터지게 한다

위(魏)나라의 대화(大和) 원년은 서기 227년이다. 위나라 황제 조조는 제갈공명이 기산(祁山)으로 진출했다는 소식을 듣고 크게 놀라 조진(曹眞)을 대도독으로 하고 왕랑(王郞)을 군사령으로 하여 이를 막게 했다.

조진은 군대를 이끌고 출병하여 기산 정면에서 제갈공명의 촉군과 대진했다. 여기서 중국 고대의 전투에서 흔히 볼 수 있는 '욕 싸움'이 시작되었는데 이것을 일컬어 '매진(罵陣)'이라고 한다.

먼저 왕랑이 말을 타고 진 앞으로 나아가 조조의 공덕을 찬양하면서 외쳤다.

"제갈량이여, 그대는 천명을 분별하고 천시를 잘 아는 자가 아니냐. 그런데 어찌하여 무모한 싸움을 벌여 죄 없는 백성들을 괴롭히느냐. 애당초 천명에는 변화가 있게 마련이다. 제위(帝位)가 바뀌어 덕이 있는 자에게 돌아가는 것이 자연의 순리가 아니더냐."

그러면서 항복하기를 권했다.

"하늘의 뜻을 따르는 자(順天者)는 살고 하늘의 뜻을 거역하는 자(逆天者)는 망하리라."

이 말을 들은 촉나라 군사들은 모두 그 말이 그럴듯하다는 듯이 고개를 끄덕이고 있는데 제갈공명은 입을 다물고 아무 말이 없었다. 그 때 참모 마속(馬謖)이 제갈공명에게 다가가 속삭였다.

"옛날에 계포(季布)가 한(漢)고조를 욕하며 적진을 돌파한 일이 있었습니다. 왕랑은 지금 그 계책을 쓰고 있는 것입니다."

이윽고 제갈공명이 사륜거 위에서 큰 소리로 왕랑을 꾸짖었다.

"그대는 한조(漢朝)의 원로로서 필경 고담(高談)이 있을 줄로 생각했는데 어찌 그 따위 망언을 뇌까리는가. 내가 이번에 군명(君命)을 받들고 대의(大義)에 입각해 역적을 치려 하거늘 그대가 망녕되이 진열 앞에 나와서 함부로 천명을 입에 올리다니 대대로 한나라의 녹을 먹은 너의 조상들이 지하에서 통곡을 하겠구나. 이 머리털 허연 늙은 역적놈아, 하늘이 무섭고 조상 보기에 부끄럽거든 이 자리에서 썩 물러가라!"

이 말을 듣자 왕랑은 분을 참지 못하고 가쁜 숨을 몰아쉬다가 그만 말에서 굴러 떨어져 죽고 말았다. 후세 사람들이 이 때의 일을 찬탄한 시를 남겼다.

> 병마가 서진(西秦)으로 나가자
> 웅재(雄才)는 만인의 적을 대하여
> 오직 세 치의 설변(舌辯)을 떨쳐
> 늙은 간신을 매도하여 죽였도다

왕랑은 논리와 이치를 설파하여 듣는 사람으로 하여금 고개를 끄덕이게 했다. 그러나 제갈공명은 감정에 호소했다. 그리하여 왕랑의 고담탁설(高談卓說)은 무색해지고 왕랑은 그만 분통이 터져 죽은 것이다.

8. 상대를 추어올린다

어떤 관리가 보름을 기한으로 성(城)을 축조하라는 명령을 받았는데 그만 이틀이 늦었다. 이를 감독하는 단교(段喬)라는 장수가 그 죄를 물어 담당 관리를 하옥시켜 목을 베려 했다.

감옥에 갇힌 관리의 아들이 이 일을 전해 듣고 허둥지둥 자고(子高)라는 장수에게 찾아가 빌었다.

"장군님만이 제 아비의 목숨을 구할 수 있습니다. 제발 저의 아비를 살려 주십시오."

"음, 알았으니 돌아가라."

관리의 아들이 돌아가자 자고는 즉시 단교를 찾아가 그와 함께 성벽의 여기저기를 둘러보며 말했다.

"오, 참으로 훌륭한 성입니다. 이것은 참으로 대단한 공로라 장군에게는 틀림없이 나라에서 큰 상이 내릴 것이오. 그런데 이렇게 큰 공을 세우고도 그동안 단 한 사람의 희생자도 없었다는 것은 더욱 놀라운 전무후무한 일이오."

자고가 돌아가자 단교는 당장에 사람을 시켜 하옥시킨 관리를 석방했다. 추켜올려 주어서 기뻐하지 않을 사람은 드물다. 아첨인 줄 알면서도 역시 기분 나쁘지는 않는 것이 인지상정이다.

앞의 자고도 단교를 칭찬해 주어 한껏 기분을 좋게 해 준 다음에 희생자가 없었음을 슬쩍 추어 주니 단교는 서둘러 관리를 석방시켜 준 것이다.

손자는 '노엽게 만들면 일을 그르친다. 자기를 낮추어 상대를 오만하게 만들라'고 했다.

9. 사람을 격동시켜 능률을 높인다

유비가 면죽성(緜竹城)에 입성하여 이제 오직 하나 남은 성도(成都)를 치기 위한 의논을 할 때였다. 갑자기 유성마가 달려와 급보를 올렸다. 천하의 맹장 마초(馬超)가 한중(漢中) 장로(張魯)의 군대를 빌려 쳐들어오고 있으니 구원이 없으면 막아내기 어렵다는 것이었다.

난데없는 마초의 출현에 유비는 크게 당황했다. 상대는 천하에 당할 자가 없는 맹장이다. 제갈공명은 침음하기 한참 만에 입을 열었다.

"아무래도 장비나 조운 두 장군이라야 대적할 수 있을까 봅니다."

유비가 서둘렀다.

"조운은 나가 있으니 할 수 없거니와 장비는 마침 여기 있으니 곧 그리로 돌립시다."

그러자 공명이 조용히 말했다.

"주공께서 잠자코 계시면 제가 장 장군을 격동시킬까 합니다."

이윽고 장비는 마초가 쳐들어왔다는 소식을 듣고 황황히 들어오며 큰 소리로 외쳤다.

"마초 그놈이 왔다지요! 내 나가서 사로잡아 오겠소."

그러나 공명은 들은 척도 않으며 유비를 바라보고 말했다.

"천하의 맹장 마초가 쳐들어오니 아무도 막아 낼 사람이 없을까 합니다. 아무래도 형주로 사람을 급히 보내어 관운장(關雲長)을 모셔와야겠군요."

장비가 얼굴에 핏줄을 세우며 말했다.

"아니, 군사(軍師)는 어찌 나를 이렇게 얕볼 수 있단 말이오?"

"그 무슨 말이오?"

"내가 지난날 장판파(長坂坡) 싸움에 조조의 백만 대군을 혼자서 막았거늘 어찌 마초 하나를 이기지 못하겠소."

"그야 그 때의 일이 아니겠소. 이제 마초의 영용함은 천하가 다 아는 바요. 위교(渭橋) 싸움에서 조조로 하여금 수염을 깎게 했고 포의(袍衣)를 버리게 한 것도 마초가 아니었소. 아마 관운장이 온다 해도 이기기가 어려울 것이오."

장비가 소리를 높였다.

"정 그러시다면 군령장을 써 놓고라도 그놈을 치겠소."

그제야 공명은 못 이긴 척 유비에게 말했다.

"장 장군이 저렇듯 말하니 군령장을 받고 선봉을 서게 하시지요."

공명은 이렇게 장비를 격동시킴으로써 그로 하여금 전의(戰意)를 불태우게 하여 싸움을 승리로 이끌었다.

10. 비상한 상황에서는 비상한 수단을 쓴다

오나라와 월나라의 싸움에서 크게 패하여 항복한 월왕 구천(句踐)이 오나라에서 포로 생활을 하고 있을 때였다.

오왕 부차(夫差)가 오래도록 병석에 누워 있다는 소문을 들은 월왕 구천은 오나라 권신(權臣) 백비(伯嚭)의 주선으로 오왕을 뵈옵고 머리를 조아리며 아뢰었다.

"신이 대왕의 용안을 우러러 뵈옵고자 청한 것은 다름이 아니옵니다. 지난날 신이 한 신의(神醫)로부터 약간의 의술을 배운 적이 있사온데 병자의 대변을 보면 대강 그 병세를 짐작할 수 있습니다."

오왕 부차가 반색을 하며 말했다.

"으음, 그래? 그것 마침 잘 됐구나. 그럼 어디 과인의 대변을 한번 보아 다오."

오왕 부차가 뒤를 다 보고 나서 변통을 내주자 월왕 구천은 뚜껑을 열고 손을 넣어 똥을 움켜냈다. 그리고는 공손히 꿇어앉아 그 똥을 유심히 한번 살펴보고는 입에 넣어 맛을 보았다. 이 광경을 보고 좌우 사람들은 다 코를 움켜쥐고 외면을 했다.

이윽고 월왕 구천이 꿇어 엎드려 아뢰었다.

"신은 감히 두 번 절하고 대왕께 축하를 드리나이다. 대왕의 병환은 곧 완쾌하실 것입니다."

오왕 부차가 몹시 기뻐하며 말했다.

"참으로 기특한 일이로다. 그 어느 신자(臣子)가 군왕의 대변을 맛보고 그 병세를 진단하리요."

오왕 부차는 크게 감동한 나머지 월왕 구천을 용서하고 본국으로 돌아가게 해 주었다.

그 후 월왕 구천은 와신상담하여 오나라를 쳐부수고 오왕 부차를 자결케 함으로써 치욕을 갚았다.

11. 감정에 호소한다

조조가 죽자 그의 맏아들 조비(曹丕)가 대위(大位)를 이어받았거니와 권력의 생리상 조비는 동생 조식(曹植)을 제거하기 위해 그를 잡아들였다.

아버지를 여읜 설움을 느낄 사이도 없이 형의 명령으로 임지(任地)에서 끌려오자 조식은 조비 앞에 꿇어 엎드려 목숨을 빌었다.

"모든 잘못을 용서하소서."

"내 너와 함께 정(情)으로 말하면 비록 형제지간이나 의(義)로 논하자면 군신의 분별이 있는데 네 어찌 하찮은 재주만 믿고 예법을 우습게 여기느냐. 지난날 선군(先君)께서 생존하셨을 때 네가 항상 시문(詩文)으로 자랑하여 사람들이 너를 칭송했으나 나는 그것을 믿을 수가 없다. 아마도 모두 네가 지은 것이 아니라 다른 사람이 대신 지어 준 것이 아닌가 의심된다. 만일 내 말이 억울하다 생각되거든 즉시 너의 재주를 보여라. 지금 네가 앞으로 일곱 걸음을 옮기는 동안에 능히 시(詩) 한

수를 짓도록 하라. 만일 지을 수 있다면 죽음을 면할 것이요 짓지 못한다면 중죄를 내릴 것이니 속히 대답하라."

실로 무리한 제안이었다. 일곱 걸음을 옮기는 동안에 시 한 수를 지으라니 핑계를 걸어 죽이려는 것이 분명했다.

"바라옵건대 글 제목을 주십시오."

조비는 한참 생각하더니 어려운 조건을 붙여 말했다.

"나와 너는 형제간이니 형제로 제목을 삼고 글을 짓되 형제란 글자를 써서는 안 되며 그러한 문구를 넣어도 안 된다."

이 말을 듣자 조식은 조금도 머뭇거리지 않고 즉시 시를 읊었다.

煮豆燃豆萁 豆在釜中泣
本是同根生 相煎何太急

콩을 볶는데 콩깍지로 불을 지르니
콩은 솥 속에서 툭툭 튀며 우는도다
이 본래 한 가지 뿌리에서 태어났건만
서로 볶아댐이 어찌 이다지도 급하더뇨

조비도 사람이라면 어찌 글 뜻을 짐작하지 못하겠는가. 그의 양 볼로 잠잠히 눈물이 흘러내렸다. 그리하여 조식은 목숨을 구할 수 있었다.

12. 수치를 주어 분발시킨다

소진(蘇秦)은 전국칠웅(戰國七雄) 중의 여섯 개 나라가 뭉쳐 강대국 진(秦)나라에 대항하는 합종 동맹에 성공했다. 그러나 만일 진나라가 열국을 공격하여 동맹이 깨졌을 때 자기에게 닥칠 사태를 우려했다. 누군가 믿을 수 있는 사람을 진나라의 재상으로 두어야겠다고 생각했다.

그리하여 사람을 은밀히 장의(張儀)에게 보냈다.

"선생께서는 전에 소진과 동문수학한 사이 아닙니까. 지금 소진은 조나라 재상으로 있는데 선생께서는 어찌하여 그를 찾아가 소원을 부탁하지 않습니까?"

장의는 그 말을 듣고 조나라로 가서 소진에게 면회를 청했다. 그러나 소진은 한동안 뜸을 들인 후에 장의를 불러 만나기는 했으나 하인들에게나 주는 험한 음식을 내어주며 힐난했다.

"그대는 어찌 이처럼 영락한 모습이 되었는가. 내가 왕에게 아뢰어 그대를 부귀하게 만들 수도 있지만 그대는 일을 맡길 만한 인물이 되지 못하니 이를 어쩌겠는가."

장의는 옛 친구를 찾아서 도움을 구하려 했는데 오히려 지독한 수모만 당하게 되자 분함을 참지 못하고 그 길로 진나라를 찾아갔다.

한편 소진은 부하에게 말했다.

"장의는 내가 감히 따를 수 없는 천하의 인재다. 지금 나는 다행히 벼슬을 하고 있지만 앞으로 진나라의 권력을 쥘 사람은 장의밖에 없다. 그러나 그는 가난하기 때문에 작은 이익에 만족하여 큰 인물이 되지 못할 것을 염려하여 내가 수모를 주어서 분발하도록 했다. 너는 나를 대신해서 그에게 돈을 전하도록 하라. 그러나 결코 이 일을 그가 알게 해서는 안 되느니라."

소진은 조왕에게 청하여 금화와 거마를 구해 부하에게 장의의 뒤를 쫓아 같은 숙소에 머물면서 자연스럽게 접근하도록 했다. 그리고 거마와 금전을 제공하여 장의가 얼마든지 쓰도록 해 주었다.

장의는 그 덕분에 진나라 혜왕에게 알현을 허락받았다. 혜왕은 그를 객경(客卿)으로 임명하고 열국 토벌의 계략을 상의했다. 소진의 부하는 그 때서야 작별을 고하고 떠나려고 했다. 장의가 깜짝 놀라며 물었다.

"그대의 덕분으로 내가 간신히 출세를 했습니다. 지금부터 은혜를 갚으려고 하는데 어찌하여 나를 떠나려고 합니까?"

"지금껏 선생을 도운 사람은 소진입니다. 소진 대감께서는 진나라가 조나라를 쳐서 합종책을 깨뜨릴까 염려하고 있습니다. 그분의 생각으로는 선생이 아니고서는 진나라의 권력을 쥘 사람이 없다고 믿었습니다. 그래서 선생을 격동시켜 노하시게 한 것도, 또한 저에게 몰래 자금과 거마를 주신 것도 모두 소진 대감이 하신 것입니다. 이제 선생께서는 진왕에게 중용되셨습니다. 이제는 제가 할 일이 끝났으니 돌아가서 소진 대감께 사실을 보고하려 합니다."

이 말을 듣고 장의는 대답했다.

"지금까지 그것을 눈치 채지 못했으니 내가 소진을 따를 수 없는 것은 명백하오. 더구나 나는 이제 겨우 새로 임명되었을 뿐 조나라를 넘겨본다는 것은 생각할 수도 없는 일이오. 나 대신에 소진에게 이 말을 전해 주시오. 소진이 살아 있는 동안에는 나는 어떠한 의견도 말하지 않을 생각이오. 그리고 소진이 조나라에 있는 한 내가 무슨 일을 할 수 있겠소."

장의는 마침내 강국 진나라의 재상이 되었다.

그 후 소진이 다스리는 15년 동안 진나라 군대가 한 번도 함곡관(函谷關) 요새에서 나간 적이 없었다. 이는 다 장의의 영향력이 작용했기 때문이었다.

13. 주색잡기에 빠뜨린다

진(秦)나라 목공(穆公) 때의 일이다. 서쪽 오랑캐 융(戎)이 강대해지자 위협을 느낀 목공은 융왕에게 아름다운 무희(舞姬) 열여섯과 함께 솜씨 좋은 요리사를 보냈다.

융왕은 이를 기뻐하여 밤낮없이 춤과 좋은 음식을 즐기며 주색에 빠져 들어갔다. 좌우의 신하가 진나라의 침략을 염려하여 충간하면 융왕은 크게 노하여 활로 쏘아 죽이기까지 했다.

얼마 후 진나라 군대가 쳐들어왔을 때 융왕은 술에 취해 술통 옆에 곯아떨어져 있다가 생포되고 말았다. 그는 생포될 때까지도 진나라의 침략을 알려고도 하지 않았고 생포가 된 뒤에도 취하여 그것을 알아차리지도 못했다.

이와는 반대로 남을 취하게 하는 것이 아니고 자기가 술에 취한 척하여 적의 감시를 벗어나는 경우도 있다.

한고조 유방이 죽은 뒤 여태후(呂太后)가 실권을 잡자 여 씨 일족의 횡포가 시작되었다. 개국 공신의 한 사람이며 지모에 뛰어난 진평(陳平)은 그들의 주의를 피하기 위해 일부러 주색에 빠진 척했다.

"진평은 재상의 몸으로 직무를 태만히 하며 밤낮 술만 마시고 여색을 탐하고 있으니 마땅히 죄를 물어야 할 것입니다."

예상했던 대로 주위의 중상모략이 빗발쳤다. 진평은 그 말을 듣고 더욱 더 주색에 탐닉했다. 여태후는 이 소문을 듣고 안심했다.

"내버려 두어라. 나라에 세운 공이 있는데 어찌 그만한 일로 죄를 줄 수 있겠느냐."

그 후 여태후가 죽자 진평은 분연히 일어나 주발(周勃)과 힘을 합쳐 여 씨 일족을 주멸하고 효문제(孝文帝)를 세우는 데 성공했다.

14. 상하를 이간시킨다

진(秦)나라가 통일을 앞두고 마지막 대회전(大會戰)을 벌인 곳은 장평(長平)이었다. 조(趙)나라의 장수는 이름난 노장 염파(廉頗)였다.

진나라 공격군의 총수 백기(白起)가 여러 번 공격을 했으나 염파는 성을 굳게 지켜 3년이나 대치했지만 승패가 나지 않았다.

마침내 진나라에서는 비장(秘藏)의 첩보 전술을 써서 조나라 효성왕(孝成王)과 염파 장군 사이를 이간하기로 했다. 진나라의 소왕(昭王)은 사람을 조나라 도읍 한단(邯鄲)으로 들여보내 조왕의 측근에게 뇌물을 주고 유언비어를 퍼뜨리기 시작했다.

"염파 장군은 늙어서 겁쟁이가 되었다. 그래서 성에서 꼼짝도 못하고 틀어박혀 있을 뿐이다. 이제 조나라가 항복하는 것은 시간 문제다. 염파라면 염려 없지만 지금 진나라가 가장 두려워하는 자는 조사(趙奢)의 아들 조괄(趙括)이다."

결국 조나라 효성왕은 이 이간 작전에 말려들어 염파를 소환하고 대신 조괄을 보냈다.

조괄은 비록 명장으로 이름난 조사의 아들이기는 했지만 병서를 탐독하고 병사(兵事)를 논하는 애송이 이론가에 불과했으며 실전 경험이라고는 전혀 없는 인물이었다.

조괄은 진나라의 유인 작전에 말려들어 곧 성문을 열고 쳐들어갔으나 그 즉시 포위되어 전사하고 말았다. 이리하여 45만의 조나라 군대는 모두 생매장되어 군사들 중 살아서 돌아간 사람은 240명뿐이었다.

제8편 연막 전술의 기교

제8편 연막 전술의 기교

얄팍한 재능이나 지식을 섣불리 자랑하거나 함부로 휘두르는 것은 위험한 짓이다. 그보다는 오히려 자신을 굽히고 감추어 밖으로 드러내지 않는 '연막 전술' 또는 '도회술(韜晦術)'이 더 유리하고 효과적일 때가 많다.

이러한 연막전술과 도회술은 '보호색을 이용한 기만술'과는 다르다. 이것은 세상일이 여의치 않거나 어려울 때 또는 적에게서 불의의 습격을 당했을 때나 진퇴양난의 경우에 쓰는 수법이다.

1. 알고 있어도 짐짓 모르는 척한다

춘추 전국 시대에는 나라의 흥망성쇠가 너무 잦아서 때로는 자신의 신분을 숨기거나 속이는 경우가 많았다.

어느 날 왕과 대신이 바둑을 두고 있었다. 그 때 국경 부근에서 횃불이 오르고 적이 기습해 왔다는 급보가 들어왔다. 왕은 당황하여 바둑돌을 던지고 중신들을 소집하려고 했다. 그러자 대신은 아무 일도 없다는 듯 태연한 얼굴로 왕을 제지했다.

"염려 마십시오. 그 횃불은 이웃 나라 왕이 사냥을 하고 있기 때문입니다."

대신은 말을 마치고는 바둑을 계속했다. 왕은 반신반의하면서 다시 바둑을 두기 시작했으나 마음이 편치 못했다.

한참 후에 국경에서 전령이 달려와 적의 기습이 아니고 이웃 나라 왕이 사냥하고 있는 것을 잘못 보고했다고 알려왔다. 왕은 놀라운 표정으로 물었다.

"그대는 어떻게 그것을 알고 있었소?"

대신은 미소를 지으며 대답했다.

"저는 이웃 나라에도 정보망을 가지고 있어서 오늘 그 나라의 왕이 사냥을 한다는 것을 이미 알고 있었습니다."

그 말을 듣고 왕은 감탄하기를 마지않았다. 그러나 그 후 왕은 그 대신을 경계하여 조정에서 내치고 말았다.

이 고사에는 두 가지의 문제점이 있다. 그 대신이 적국의 사정에 대해 자세히 얘기할 필요 없이 그것을 우연의 일치처럼 꾸몄으면 왕의 경계심을 사지 않았을 것이라는 점이다. 다른 하나는 그렇게 능수능란한 대신을 잘 다룰 능력이 없는 무능한 왕이 유능한 신하를 잃어버렸다는 점이다.

2. 혼자 똑똑한 체하지 말라

은나라의 주왕(紂王)은 밤낮없이 술자리만 계속하다 보니 오늘이 며칠인지도 모르고 있었다. 시신(侍臣)들에게 물어도 아무도 모른다고 했다.

그래서 하는 수 없이 왕족 중에 지혜가 높기로 이름난 기자(箕子)에게 사람을 보내어 물어 보았다. 기자가 집안사람에게 말했다.

"왕이라는 자가 날짜를 모를 정도라면 이 나라도 끝장이다. 그러나 모든 근신들이 날짜를 잊어 버렸다는데 나만이 알고 있다면 왕이 나를 경계를 할 터이니 일신상 해롭겠구나."

그래서 기자는 왕의 시신에게 말했다.

"신도 취해서 오늘이 며칠인지 잊어 버렸습니다."

이 이야기는 물론 '한비자' 스타일의 우화일 것이다. 주왕은 대표적인 폭군으로 은 왕조를 망친 사람이다. 은나라가 망한 뒤 기자는 중국을 떠나 고조선으로 가서 기자 조선을 세웠거니와 그는 현명한 연막 전술을 써서 위험에서 벗어날 수 있었다.

3. 진심을 쉽게 드러내지 않는다

도회술을 국가 통치 또는 개인 처세에 도입한 사람이 바로 한비자이다. 그는 군주가 자기 일신을 지키기 위해서는 절대로 신하들에게 진심을 보여서는 안 된다고 주장했다.

그 당시 군주들의 지위는 결코 안정된 것이 아니어서 언제 중신이나 왕족에게 죽임을 당할지 알 수 없는 불안한 것이었다.

사실 춘추 전국 시대를 통해 보면 정변에 의하여 살해되거나 추방된 군주들이 수십 명을 헤아린다. 무도하고 잔인한 일 같지만 인간의 권력욕이나 잔학성은 오늘에도 변함없이 이어지고 있다.

법치주의에 의한 중앙 집권으로 왕권 강화를 주장한 한비는 권신들의 모반으로부터 군주를 지키기 위해 항상 노심초사했다.

'군주가 자기의 호불호(好不好)를 나타내면 신하들은 아첨을 하고 군주의 욕망을 알면 신하들은 그 틈을 비집고 들어온다.'

'군주가 호불호를 나타내지 않으면 신하들은 본색을 드러낸다. 신하들이 본색을 드러내면 군주는 속는 일이 없다.'

'그대는 말을 조심하라. 그렇지 않으면 남이 그대의 정체를 꿰뚫어 볼 것이다. 그대는 행동에 조심하라. 그렇지 않으면 남이 그대를 공격할 것이다. 그대는 지식을 자랑하지 말라. 그대에게 지식이 없다는 것을 알면 사람들은 그대를 속이려고 할 것이다. 그러니까 그대는 모른 체하여 비로소 상대를 깊이 알 수 있다.'

이와 같이 한비는 윗사람과 아랫사람 또는 대등한 사람들끼리의 '인간 관계'에 대해 설명했다. 서양의 마키아벨리는 한비보다 1700년 뒤에 똑같은 말을 했다.

'사람은 그의 본심을 노출시키면 안 된다. 목적을 달성할 때까지는 어떤 수단이라도 사용해야 하기 때문이다.'

그 예를 들어 본다. 때는 한(漢) 왕조 말기. 위·촉·오의 세 나라가 서로 자웅을 다툴 때의 일이다.

이 때 위나라의 조조와 촉나라의 유비는 숙명의 라이벌이었는데 처음에는 조조가 훨씬 우세했다. 즉 조조는 천하를 거의 평정하고 재상 겸 군대의 대원수라는 최고의 실권자였다.

한편 유비는 짚신을 삼아서 파는 신분에서 입신하여 좌장군으로 출세했지만 아직 조조의 부중(府中)에서 보호를 받고 있는 처지였다.

그 무렵 조조의 전횡을 미워한 사람들이 은밀히 그의 타도를 도모하여 유비는 그 중심 인물로 추대되고 연판장에도 서명을 했다.

그러나 유비는 조조의 의심을 피하기 위해 부중의 마당에서 채소를 가꾸는 일에 정성을 쏟았다. 겉으로는 한세월(閑歲月)을 꾸미는 일종의 도회술이었다.

하루는 조조가 불시에 불렀다.

"최근에 무슨 재미있는 일을 시작한 모양이더군요."

이 말을 듣자 유비는 연판장에 서명한 것이 탄로 났는가 싶어 가슴이 철렁했다. 그러나 뒤이어 조조가 채소밭 이야기를 했기 때문에 유비는 안도의 숨을 쉬었다.

이윽고 두 사람이 술자리에 마주앉자 조조가 불쑥 물었다.

"그대는 오랫동안 천하를 두루 돌아보았으니 잘 알 것인데 당세의 영웅은 누구라고 생각하오?"

참으로 기묘한 질문이었다. 유비는 잘 모르겠다고 대답했지만 조조가 하도 강청하는 바람에 당대의 몇 사람을 들어서 말했더니 조조는 코웃음을 치며 말했다.

"그런 따위의 무리들을 어찌 영웅이라 하겠소. 가슴 속에는 대망을 품고 뱃속에는 지모를 감추고 있는 천하의 영웅은 바로 그대와 나뿐이오."

유비는 자기도 모르게 안색이 변하며 손에 들었던 젓가락을 떨어뜨렸다. 자기에게 큰 뜻이 없음을 보이기 위해 채소를 가꾸기까지 했는데 조조가 그것을 꿰뚫어보다니 놀라지 않을 수 없었다.

그 순간 하늘에서 크게 천둥소리가 울렸다. 유비는 짐짓 꾸며댔다.

"천둥소리에 그만 큰 실례를 했습니다."

자기가 겁쟁이인 것처럼 위장한 것이다. 이것은 조조의 인물 테스트에 걸리지 않기 위해 유비가 교묘히 은폐술을 쓴 것이다.

4. 이유 있는 반항의 동기를 꿰뚫어본다

　제갈공명과 쌍벽을 이루는 당세의 군략가 방통(龐統)이 유비를 찾아왔다. 이 때 공명은 마침 지방을 순시하던 중으로 아직 돌아오지 않은 때였다.
　"강남(江南)의 명사 방통이란 분이 와서 뵙겠다고 합니다."
　"그 높은 이름을 내 들은 지 오래다."
　유비는 크게 기뻐했다.
　방통이 들어오는데 유비에게 읍하지도 않으며 절을 하지도 않았다. 유비는 그의 얼굴이 추한 것을 보자 마음에 그리 기쁘지 않았으나 좋은 얼굴로 말했다.
　"멀리 오시느라 수고하셨소."
　"황숙(皇叔: 유비)께서 현사를 융숭히 대접한다기에 특히 찾아왔습니다."
　방통이 거만하게 말했다.
　"이제 형초(荊楚)가 정해져서 한가한 자리가 없고 다만 여기서 130리 되는 뇌양현에 지금 현재(縣宰) 자리가 비었으니 잠시 그곳에 가서 있으면 기회를 보아 내 다시 중용하겠소."
　'유비가 나를 대함이 몹시 박하구나.'
　방통은 섭섭했으나 하는 수 없이 뇌양현으로 부임했다.
　방통이 뇌양현에 부임은 했으나 정사(政事)를 다스리지 않고 날마다 술만 마시며 나날을 보냈다. 이 소식을 들은 유비는 몹시 노했다.
　"좀된 선비가 감히 나의 법도를 산란케 하는구나."
　유비는 곧 심복 맹장 장비를 불러 분부했다.
　"사람을 데리고 여러 지방을 순시하여 만일 공사에 게으르고 법을 지키지 않는 자가 있거든 엄히 문책하라. 일에 소홀함이 없도록 각별히

주의해야 하니 손건(孫乾)과 함께 가라."

장비가 분부를 듣고 손건과 함께 뇌양현에 이르렀다. 군민 관리들이 모두 성곽까지 출영하는데 현령만이 보이지 않았다.

"현령은 어디 있나?"

장비가 못마땅한 얼굴로 묻자 옆의 사람이 대답했다.

"방현령이 도임한 후로 일백여 일이 지났으나 현의 일은 다스리지 않고 날마다 술을 마시는데 오늘도 술이 깨질 않아 아직 일어나지 못하고 있습니다."

장비가 대로하여 곧 잡아 올리게 하니 손건이 손을 저어 만류했다.

"방통은 고명한 사람이니 가벼이 대하지 말고 현에 들어가 물은 연후에 과연 이치에 마땅치 않거든 그 때 죄를 다스릴지라도 늦지 않을 것이오."

장비는 현청에 들자 상좌에 자리를 정하고 현령을 들어오게 했다. 방통이 몹시 취하여 의관도 미처 제대로 갖추지 못하고 좌우의 부축을 받으며 나왔다.

장비는 소리를 가다듬어 꾸짖었다.

"우리 주공께서 그대게 현령의 자리를 맡겼는데 어찌 현의 일을 소홀히 하는가!"

"내가 현의 일을 소홀히 한 것이 무엇이오?"

"그대가 도임한 지 일백여 일이 지나도록 밤낮없이 술만 마셨으니 무슨 정사를 보았단 말인가."

방통이 퉁명스럽게 받았다.

"이까짓 백리소현(百里小縣)의 사소한 일들을 가지고. 장군은 잠시 앉아 저의 발락(發落: 일을 결정하여 끝냄)을 기다리시오."

그러더니 공리(公吏)를 불러 영을 내렸다.

"백여 일 동안 쌓였다는 공무를 가지고 와서 나에게 아뢰어라."

공리들은 안권(案券: 공문서)을 들고 와서 소사(訴詞: 송사의 글)를 바치고 한편으로 피고인들을 뜰아래 꿇어앉혔다.

방통이 일면으로 송사를 듣고 일면으로 판단을 내리어 즉석에서 결정을 짓는데 조금도 어긋남이 없고 또한 지극히 분명하여 백성들이 다 엎드려 절하며 복종했다. 반나절이 채 못 되어 일백여 일 밀린 일을 모두 마치자 방통은 붓을 던지며 말했다.

"내가 천하의 일들을 손바닥의 글 보듯 하는 터에 이런 소현을 어찌 개의하리오."

장비가 몹시 놀라 자리에서 일어나 사죄했다.

"선생의 큰 재주를 알지 못해서 제가 그만 실경(失敬)을 했습니다. 용서하시오."

장비가 형주로 돌아와 유비에게 방통의 일을 자세히 보고했다.

"내 대현(大賢)을 푸대접했으니 이는 나의 큰 잘못이군."

유비가 자못 감탄하는데 마침 공명이 돌아왔다고 했다. 유비가 마중하여 예가 끝나자 공명이 먼저 물었다.

"방통 선생은 요사이 안녕하십니까?"

"요새 뇌양현을 다스리게 했더니 술만 마시고 정사를 전혀 돌보지 않는다 하오."

공명이 웃으며 말했다.

"방통 선생은 백리소현을 맡길 재질이 아니며 그의 배운 바 아는 것은 저보다 열 배나 더합니다."

"…."

"대현에게 소임(小任)을 맡기면 간혹 술 마시기를 일삼고 정사를 등한히 하는 수가 있습니다."

"만일 장비의 말을 듣지 못했더라면 대현을 잃을 뻔했소그려."

드디어 유비는 방통으로 부군사(副軍師) 중랑장을 삼고 공명과 함께 방략을 돕게 했다.

유능한 사람이 정당한 대우를 받지 못하면 오히려 빗나가서 일부러 멍청이 짓을 하거나 반항하는 것은 요즘도 우리 주변에서 흔히 볼 수 있는 일이다.

5. 때로는 딴전을 피운다

제나라의 선왕(宣王)이 맹자(孟子)의 추궁을 받고 궁지에 몰려 쩔쩔 맨 일화가 있는데 이를 소개하면 다음과 같다.

어느 날 맹자가 선왕에게 물었다.
"먼 여행을 떠난 친구의 부재중에 그 처자를 맡았는데 책임을 지지 않고 굶주리게 버려두는 자가 있다면 어떻게 하시겠습니까?"
이 말에 선왕은 서슴지 않고 대답했다.
"추방해야지."
"그럼 대신이 책임을 다하지 못하고 부하 통솔도 제대로 못하면 어떻게 하시겠습니까?"
"그런 자는 관직을 삭탈해야지."
"그럼 나라가 잘 다스려지지 않고 있으면 어떻게 하시겠습니까?"
그 순간 선왕은 대답을 하지 않고 좌우를 돌아보며 딴소리만 계속했다. 그는 마치 급한 다른 용무가 갑자기 생각난 듯이 좌우의 측근들을 돌아보면서 엉뚱한 말로 위기를 넘긴 것이다.

대답에 궁하면 시치미를 떼고 멍청한 척한다. 이 경우는 다소 애교가 있고 유머러스한 해학성도 있다.

이와는 달리 '가만 있자, 다른 사람에게 한번 물어봐야겠는걸' 하고 핑계를 대면서 위기를 모면할 수도 있다. 이런 경우에 논리적으로 따져 들어간다면 그 논쟁은 십중팔구 지게 마련이다.

6. 적당한 구실을 붙인다

때는 바야흐로 추수철. 조조는 군대를 이끌고 남양성(南陽城)을 치러 갔다. 들에 보리는 누렇게 익어 머리들을 숙였는데 5리를 가도 10리를 가도 밭에 나와 보리를 베는 사람이 없었다. 군대가 온다는 소식을 듣자 백성들이 모두 몸을 피하여 멀리 숨고 감히 나오지 못하기 때문이었다.

이를 알자 조조는 즉시 사람을 시켜서 각 촌의 부로(父老)들과 각처 관리들에게 다음과 같은 유고(諭告)를 전하게 했다.

> '내가 천자의 조칙을 받들고 군대를 내어 역신을 쳐서 백성들의 해를 덜려고 하는 바이라. 지금 보리가 익었을 때 군대를 일으킨 것은 부득이한 일이니 대소 장교들은 보리밭을 지날 때 각별히 조심하되 만약 함부로 짓밟는 자가 있으면 누구를 막론하고 모두 목을 벨 것이다.'

백성들은 유고를 전하여 듣자 모두 기뻐했다. 다들 조조의 덕을 칭송하며 대군이 지나는 곳마다 길에 나와서 향을 피우고 무수히 절을 했다. 군사들은 조조의 영이 엄한 것을 잘 알고 있는 터라 보리밭을 지날 때마다 모두 말에서 내려 손으로 보리이삭을 잡고 차례차례 나아가며 한 사람도 감히 보리를 밟는 자가 없었다.

　이 때 조조가 말을 타고 역시 조심조심 보리밭을 지나는데 갑자기 밭 가운데서 난데없는 비둘기 한 마리가 푸드득 날아오르자 그가 탄 말이 깜짝 놀라서 껑충 뛰어 보리밭 속으로 뛰어들었다. 보리가 여지없이 짓밟히고 말았다.

　이 날 해질 무렵에 한 곳에 이르러 영채를 세우고 나자 조조는 곧 중군장으로 행군 주부(行軍主簿)를 불러들였다.

　"불러 계십니까?"

　주부가 들어오자 조조는 곧 말했다.

　"음, 내가 오늘 보리를 밟았으니 곧 그 죄를 다스리도록 하오."

　뜻밖의 말을 듣고 주부는 몹시 송구스러워했다. 그는 두 손을 맞비비며 말했다.

　"황공합니다. 승상의 죄를 누가 감히 다스리겠습니까."

　그러나 조조는 자못 엄숙한 어조로 일렀다.

　"내가 법을 정해 놓고서 내 스스로 범한다면 다른 사람들을 어떻게 복종시킨단 말이오."

　말을 마치자 즉시 차고 있던 칼을 빼어 스스로 목을 찌르려 했다. 좌우가 급히 달려들어 칼을 빼앗고 만류할 때 곽가(郭嘉)가 입을 열어 말했다

　"〈춘추(春秋)〉에 '법불가어존(法不加於尊)'이라 했습니다. 승상께서 대군을 통령하고 계신 터에 스스로 목숨을 끊어서야 되겠습니까?"

　조조는 한참 동안 침음했다.

　"이미 〈춘추〉에 그렇듯 존인(尊人)은 법으로 다스리지 못한다고 한다면 내가 죽기는 면했소."

　조조는 칼을 들어 제 머리카락을 싹뚝 잘라 땅에 내던지며 말했다.

"이 머리털로 목을 대신하겠소."

그러고는 곧 자른 머리를 삼군(三軍)에게 보였다.

"승상께서 보리를 밟으시매 본래는 참수할 것이로되 이제 머리털을 베어 대신하노라."

조조의 위기 모면술도 이만하면 수준급이다.

7. 시치미를 떼고 의표를 찌른다

위나라의 서문표(西門豹)가 업 땅의 현령으로 부임하자 먼저 지방 사람들을 모아 놓고 어려운 일이 없는가 물어 보았다. 그러자 이 지방에서는 해마다 하신(河神)에게 처녀를 제물로 바쳐야 하는데 그에 따르는 폐단이 이루 말할 수 없다고 호소했다.

"해마다 때가 오면 무녀(巫女)가 집집을 돌아다니면서 예쁜 처녀를 찾아냅니다. 그리고 비단으로 지은 새 옷을 입혀서 강변에 붉은 포장을 치고 사당을 만들어 거기다 가두어 놓고는 처녀에게 고기와 밥을 줍니다. 이렇게 열흘 남짓 지나서 처녀를 바칠 때가 되면 가마에 태워서 강물에다 흘려보냅니다.

이 비용으로 해마다 수만 금이 할당되어 돈을 내놓지만 실제 사용되는 것은 2,3천 금이며 나머지는 이 지방의 터줏대감과 무녀가 각각 절반씩 나누어 착복한답니다. 비용도 비용이지만 처녀가 있는 집은 모두 이웃 마을로 도망을 가기 때문에 마을이 황폐해지고 있습니다."

"어째서 그런 어리석은 짓을 하는가?"

"하신에게 처녀를 바치지 않으면 마을에 홍수가 난다고 해서 그럽니다."

"이제 알았으니 이번에 그 날이 닥치거든 내게 알려주도록 하게."

이윽고 그 날이 왔다. 강변에 준비가 갖추어지자 수많은 제자들을 거느린 무녀가 터줏대감과 함께 자못 엄숙한 표정으로 강변에 늘어섰다. 그곳에는 마을 사람들도 모두 나와 있었다. 마침내 처녀가 사당에서 걸어 나오자 서문표가 썩 나서며 말했다.

"이 처녀는 가히 미인이라고 할 수 없군. 이래서야 하신에게 실례가 되지 않겠나."

말을 마치자 서문표는 무녀를 돌아보며 다시 말을 이었다.

"미안하지만 그대가 하신에게 심부름을 좀 다녀와 주겠나. 좀 더 예쁜 미인을 찾아줄 테니 조금만 더 기다려 달라고 일러주게."

그러고는 부하들에게 명하여 다짜고짜 무녀를 강물 속에 던져 버렸다.

"이상하군. 무녀가 도무지 돌아오지 않으니 이번에는 그 제자들을 보내 봐야겠군."

무녀의 제자들을 차례로 던져졌으나 아무도 돌아오지 않았다.

"이거 안 되겠군. 무녀나 그 제자들이나 모두 여자니까 하신 앞에서 말을 제대로 못 하는가 보군. 이번에는 터줏대감과 사당(祠堂) 어른에게 부탁을 해야겠군."

이어서 터줏대감을 던지고 계속 사당 어른 한 사람을 던졌다. 서문표는 강을 향하여 넙죽 큰절을 하고는 한참 동안 바라보고 섰다가 중얼거렸다.

"아무도 돌아오지 않는군. 어떻게 되었을까? 정말 이상하군."

그러더니 다른 사당 어른들을 쳐다보고 어떻게 하면 좋을까 은근히 물었다. 그제야 못된 무리들의 얼굴이 창백해지며 목숨을 살려 달라고 애걸복걸했다. 그 후부터 하신에게 처녀를 바치는 악습은 없어졌다.

서문표는 뻔히 들여다보이는 일인데 아예 시치미를 딱 떼고 멍청한 시늉을 하며 해치웠지만 실은 매우 교묘하고 계획적이었다.

8. 은근히 자기 의사를 나타낸다

　제나라의 유명한 재상 맹상군(孟嘗君)은 인재를 양성하는 것으로도 유명했다. 그의 저택에는 항상 3천여 식객들이 들끓고 있었는데 풍환(馮驩)이라는 자가 맹상군이 어진 이를 잘 대우한다는 소문을 듣고 식객으로 들어갔을 때의 일이다.
　맹상군의 저택에는 식객들을 위하여 3등급의 숙사가 준비되어 있었다. 풍환은 보잘것없는 풍채에다 아직 인정을 받지 못했기 때문에 최하급 숙소에 배치되었다.
　그가 가진 것이라곤 칼 한 자루밖에 없었다. 그는 그 칼을 손으로 두들기면서 곡조를 붙여 노래를 불렀다.
　"장검(長劍)이여, 돌아가야겠구나. 내게는 고기도 주지 않구나."
　관리인으로부터 보고를 받은 맹상군은 미소를 지으며 그를 중급 숙사로 옮겨 주었다. 그러자 고기반찬이 나왔다. 그러나 풍환은 여전히 칼을 두들기며 노래를 불렀다.
　"장검이여, 돌아가야겠구나. 외출해야 하는데 수레도 없지 않은가."
　참으로 능청스러운 자였다. 그는 다시 최상급의 숙사로 옮겨지고 전용의 수레까지 갖추어졌다. 그런데도 그는 다시 칼을 두들기며 노래를 했다.
　"장검이여, 돌아가야겠구나. 이래서는 아내와 같이 살 수가 없겠구나."
　맹상군도 이번에는 어이가 없어 그대로 내버려 두었다. 풍환은 그 이상은 더 말하지 않고 그대로 1년 이상을 지냈다.
　그 후 풍환의 활약이 시작되지만 인재를 대우한다고 알려진 맹상군이 기껏 풍채만으로 차별 대우를 하자 풍환은 멍청한 시늉으로 허점을 찌른 것이다.

도회술(韜晦術)은 동양인 특유의 술수이다. 재능이나 학식을 감추고 신중히 행동하는 것이다. 인도인이나 아라비아인들은 그것이 너무 지나쳐서 철저히 은둔주의로 나가거나 신비주의로 치닫기 때문에 인간 관계에 묘미가 없다.

9. 스스로 신중하게 처신한다

한(漢)나라 경제(景帝) 때의 일이다. 시종장에 주문(周文)이라는 자가 있었다. 시의(侍醫)로서 선대의 문제(文帝)를 모시고 있었으나 태자의 몸시중을 들게 되어 태자가 즉위하자 그 시종장이 된 것이다.

주문은 입이 무겁고 신중한 인물이었다. 항상 누덕누덕 누빈 옷을 입고 꾀죄죄한 예복에다 더러운 모습을 하고 있었다. 그래서 왕은 안심하고 그를 침실에까지 출입을 시켰으며 여자와 방사(房事)를 할 때에도 방 밖에서 대기하도록 시켰을 정도였다.

경제가 승하한 후에도 그는 시종장의 지위에 머물러 있었으나 후궁에서 일어난 일은 한 번도 입 밖에 내지 않았다. 때때로 주문은 경제로부터 신하들의 인물에 관해 하문을 받았으나 그럴 때마다 간단하게 말했다.

"폐하께서 판단하십시오."

신하의 운명을 좌우하는 말은 일체 하지 않았다.

그가 도읍인 장안(長安)에서 양릉(陽陵)으로 거처를 옮겼을 때도 왕은 기회가 있을 때마다 여러 가지 하사품을 내렸으나 그는 그 때마다 사양했다.

다음 황제인 무제(武帝)가 즉위했을 때도 그는 선제의 총신으로 대우를 받았다. 그가 말년에 병으로 사직할 때는 2천 석의 땅을 하사받고 조용히 고향에 은거했다.

주문이 시중을 든 시기는 극도의 혼란기였다. 황후가 죽고 후궁 율희(栗姬)가 아들을 낳아 황후가 되려다 폐출당하고 태자도 폐위되어 후궁의 아들 무제가 등극하는 소용돌이 속에서 철저한 도회술로 유종의 미를 거둔 것이다. 권력 주변에서 부정만 일삼는 자들과는 하늘과 땅만큼의 차이가 있다.

10. 시대 상황에 따라 움직인다

기원전 170년경, 한나라 무제가 재위할 때였다. 궁중의 서기로 있던 동방삭(東方朔)은 이미 도회 인생(韜晦人生)의 전형적인 표본으로 널리 알려져 있었다.

동방삭은 시초에 그의 상소문이 무제의 관심을 끌어 시종으로 발탁된 자였다. 무제는 그의 언행이 마음에 들어 자주 음식도 함께 했는데 그는 먹다 남은 고기를 몽땅 품에 넣어 가지고 궁에서 나갔다. 옷이 진득진득해졌지만 그는 조금도 개의치 않았다.

간혹 비단을 하사받기도 했으나 그것을 아무렇게나 어깨에 메고 물러 나오기도 했다. 돈이 생기면 젊은 여자를 취하여 1년쯤 살다가 버리고 또 다른 여자를 구했다. 하사된 돈이나 물건은 모두 그런 일에 탕진했다.

동료들은 그를 변태로 여겼으나 무제는 '동방삭에게 일을 시키면 너희들은 흉내도 내지 못할 것이야' 하고 칭찬했다. 그는 술에 취하면 아무데서나 잠들고 노래도 곧잘 불렀는데 다음과 같은 노래를 즐겨 불렀다.

　　풍진 세상 사는데 힘들 게 뭐 있나

어디에 있든지 마음먹기 나름이지
세상을 사노라 궁중의 시종일세
구태여 깊은 산 암자를 찾아서 무엇 하리

한 번은 후배들이 그에게 물었다.

"소진이나 장의는 그 이름을 후세에 길이 남겼습니다. 선생처럼 학문도 지식도 높은 분이 기이한 생활을 하시면서 출세를 하려고 하지 않으시니 그것은 대체 무슨 까닭입니까?"

동방삭은 이 때 후배들에게 제법 진지한 답변을 한 것으로 〈사기(史記)〉에 기록되어 있다.

"제군들이야 그 이치를 알 까닭이 없지. 소진이나 장의는 약육강식의 전국 시대이기 때문에 출세한 사람들이야. 그러나 지금 한 왕조의 세상은 질서가 잡히고 안정이 되어 있네. 소진이나 장의도 지금 세상에 태어났다면 별 수 없는 사람이 되었을 걸세. 옛날부터 '천하에 재해가 없으면 성인이라도 그 재간을 쓸 수 없고 상하가 화동(上下和同)하면 현인이라도 공을 세울 여지가 없다'고 하지 않던가. 시대가 변하면 사정도 변하는 것이라네. 지금 재야(在野)에는 빛을 못 본 뛰어난 인물들이 많다네. 평화로운 시대에 어진 인물이 초야에 묻히는 것은 별로 이상한 일도 아닐세."

체제 속에 살면서 그 체제에 만족할 수 없어서 갈등을 느끼고 반발하는 사람들을 흔히 본다. 그런 때일수록 아주 차원 높은 도회 인생의 철학이 필요하지 않을까. 동방삭은 도회술의 경지를 넘어 세상사를 초월한 선인의 경지에 이르렀다고 볼 수 있다. 그래서 '삼천갑자(三千甲子) 동방삭'이라고 불릴 만큼 그가 장수를 누렸는지도 모른다. 60갑자가 3천 번이면 계산상으로는 18만 년이 된다. 물론 과장된 표현이다.

11. 속마음은 함부로 드러내지 않는다

촉한(蜀漢)의 유비가 아직 때를 얻지 못하고 형주 자사 유표에게 몸을 의탁하고 있을 때였다.

어느 날 유표와 둘이 후당에서 술을 마시다 유비가 자리에서 일어나 측간으로 갔다. 무심코 보니 넓적다리에 두둑하게 살이 올라 있었다. 저도 모르게 그의 눈에서 눈물이 뚝뚝 흘러내렸다.

유비가 다시 자리로 돌아오자 유표가 그의 얼굴을 물끄러미 바라보며 물었다.

"얼굴에 눈물 흔적이 있으니 웬일이오?"

유비는 길이 탄식하고 대답했다.

"전에는 하루라도 몸이 말안장을 떠나지 않아 넓적다리에 살이 없더니 이제는 오랫동안 말을 타지 않아서 살이 두둑하게 올랐습니다그려. 세월은 덧없이 흘러가건만 아직도 공업(功業)을 세우지 못했으니 그게 서럽습니다."

유표가 위로하며 말했다.

"내가 들어보니 천하의 조조도 그대를 당세의 영웅이라고 했다는데 그대 같은 영걸이 어찌 공업을 세우지 못할까 근심한단 말이오?"

역시 술에 취한 탓이었다. 유표의 말을 듣자 유비는 무심코 입을 놀려 마음 속에 있는 말을 해 버렸다.

"사실 저에게 기본만 있다면 천하의 녹록한 무리들이야 뭐 별것이겠습니까."

그 말에 유표가 입을 다물고 아무 대꾸가 없었다.

'아차, 그만 내가 객쩍은 말을 했구나…."

유비는 속으로 뉘우치고 총총히 관사로 물러나왔다.

유비의 말에 유표는 심사가 좋지 못했다. 그를 보내고 내택(內宅)으로 들어가자 유표의 아내 채부인이 말했다.

"오늘도 제가 병풍 뒤에서 유비의 말을 가만히 들으려니 남을 아주 업신여기는 것이 장차는 우리 형주도 삼켜 버리려는 게 분명합니다. 진작 없애 버리지 않으면 반드시 후환이 될 것입니다."

유표는 그 말에 아무 대답도 하지 않고 오직 머리만 흔들 뿐이었다. 그러자 채부인은 가만히 동생 채모(蔡瑁)를 불러들여 상의했다. 채모가 나직한 음성으로 말했다.

"별 도리가 없습니다. 유비가 지금 관사에서 쉬고 있으니 그대로 죽여 없애고 나중에 주공께 고하기로 하지요."

"그럼 어서 그러시오."

채부인이 허락하자 채모는 곧 물러나와 군사들을 점고했다.

이리하여 유비는 위기를 맞게 되었으나 다행히 미리 일러주는 사람이 있어서 급히 도망쳐 간신히 목숨을 건질 수 있었다.

이와 같이 함부로 속마음을 털어놓다가는 생명마저 위태롭게 되는 수가 있다.

12. 위장으로 상대를 속인다

위나라의 실권자인 대장군 조상(曹爽)에게도 한 가지 궁금한 일이 있었다. 그의 라이벌인 태부 사마중달의 허실을 전혀 알 수 없어서였다.

그렇다고 사람을 보내어 알아볼 수도 없는 일이어서 속만 태우고 있는 참이었는데 때마침 좋은 기회가 생겼다. 곧 위왕이 이승(李勝)을 청주 사사로 제수한 바 있어 그를 사마중달에게로 보내어 소식을 정탐키기로 했다.

이승이 사마중달의 부중에 이르러 문지기에게 온 뜻을 고했다.

"청주 자사로 가게 되어 인사 여쭈러 왔으니 태부께 전갈하오."

사마중달은 이 말을 전해 듣고는 그의 두 아들을 돌아보고 말했다.

"내 생각으로는 필시 조상이 허실을 염탐하려고 이 자를 보낸 것이 틀림없다."

이렇게 말하는 한편 쓰고 있던 관(冠)을 벗어 머리를 산발하고 병든 양 꾸민 다음 침상에 올라 이불을 끌어안고 양 옆으로는 두 시비를 시켜 부축케 하고 난 뒤 이승을 안으로 청해 들였다.

이승은 와상 앞에 이르자 절하고 말했다.

"태부를 뵈온 지 오래였지만 이렇듯 병환이 위중하실 줄은 몰랐습니다. 오늘은 제가 청주 자사로 가게 되어 인사를 겸하여 찾아뵈었습니다."

사마중달은 웃으며 대답했다.

"응, 그래? 병주는 삭방(朔方)에 가까우니 특히 방비를 굳게 하게."

이승은 그의 말이 두서가 맞지 않음을 보고 당황했다.

"청주로 가옵지 병주가 아니올시다."

이승이 고쳐 말하자 사마중달은 여전히 벙긋 웃으며 말했다.

"음, 네가 병주에서 오는 길이구나…."

이승은 속이 탔다.

"병주가 아니고 산동의 청주입니다."

"오오라, 네가 산동의 청주서 왔구나. 그래 잘 있었나?"

이승은 더욱 기가 막혔다.

"태부께서는 이다지도 병환이 대단하신가."

이승이 탄식하여 마지않으니 좌우에 있던 사람들이 귀띔을 해 준다.

"태부께서는 가는귀까지 먹어서 저러시는 거요."

이승은 그제야 알아차린 듯 지필묵을 빌려다 온 뜻을 대강 적어 보였다. 물끄러미 종이를 들여다보던 사마중달이 고개를 끄덕였다.

"내가 오래 앓더니 귀까지 먹은 것 같아."

중달은 또 한 번 바보처럼 입만 크게 벌리고 웃는 것이었다.

"그럼 멀리 가는 길이니 부디 몸조심이나 하게."

말을 미처 마치지 못하고 손가락으로 입을 가리키니 시비가 서둘러 약사발을 올렸다. 이승이 바라보니 약을 마시는 사마중달의 손은 덜덜 떨리고 넘치는 약은 옷깃을 흥건히 적신다.

이윽고 사마중달은 목 메인 소리로 부탁했다.

"내 이미 늙고 병들어 목숨이 조석에 달렸으니 바라건대 그대는 내 두 아들을 잘 인도해 주게. 그리고 대장군(조상을 가리킴)을 뵙거든 부디 부탁이나 잘 해 주고."

겨우 말을 마치자 사마중달은 침상에 거꾸러지듯 누웠다. 숨소리가 가쁘게 일어나고 헐떡거리는 모습은 차마 눈뜨고 보지 못할 지경이었다. 이승은 몹시 측은해 절하고 자리를 물러나왔다.

이승은 사마중달의 부중에서 나오는 길로 조상을 찾아가 듣고 본 바를 세세히 아뢰었다. 조상은 듣고 나자 크게 기뻐했다.

"그 늙은이만 죽고 나면 무슨 근심이 또 있을까?"

한편 이승이 물러가자 사마중달은 자리에서 벌떡 일어나 두 아들에게 말했다.

"이승이 돌아가서 소식을 전하면 조상은 나에 대한 경계심을 풀 것이다. 우리가 이런 때를 타서 그가 사냥하러 성 밖으로 나가기를 기다려 대사를 도모한다면 무엇이 어렵겠느냐!"

과연 때는 너무 일찍 왔다. 며칠이 지나지 않아 사마중달은 반정을 일으켜 조상의 무리들을 모조리 죽이고 실권을 장악했다.

제9편 사람을 다루는 비결

제9편 사람을 다루는 비결

병법(兵法)은 고대 중국에서 발달한 '전쟁 철학'이다. 병법의 요체는 적군이든 아군이든 가리지 않고 사람을 움직이는 방법, 즉 용인술(用人術)에 있다. 사람을 잘 움직여야 전쟁에서 이길 수 있기 때문이다.

1. 상대를 나의 의도대로 유도한다

"상대를 움직이려면 상대가 움직이도록 유도해야 한다. 그러한 상황을 만들어 주면 상대는 스스로 움직이게 된다. 상대에게 미끼를 던지고 그것을 물 때까지 이쪽은 준비를 갖추어 놓고 기다리면 된다."

〈손자병법〉의 '병세편(兵勢篇)'에 있는 말이다. 이것이 이른바 '시형(示形)의 술(術)'이다. '형(形: 상황)'을 제시하여(示: 알림) 사람을 움직이는 이 원격 조종이야말로 '병법의 핵심'이라 하겠다.

기원전 5세기 중엽까지 오늘의 산서성(山西省) 일대를 지배하고 있던 진(晉)이라는 나라가 있었다. 2개의 큰 산맥이 나라 한가운데를 가로지르고 있는 산악 국가로서 예부터 '산세가 기구하다'고 형용되리만큼 교통이 불편한 지역이다.

그 서북쪽에는 지금으로 말하면 소수 민족, 그 당시로는 이적(夷狄)의

나라들이 많이 흩어져 있었는데 그 중에서도 구유(仇由)라는 나라는 아주 강한 나라였다.

진나라의 지백(智伯)은 이 구유국을 치기로 작정했으나 그 나라로 통하는 길은 사람이 겨우 걸어갈 수 있는 정도의 지독한 험로였다.

그 당시 중국의 선진 제후국에서는 말이 끄는 전거(戰車)가 전쟁의 주무기였다. 그런데 이렇게 협착한 산길로는 정예를 자랑하는 지백의 군사도 전거를 통과시킬 수가 없었다. 그렇다고 상대의 나라로 쳐들어가면서 그 나라에게 길을 넓혀 달라고 할 수도 없는 일이었다.

지백은 한 가지 묘안을 생각해 냈다. 즉, 거대한 종(鍾)을 만들어 구유국에게 선물을 하는 것이었다. 종은 당시에는 일종의 악기로 사용되었다.

지백의 사자로부터 이 소식을 들은 구유왕은 크게 기뻐했으나 국경에서 도읍까지 그 종을 운반하는 것이 문제였다. 그리하여 구유왕은 서둘러 산길의 폭을 넓히는 공사를 시작했다. 구유국에서는 엄청난 물자와 부역을 동원하여 마침내 좁은 산길을 수레가 쉽게 지나갈 수 있도록 개수하였다.

그 준공을 기다리고 있던 지백은 때가 이르자 대군을 출동시켜 단번에 구유국을 멸망시키고 말았다.

이 고사는 단순히 트릭을 써서 적을 속였다는 정도로 해석할 것이 아니라 사람을 움직이는 기본 원리에 초점을 맞추어야 한다. 즉, 상대를 꿰뚫어보고 이쪽이 의도하는 방향으로 움직이도록 만드는 원리이다.

지백은 구유국에 명령을 하거나 강요하지 않았다. 그럼에도 불구하고 상대방은 기꺼이 자발적으로 지백이 원하는 대로 움직여 준 것이다. 말하자면 동기를 유발시킨 것이다.

동기에 대한 연구가 발전할수록 여러 가지 다른 문제가 밝혀졌다. 가령 요즘 사람들을 움직이는 행동의 최대 동기는 돈에 있다고 하지만 반드시 그렇지만도 않다는 것이다.

하긴 10만 원의 채권 채무 문제가 급기야는 몇 백만 원의 소송 비용을 써 가면서 시비를 계속하는 일로 발전하기도 하니 말이다.

미국의 심리학자 A. H. 매즈로는 '동기' 연구로 유명한데 그는 인간의 기본적인 욕구를 다음과 같은 다섯 가지로 나누고 있다.

우선 무엇보다도 가장 강한 욕구가 ① 생리적 욕구다. 이것이 어느 정도 충족되면 다음은 ② 안전과 안정을 바라는 욕구이다. 그 다음 순서는 ③ 집단의 한 구성원으로 수용되고 싶은 욕구이고 그 다음은 ④ 주위의 존경을 받고 싶은 욕구이며 끝으로 ⑤ 자기 표현의 욕구이다. 이런 것들이 얽히고설켜 동기가 되고 행동을 일으킨다.

한비도 이미 2,300년 전에 동기 작동에 관한 그의 견해를 피력하고 있다. 그는 군주의 입장에서 백성의 동기 작동을 위해서 ①이익 ②권위 ③이상(理想)의 세 가지를 들었다. 백성은 이 세 가지 욕구에 의하여 움직일 수 있다고 믿었다.

즉, 이익으로 민심을 끌고, 권위로 명령을 따르게 하고, 이상(대의명분)으로 이끌어 나간다. 이 세 가지가 기본이며 그 밖에는 모두 부수적인 것이라고 그는 설파했다.

'자연의 이치에 따라서 하면 노력을 덜 하고도 사람을 움직일 수 있다.' (<한비자>)

2. 상대방의 마음을 포착한다

어떤 사람이 무거운 수레를 끌고 태고교(太鼓橋)를 건너려고 했으나 다리의 경사가 하도 급해서 도무지 올라갈 수가 없었다.

그는 수레의 손잡이에 걸터앉아서 노래를 부르기 시작했다. 그러자 지나가는 사람들이 모여들어 뒤에서 밀고 앞에서 끌고 하여 수레는 쉽게 다리를 건널 수 있었다.

'천하를 다스리는 데는 반드시 인간의 심리에 근거를 두어야 한다.' (〈한비자〉)

고래(古來)로 통솔자들은 부하의 '인심 장악'에 비상한 노력을 기울여 왔다. 현대에도 '장(長)'이라는 직책에 있는 사람들의 고심은 3천 년 전의 옛날과 별로 다르지 않다.

현대는 옛날과 달라 명령 하나만으로는 되지 않기 때문에 '어때, 잘 돼 가는가?'라고 부하의 어깨를 한번 두드리는 일에서부터 비상금을 털어서 대폿집으로 데리고 가는 일까지 온갖 노력을 다 한다.

그렇다고 어깨를 친다거나 술을 사 준다고 다 되는 것은 아니다. 진정으로 상대의 마음을 포착하는 것이 아니고서는 '동기'를 만들기에는 부족하다. 말하자면 테크닉만으로는 상대의 마음을 잡을 수 없다.

3. 상황에 따라 임기응변한다

전진(前秦) 때의 일이다. 대신 왕맹(王猛)이 그때까지는 왕 주변에서 많은 정적들을 요리하며 유능한 책사로 일하다가 시평(始平)이라는 지방의 일선 행정을 맡게 되었다.

그는 젊을 때 가난 속에서 시국과 민심의 대세를 보던 안목으로 시평에 부임하자 곧 법령을 분명히 하고 형벌을 엄중히 다스려 호족들의 횡포와 난동을 막았다.

그리고 악질의 하급 관리 한 사람을 매로 쳐 죽여 기강을 바로잡는 본보기로 삼기도 했다.

왕맹이 이 관리를 죽인 일은 곧 다른 사람들을 통해 전진의 왕 부견에게 상소되었다. 부견은 상소를 받아들여 왕맹을 잡아오도록 명하고 스스로 왕맹을 국문했다.

"정치라는 것은 덕화(德化)를 우선해야 하는 법이거늘 그대는 어찌하여 임지에 가자마자 함부로 사람 죽이기를 일삼는단 말이냐. 치자(治者)로서 지나치게 잔학한 일이 아닌가?"

그러자 왕맹이 대답했다.

"안정된 나라를 다스릴 때는 예(禮)로써 행하고 혼란한 나라를 다스릴 때는 법으로써 행한다고 들었습니다. 대왕께서 신을 몹시 어지러운 지방의 방백으로 임명하였으므로 신은 흉악한 자를 제거하기 위해 우선 한 사람을 그 본보기로 죽였을 따름이오나 어찌 흉악범이 그들 한둘에 그치겠습니까. 만일에 신이 난폭한 자를 근절하지 못하고 법령을 명확히 하지 못했다고 하신다면 기꺼이 형을 받아 명을 어긴 죄를 사죄하겠습니다."

부견은 그 말을 듣고 크게 고개를 끄덕이며 오히려 왕맹의 벼슬을 높여 주었다.

4. 상대방의 마음을 감동시킨다

제나라의 재상 맹상군(孟嘗君)은 찾아온 사람과 얘기를 나누면서 슬쩍 상대의 부모 형제에 관한 메모를 해 두었다가 당사자에게는 말도 없이 그 부모 형제에게 선물을 보냈다고 한다. 나중에 그 사실을 알게 된 당사자들이 감격하여 모두 맹상군을 따르게 된 것은 말할 나위도 없다.

위(魏)나라 장군 오기(吳起)는 부하들을 아끼고 사랑하기로 유명했는데 진중에서 종기를 앓고 있는 병사의 고름을 직접 자기의 입으로 빨아 빨리 낫도록 해 주었다. 동료 병사들이 그 소식을 집에 있는 노모에게 전해 주자 노모는 눈물을 흘리며 탄식했다.

"그 아이가 죽을 날이 멀지 않았구나."

"…."

이 말을 들은 동료 병사들이 영문을 몰라 어리둥절해 하자 노모는 깊은 한숨을 쉬며 말했다.

"그 아이의 아버지도 오 장군의 은혜를 입고 싸움터에 나가 목숨을 돌보지 않고 싸우다가 죽었는데 이제 그 아이도 그렇듯 똑같은 은혜를 입었으니 어찌 살아서 돌아오기를 바라겠소."

과연 그 병사는 싸움터에서 용감하게 싸우다 장렬하게 전사했다.

5. 위기 상황에서 힘이 발휘된다

"오나라와 월나라는 비록 원수지간이지만 양국 사람이 같은 배에 탔다가 폭풍을 만나 배가 위태롭게 되면 좌우의 손과 같이 서로 돕게 될 것이다."

병법의 대가 손자가 한 말이다.

오나라는 지금의 소주(蘇州) 부근에 있었고 월나라는 그 남쪽 항주에 연한 소흥(紹興) 부근에 있던 나라다. 기원전 6,7세기의 이른바 춘추 시대에 이들 두 나라는 서로 사투를 거듭한 관계로 '오월(吳越)'이란 말은 '상극·대립'의 대명사가 되었다.

이렇게 서로 원수지간이라도 공동의 위기에 처하게 되면 협력한다는 고사에서 더 나아가 일부러 그러한 위기 상황에 몰아넣어 협력 관계를 조성하는 전술을 '오월동주(吳越同舟)의 계략'이라고 일컫는다.

이 '오월동주의 계략'과 비슷한 난세의 돌파술에 '배수의 진(背水之陣)'이라는 것이 있는데 병법에서는 극히 기피하는 진법이다. 그것은 물을 등지고 있어서 후퇴의 여지가 없기 때문이다.

그런데 한(漢)나라의 명장 한신(韓信)은 초나라의 대군과 싸울 때 이 배수진으로 대승을 거두었다. 그것도 1만 명의 군사로 20만 명의 적을 섬멸한 미증유의 대승이었다.

초나라 군대는 처음에 한신의 무모한 포진을 보고 비웃기도 했으나 스스로 탈출로가 차단된 한군의 결사적인 분전으로 마침내 대패를 당하고 말았던 것이다.

싸움이 끝난 후 궁금하게 생각한 부하 장수들이 한신에게 물었다.

"병법에 이런 것도 있습니까?"

한신이 웃으며 대답했다.

"병법에 엄연히 있는 것이지만 그대들이 찾지 못했을 뿐이오. 〈손자(孫子)〉에 보면 '궁지에 몰려야만 비로소 활로가 열린다'라고 하지 않았소. 이번 싸움에 참가한 우리 군대는 갑자기 편성되었기 때문에 제대로 훈련도 안 된 오합지졸에 불과했소. 그러니 쉬운 곳에서 싸움을 벌이면 아마도 모두 도망치고 말았을 것이오. 하지만 궁지에 몰렸기 때문에 스스로 사력을 다하여 싸울 수밖에 없었고 그래서 승리를 거둔 것이오."

'죽음을 각오하면 살고 살려고 하면 죽는다.' (<오자> 치병(治兵)편)

6. 위축된 심리는 폭발력을 가진다

오기(吳起)가 초나라에 발탁되기 전에는 위나라의 무후(武侯)를 섬기고 있었다. 그 때 이웃 나라인 진(秦)나라가 50만 대군을 이끌고 쳐들어 온다는 급보가 들어왔다.

위나라와 진나라는 항상 충돌을 거듭해 왔으나 이번 사태는 심상치 않았다. 위왕은 당황하여 오기를 임지인 서하(西河)에서 급히 불러들여 말했다.

"장군, 지금 우리 나라에는 50만의 대군과 싸울 군대가 없으니 큰일이오."

오기가 침착하게 대답했다.

"50만쯤은 놀라실 것 없습니다. 우리 군사 5만만 있으면 족합니다. 다만 지금까지 별로 공적이 없던 사람으로 모아 주십시오."

'공이 있는 자'가 아니라 '공이 없는 자'가 좋다고 한다.

위나라에서는 평소부터 오기의 건의에 따라 공적 평가를 엄격하게 실시하고 있었다. 가령 싸움이 끝난 후에 연석을 베풀면 사대부들을 세 줄로 나누어 신분에 관계없이 맨 앞줄에는 최고 공적자, 다음은 중간치, 공적이 없는 자는 맨 뒷줄에 앉혀서 술상과 음식 그릇까지도 차별을 두었던 것이다.

그런데 이러한 오기의 말은 너무도 뜻밖이어서 위왕은 자신의 귀를 의심했다. 도대체 그 따위 공적도 없는 자들을 모아서 어찌 하겠다는 것인가?

그러나 오기가 노리는 것은 지금까지 아무에게도 평가를 받지 못한 사람의 굴욕감을 역이용하자는 것이었다.

"필경 그들은 사력을 다할 것입니다. 불명예와 수치를 설욕하겠다는

5만의 군사들은 능히 50만의 적군을 물리칠 수 있을 것입니다."

위왕은 고개를 끄덕이며 5만 군사를 내어주며 출진케 했다. 과연 오기는 50만의 진군(秦軍)을 크게 격파하였다.

사실 오기 자신도 그 무렵 다소 불우한 처지에 밀려 있었기에 그 자신의 심정과 행동이 바로 이러한 심리를 이용하게 만든 것이 아닌가 하는 분석도 있다.

어떻든 '배수의 진'은 사람의 능력을 최고도로 발휘할 수 있게 하는 책술인데 역학적으로 볼 때에는 압축된 에너지의 폭발력을 이용하는 것이다.

'쥐도 달아날 구멍을 보고 쫓아라'라는 말이 있듯이 막다른 골목에 몰리면 사람이나 짐승은 폭발적인 힘을 발휘하게 된다. 이를 거꾸로 말하면 '막다른 골목에 적을 몰지 말라'는 역설이 성립된다.

7. 대세를 유리하게 조성한다

> '명장은 개개인의 능력보다는 세력의 힘을 중시하고 그 세력에 의하여 전체를 움직인다.' (《손자(孫子)》 병세(兵勢)편)

어떤 조직이나 집단에도 소수의 이질 분자와 반대파가 있게 마련이다. 그런데 그러한 이질 분자의 존재에 지나치게 집착하여 그 처리에 골몰하다 보면 전체의 움직임이 정지되거나 흔들리고 만다.

그보다는 아예 이질 분자의 존재는 무시해 버리고 전체의 대세를 유리하게 조성해 나가는 것이 중요하다. 어떤 집단에 기세가 오르고 한 방향으로 격하게 움직이게 되면 소수는 다수에 휩쓸려 힘을 쓰지 못하게 되는 법이다.

전투에서도 마찬가지이다. 누구나 죽음을 두려워하지만 일단 부대의 행동에 기세가 오르게 되면 죽음에 대한 공포심은 희박해지고 비겁자도 용사가 된다.

삼국 시대 때 일이다. 적벽대전의 전초전이라 할 수 있는 당양 장판파 싸움에서 조조는 80만 대군을 휘몰아 열세에 몰린 유비군을 맹렬하게 추격하고 있었다.

그 때 장비(張飛)가 불과 5백의 군사를 거느리고 장판파를 지키고 있었다. 정신없이 유비군을 추격하고 있던 조조의 80만 대군이 흠칫 그 자리에 멈추어 섰다. 상대는 다른 사람 아닌 바로 천하의 맹장 장비가 아닌가. 장비는 장팔사모를 겨누어 잡고 적진을 향해 대갈일성했다.

"장비가 예 있다! 죽고 싶은 자는 썩 앞으로 나오라!"

장비의 우레 같은 호통 소리에 혼비백산한 조조 진영의 하후혜라는 장수가 그만 말에서 뚝 떨어지며 그대로 죽어 버렸다. 이를 본 조조는 모골이 송연하여 자기도 모르게 획 말머리를 돌렸다. 그러자 조조의 80만 대군은 일제히 썰물이 빠지듯 달아나고 말았다.

이것은 장비의 5백 군사가 조조의 80만 대군을 쫓았다기보다는 대세의 힘에 의하여 조조군이 그렇듯 도망을 친 것뿐이다. 이와 같이 '흐름'이라는 것은 무서운 힘을 가진다. 손자도 말했듯이 '격류는 암석도 뜨게 하는 것'은 바로 흐름 때문인 것이다.

8. 시기의 선택이 중요하다

"불을 댕기려면 가장 적합한 시간을 택해야 한다. 공기가 건조할 때가 바로 그 때이다."

이 말은 〈손자〉의 병법에 있는 화공술(火攻術)의 한 대목이다. 사람의 마음에 불을 지르는 경우도 이와 마찬가지다. 즉, 일을 시작하는 동기와 시기에 따라서 상대의 반응은 전혀 달라진다.

상대의 마음이 발화하기 쉬운 상태에 있을 때는 조그만 자극으로도 불타오를 수가 있다. 반대로 발화하기 어려운 상태에 있을 때는 아무리 불을 댕기려고 해도 타오르지 않는다.

초왕의 총신으로 단(亶)이라는 자가 있었다. 그는 별다른 공로도 없고 특별히 용모가 뛰어난 것도 아닌데 그에게는 사람을 끄는 힘이 있어 높은 지위에 올라 있었다.

어느 날 그에게 강을(江乙)이라는 책사가 찾아와 이런 충고를 했다.

"물질을 매개로 한 교제는 그 물질이 없어지면 끝장이 나고 색향(色香)으로 맺어진 사이는 꽃이 시들면 인연도 끊어집니다. 애첩이든 총신이든 인간의 관계란 참으로 허무한 것이 아닐 수 없습니다. 대감께서는 지금 비록 권세를 누리고 있습니다만 한번 왕의 마음이 변하고 보면 모든 것이 끝장나고 말 것입니다. 그러니 왕과의 결합을 더욱 돈독히 해 두십시오."

"으흠, 그럼 어떻게 하면 좋겠소?"

단이 묻자 강을이 대답했다.

"왕께서 승하하시면 대감께서도 같이 순사(殉死)하겠다고 왕에게 말하십시오. 그렇게 한다면 절대 염려가 없을 것입니다."

"옳은 말씀이오. 내 그 말을 명심하겠소."

단은 이렇게 대답은 했으나 3년이 지나도록 왕에게 그 말을 한 것 같지 않았다. 참다못해 강을이 어느 날 단에게 말했다.

"대감을 위해서 말씀드렸는데 별로 도움이 되지 못한 것 같군요. 나 같은 사람이 말하니 아마도 소용이 없나 봅니다."

이렇게 노골적으로 불평을 털어놓자 단이 웃으면서 대답했다.

"결코 그대의 가르침을 소홀히 한 것이 아니오. 아직 마땅한 기회를 얻지 못했을 뿐이오."

그런 일이 있은 지 얼마 후 초왕이 운몽(雲夢)으로 사냥을 나갔다. 그곳은 양자강과 한수(漢水)가 합치는 곳이라 크고 작은 호수들이 많아 절경이었다.

네 필의 말이 이끄는 마차를 타고 운몽에 도착한 왕은 눈같이 흰 백마를 높이 타고 사냥을 시작했다. 왕이 마침 큰 들소를 쏘아 맞추자 한껏 기분이 좋아서 말했다.

"정말 아름다운 경치에 유쾌한 사냥이로군. 그러나 저승에 가서도 이러한 즐거움을 누릴 수 있을까."

바로 그때 측근에 있던 단이 짐짓 눈물을 흘리면서 말했다.

"소신은 오늘날까지 대왕을 곁에서 받들어 모셨습니다. 비록 저승이라도 반드시 함께 가서 대왕의 사냥 시중을 들겠습니다."

초왕은 그 말을 듣고 크게 기뻐하며 즉시 그에게 영지를 나누어 주고 안릉군(安陵君)으로 봉하였다. 이것은 모사를 잘 꾸미는 강을과 그 시기를 잘 아는 단의 합작품이라고 할 수 있겠다.

9. 무자비한 응징으로 미리 경고한다

유방(劉邦)이 토벌 작전에서 얻은 상처로 죽고 태자 효혜(孝惠)가 제위에 오르게 되자 왕비 여후(呂后)는 마침내 유방의 총비 척부인(戚夫

人)에 대한 질투의 보복을 시작했다.

그녀는 먼저 척부인을 옥에 가둔 다음 그녀의 어린 아들 조왕(趙王)을 술에 독약을 타서 먹여 죽여 버렸다.

이어 척부인을 옥에서 끌어내어 손과 발을 잘랐다. 다음에는 코를 자르고 눈알과 혀를 뽑았다. 그런 다음 돼지우리에 넣어 죽게 했다.

옛날의 궁중 사회나 나라의 법에는 반역자나 범법자에 대해 행한 가혹한 형벌이 많았지만 여후의 이 같은 보복은 그 심리를 분석하면 변태성도 없지 않다.

그러나 여후가 이와 같이 무자비한 수단을 행사한 것은 화근이 될 만한 것을 사전에 뿌리 뽑고 혹시 일어날지도 모르는 여러 제후들의 반란에 대한 경고의 의미도 있었다.

10. 강경과 유화의 균형이 필요하다

정나라의 재상 자산(子産)이 병으로 몸져누워 죽음을 눈앞에 두고 있었다. 그 무렵 후임 재상으로 많은 사람들이 조정에 드나들고 있었는데 어느 날 자산은 많은 문병객들 중에서 유길(游吉)이라는 자를 불러 유언을 했다.

"내가 죽으면 그대가 재상의 지위에 오를 것이오. 그렇게 되거든 백성들에게 엄격한 치정(治政)을 펴기 바라오. 대체로 불(火)이라는 것은 격렬하기 때문에 사람들이 감히 접근하기를 두려워하오. 그래서 오히려 불에 타거나 상하는 사람이 적은 것이오. 그러나 물(水)은 부드럽고 온화한 것 같기 때문에 사람들이 겁 없이 접근하다 빠져죽거나 해를 입는 자가 많소. 바라건대 귀공의 그 온건 유화 정책에 백성들이 빠지지 않도록 해 주기 바라오."

 자산이 죽고 나자 과연 유길이 재상이 되었다. 그러나 그는 자산의 유언과는 정반대로 했다. 백성들을 연민의 정으로 대하고 중벌을 피하며 온정을 베푸는 유화 정책을 폈다.

 그러나 그의 이러한 치정이 계속되자 정나라의 젊은이들은 무리를 지어 도적질을 하기 시작했다. 좀도둑·들치기·강도질에 심지어는 죄 없는 사람을 죽이고 볼모로 잡아가는 데다 나중에는 국가의 곡물 창고를 터는 등 그야말로 무법천지가 되었다. 그 세력은 날로 커져서 마침내 나라의 존립마저 위협하게 되었다.

 유길은 하는 수 없이 몸소 군대를 이끌고 그들의 근거지를 습격하여 하루 밤 하루 낮의 혈투를 벌인 끝에 겨우 도적떼의 소굴을 진압했다.

 그러나 이 싸움으로 볼모가 된 사람들마저 죽게 되고 자기 휘하의 군사들도 많은 피해를 보았다. 비록 도적떼를 진압은 했으나 유길은 자기의 불명(不明)을 크게 뉘우치고 길이 탄식했다.

 "아, 내가 좀 더 일찍 그 분의 유언을 실행했더라면 이런 일이 일어나지는 않았을 텐데."

 이 말을 전해들은 공자는 다음과 같이 말했다고 한다.

 "바로 그것일세. 정치가 관대하면 국민은 느슨해지고 그것이 심하면 이를 교정해야 되네. 그러나 지나치게 맹렬하면 국민은 잔혹해지고 그렇게 되면 관대한 정치를 하지 않을 수 없게 되네. 그러므로 양쪽을 서로 보충하는 정치의 조화가 중요하지. 자산이야말로 옛 성현의 참다운 사랑을 아는 사람이라고 할 수 있네."

11. 함정에 걸려들게 한다

소진(蘇秦)이 천하의 제후국을 찾아다니며 강국 진(秦)나라에 대항하기 위한 합종 동맹을 추진하고 있을 때였다. 그가 마지막으로 다다른 곳은 제나라였다.

제나라는 오늘의 산동성 일대에 해당하는 곳으로 해산물 등 온갖 물산이 많은 풍족한 대국이었다.

여기서 소진은 '객경(客卿)'이라는 귀빈 대우를 받고 있었는데 그 당시는 오늘보다도 인재 교류가 자유로워서 타국인이라도 높은 지위에 앉을 수 있었고 또 다른 나라의 재상을 겸할 수도 있던 때였다.

여러 나라의 내정에 밝을 뿐만 아니라 외교술에 정통한 소진은 쉽게 제왕의 마음을 사로잡아 매사에 상담을 맡아 하였다. 그러자 제나라의 고관들은 이를 못마땅하게 여기고 소진을 미워하였다.

어느 날 소진은 괴한의 습격을 받아 치명적인 중상을 입었다. 그를 시기한 누군가의 소행이라는 추측은 했으나 범인은 오리무중이었다.

소진의 상처는 점점 악화되어 운명의 시간이 다가오고 있었다. 문병을 온 제왕에게 임종을 눈앞에 둔 소진이 말했다.

"저에게 범인을 찾아낼 방법이 있습니다. 대왕께서 나라의 죄인을 잡아 저의 한을 풀어 주시겠습니까?"

"물론이오. 그 방법을 말해 보오."

"제가 죽거든 '소진은 연나라의 첩자였다는 것이 판명되었다'고 포고하여 주십시오. 그와 동시에 저의 머리를 베어 저잣거리에 효수하시고 시체는 찢어서 강에다 버리십시오. 그렇게 하면 반드시 범인을 잡을 수가 있을 것입니다."

얼마 후에 소진이 죽고 제왕이 그의 유언대로 행하자 과연 범인이 자

진해서 나타났다. 범인은 연나라의 첩자를 해친 자기에게 큰 상을 내려 줄 것이라고 기대했던 것이다.

제왕이 즉각 그를 잡아서 처형했음은 물론이다. 이것은 소진이 죽은 후에도 남을 움직여 범인을 잡는 술수의 한 방법이다. 물론 역사의 후일담에는 소진이 정말 연나라의 첩자였다는 설도 있지만 어쨌든 자기 원수를 잡아 보복한 것만은 사실이다.

소진이 살았을 때 고관들의 시기를 미리 방지할 수 없었던 것은 천려일실(千慮一失)이라 아니할 수 없다. 소진 같은 권모술수의 대가도 암살을 면치 못하고 비명횡사한 것을 보면 사람은 모름지기 덕을 쌓아야 한다는 생각이 든다.

12. 다른 사람의 권위를 빌린다

진(秦)나라 말기에 세상이 어지러워졌다. 그 때 장안성 남쪽의 상산(商山)에 숨어 있는 은자 네 사람이 있었다. 그들은 바로 동원공(東園公)·녹리선생(甪里先生)·하황공(夏黃公)·기리계(綺里季)였는데 이들을 가리켜 세상 사람들은 '상산사호(商山四皓)'라 했다. '호(皓)'는 늙은이 또는 백발 노인이라는 뜻이다.

이들 상산사호가 한나라 황실의 초청을 받고 출사를 망설이고 있었는데 한나라 황실이 후계자 문제 때문에 매우 미묘한 기류에 빠져 있을 때였다.

한고조 유방의 왕비 여후(呂后)는 1남 1녀를 낳았는데, 아들은 유영(劉盈)이라 했고 딸은 노원공주(魯元公主)라 했다. 이 외에도 여덟 명의 자식이 따로 있었는데 그 중 유여의(劉如意)는 척(戚)부인의 소생이었다.

산동성은 음양오행으로 따져 수토(水土)가 뛰어나 성인군자뿐만 아니라 가인이 많기로 유명한 고장이다. 척부인은 유방이 항우와 싸울 때 정도현에서 만난 여인으로 그녀에게서 유여의를 얻었다.

나중에 유영이 황태자가 되고 황후 자리는 여후에게 빼앗겼지만 척부인은 조금도 포기하지 않고 기회가 있을 때마다 늙은 남편 유방에게 하소연했다.

"폐하께서 연로하시어 갑자기 쓰러져 일어나지 못하신다면 우리 모자는 장차 누구를 의지하고 삽니까? 여후와 그의 아들은 틀림없이 우리 모자를 죽이고 말 것입니다."

유방이 곰곰 생각해 보니 참으로 일리 있는 말이었다. 표독스런 여후가 자신이 죽은 후 어떻게 나올지는 뻔한 노릇이었다. 유방은 마침내 유여의를 조왕에 봉한 다음 그를 태자로 세우고 싶다는 말을 했다. 문무백관들이 대경실색하여 갈피를 잡지 못하고 있을 때 주창(周昌)이 부복하며 아뢰었다.

"폐… 하… 그, 렇… 게… 하, 시… 면… 안 됩… 니… 다."

살기등등한 긴장감이 감도는 어전에 불쑥 튀어나와 더듬더듬 불가(不可)함을 상주하는 주창의 말에 유방을 비롯한 대소 신료들은 웃음을 터뜨렸다.

그러는 사이에 태자 유영의 폐위 문제는 뒷전으로 미루어졌지만 언젠가는 터질 시한폭탄이나 다름없었다. 위기에 몰린 여후는 동생 여석지(呂釋之)를 책사 장량(張良)에게 보내어 묘책을 듣도록 했다.

"황제가 처음 곤경에 처했을 때에는 내 말을 들었지만 지금 천하는 통일이 되고 태자에 관한 문제는 황제 폐하의 개인적인 문제인 것이니 이는 내가 나설 바가 아니오. 다만…."

여석지는 마른 침을 꿀꺽 삼키며 장량의 다음 말을 기다렸다.

"모든 사람이 아첨하기에 여념이 없을 때 상산사호만이 황제 폐하에게 순종하지 않고 아직 상산에 숨어 있소. 언젠가 그들 네 노인을 황제께서 찾으신 적이 있었지만 그들은 아직 산에서 내려오지 않고 있소. 이제 많은 금백(金帛)과 황태자의 친필로 정중한 편지를 써 보낸다면 그들 네 노인들이 오게 될 것이오. 이것을 황제께서 아신다면 폐위 문제는 자연히 거론치 않게 될 것이오."

장량이 예상했던 대로 황태자의 친필과 많은 금백을 받은 상산사호는 마침내 하산하여 태자 유영의 처소에 머물러 있었다. 그 때 안휘성 수현에 주둔하고 있던 회남왕 영포(英布)가 반란을 일으켰다.

그 무렵 유방이 와병 중이었으므로 태자인 유영이 반란군 진압에 나서게 되었다. 그러자 상산사호가 여석지를 찾아가 말했다.

"지금 대세를 살펴보건대 태자께서 출병하셔서는 아니 됩니다."

"그것은 무슨 까닭입니까?"

"이번 싸움에 태자께서 대승을 거둔다 한들 무슨 큰 이득이 있겠소. 그러나 만약에 태자께서 싸움에 지는 날에는 그것을 빌미삼아 태자는 보위에서 쫓겨날지도 모를 일이오. 그 때 가서 후회하지 말고 미리 대비책을 세워야 할 것이오."

여석지는 서둘러 여후를 찾아가 상산사호의 말을 전했고, 여후는 곧장 유방을 찾아가 한숨 섞인 목소리로 말했다.

"반란을 일으킨 영포는 천하의 맹장이며 용병술에 뛰어난 사람입니다. 그런데 이곳에 있는 장군들은 모두 당신과 고락을 함께한 사람들입니다. 비록 유영에게 통솔권이 있다 한들 그들이 어찌 기꺼이 따르려 하겠습니까. 그러니 병중이라 불편하시더라도 연거(輦車: 임금이 타는 손수레 가마)에 누워 명령만 내리시면 장군들이 전력을 다해 싸울 것이니, 당신이 좀 다녀오십시오."

유방은 혀를 끌끌 차며 친히 출정하여 영포의 반란군을 소탕하고 개선했다. 그런데 장안으로 돌아온 날부터 다시 병세가 악화되자 유방이 황태자 폐위 문제를 확정짓기 위해 어전에 나갔다. 그 때 유영의 등 뒤에 서 있는 네 명의 백발 노인을 보고 이상히 여겨 물었다.

"저기 수염이 허연 자들은 누구냐?"

"상산사호입니다."

유방이 깜짝 놀라 반문했다.

"아니, 내가 부를 때는 한사코 거절하더니 내 아들에게는 고분고분 하는 이유가 무엇이더냐?"

그러자 상산사호가 이구동성으로 말했다.

"폐하께서는 너무 사람을 얕보시기에 저희들은 뵙기를 거절했으나 태자께서는 효성심과 충성심이 강하여 저희들은 목숨을 바쳐서라도 태자를 도울까 합니다."

유방은 태자와 사호가 물러갈 때까지 멍하니 그들의 뒷모습을 바라보고 있다가 척부인의 처소로 돌아와 힘없이 말했다.

"본시 나는 태자의 무능함을 알고 이를 폐위시키려 했으나 상산사호가 그를 날개처럼 돕고 있으니 어떻게 할 수가 없구려. 이 모두가 하늘이 정한 운명이니 이제 여후는 당신의 주인이 될 것이오."

유방의 말에 척부인은 눈물을 흘렸으나 이미 기울어져 버린 대세를 어찌할 수는 없었다. 그 후 유방이 죽자 척부인이 여후로부터 무자비한 보복을 당하고 참혹하게 죽었음은 이미 앞에서 말한 바와 같다.

13. 사람을 쓸 때 좋은 점을 이용한다

전국 시대 노나라의 대신 맹손(孟孫)이 사냥을 나가서 새끼노루를 생포했다. 그는 그것을 수하의 진서파(秦西巴)에게 수레에 실어서 객관으로 옮겨 놓으라 했다.

그런데 도중에 언제 따라왔는지 어미노루가 수레의 뒤를 따라오며 듣기에도 처량한 목소리로 울부짖었다. 원래 노루란 놈은 어미가 새끼를 잃으면 한사코 따라잡는 모정이 강한 동물이다.

진서파는 하도 보기에 딱하여 새끼노루를 그 어미노루와 함께 가도록 놓아 주었다.

이윽고 객관으로 돌아온 맹손이 진서파를 불러 자기가 잡은 새끼노루를 가지고 오라고 했다. 진서파는 부득이 사실대로 고했다.

"어미노루가 따라오며 하도 슬프게 울기에 그만 놓아주었습니다."

"설사 아무리 그렇다손 치더라도 상관의 말을 어긴 죄는 용서할 수 없다."

맹손은 그를 내쫓고 말았다.

그러나 그 후 진서파는 다시 부름을 받고 이번에는 맹손의 자식을 돌보게 되었다. 맹손의 측근이 이를 보고 궁금해서 물었다.

"앞서는 명령을 어기고 제멋대로 새끼노루를 놓아주었다고 해서 내쫓으시더니 이번에는 다시 그를 불러서 어린아이들을 맡게 하신 것은 무슨 까닭입니까?"

맹손이 웃으면서 측근에게 대답했다.

"새끼노루를 불쌍히 여길 정도라면 나의 어린아이들도 잘 돌봐줄 것이 틀림없지 않은가."

사람을 쓰는 데 있어서 그 묘리를 아는 맹손의 용인술(用人術)은 매우 교훈적이라 아니할 수 없다.

제10편 위장의 전법

제10편 위장의 전법

인간의 모든 감지 기능을 교묘하게 기만하여 적의 판단을 속이거나 흐리게 한 후 기습을 꾀하는 것이 위장의 핵심 전법이다.

어찌 보면 가장 원시적이라 할 수 있는 방어와 공격의 형태인데 복잡하고 다기한 오늘의 사회에서도 이 방법이 가장 흔히 사용되고 있다.

1. 웃는 사람을 조심하라

제나라 군대가 송나라를 침범했을 때의 일이다. 송나라는 장자(藏子)를 사신으로 보내어 초나라에 구원을 청했다. 초왕은 기꺼이 원군을 보내주겠다고 하며 그를 환대했다.

그러나 장자는 기뻐하거나 고마워하는 기색이 전혀 없었다. 그것을 본 마부가 돌아오는 길에 이상하게 여겨 물어 보았다.

"초왕이 구원을 승낙해 주었는데 근심스러워하시는 것은 무슨 까닭입니까?"

장자는 가만히 한숨을 쉬며 대답했다.

"송나라는 작고 제나라는 크다. 도대체가 작은 송나라를 구하고 큰 제나라에게 미움을 살 이유가 어디에 있겠느냐. 그럼에도 초왕은 기꺼이 우리의 청을 들어 주었다. 이것은 필시 제나라가 싸우는 것을 원하고 있음에 틀림없다. 우리 송나라를 격려하여 제나라와 싸우게 하고 제나라가 약화되면 초나라로서는 그만큼 유리해지기 때문일 게다."

과연 초왕은 제나라가 송나라의 5개 성(城)을 공격해도 끝내 원군을 보내주지 않았다.

중국 속담에 '웃는 사람은 예측할 수가 없다'는 말이 있다. 사실 성미가 급한 사람치고 음모에 능한 사람은 드물다. 성이 났을 때 오히려 웃는 사람이 무서운 것이다.

2. 자신의 내심을 간파당하지 말라

적벽대전에서 전면전을 벌이기 얼마 전의 일이다. 촉나라 군사(軍師) 제갈공명은 오군(吳軍)의 진지에서 오나라 대도독 주유(周瑜)와 공동 작전을 펴고 있었다.

주유는 지략이 뛰어난 명장이었으나 용병의 귀재인 제갈공명에 비하면 그의 모략은 손바닥을 뒤집듯 곧잘 들통이 나고 말았다.

주유는 공명의 지략을 두려워하여 지금은 비록 촉나라와 동맹을 맺고 위나라와 싸우고 있지만 나중의 후환에 대비하여 위나라의 조조보다도 먼저 공명을 처치해야겠다고 결심했다.

어느 날 주유는 작전 회의를 하는 자리에 공명을 불러 조조와 싸울 무기에 대해서 넌지시 물었다.

"조조 군과 싸우려면 어떤 무기가 적합할 것 같소?"

공명이 주유의 속마음을 짐작하고 있었다.

"대강(大江)을 사이에 두고 싸우니 활이 제일이지요."

"나도 선생과 동감입니다. 그런데 지금 우리 군사들에게는 화살이 부족하니 선생께서 화살 10만 개 정도를 열흘 안에 만들어주지 않겠습니까?"

이것은 억지였다. 10만 대의 화살을 열흘 안에 어떻게 만든단 말인가. 공명을 함정에 밀어 넣으려는 것이 분명했다. 그런데 공명의 대답은 뜻밖이었다.

"어렵지 않은 일입니다. 그런데 조조가 내일에라도 공격할지 모르는데 열흘이라니 너무 한가한 말씀입니다. 사흘 안으로 조달을 하지요."

"사흘이라니요? 진중(陣中)에 농담은 없는 법이오."

"사흘이면 충분합니다. 만약 어길 때에는 군령에 따라 목을 바치겠소."

주유는 속으로 은근히 쾌재를 불렀다.

'공명이 죽을 때가 됐군. 목공들에게 공명이 부탁하는 일을 하지 못하게 하면 제가 무슨 수로 그것을 만들 수 있겠는가?'

주유는 목공들을 엄하게 단속한 다음 가만히 사람을 보내어 공명의 동태를 살폈다. 그러나 공명은 첫날도 그 다음날도 태평하게 놀고만 있었다.

다만 주유의 부장(副將) 노숙(魯肅)에게 은밀히 부탁하여 배 20척에 군사 30명씩을 태운 다음 짚더미를 배의 양쪽에 잔뜩 쌓아놓고 그 위에다 푸른 포막(布幕)을 덮어 두었을 뿐이었다. 노숙은 공명과 가까운 사이였다.

드디어 약속한 3일째 밤이 되자 공명은 몰래 노숙을 배 안으로 불렀다. 지척을 분간할 수 없는 짙은 안개가 강을 덮고 있었다.

"자, 지금부터 함께 화살을 가지러 갑시다."

그러고는 짙은 안개 속의 양자강 북안(北岸)을 향해서 선단을 출발시켰다. 날이 샐 무렵 조조의 진지 가까이 접근한 공명은 선단을 적진을 향해 한 줄로 늘어세우고는 일제히 북을 치며 함성을 지르게 했다.

"아니, 적이 몰려오면 어떻게 하려고 이러십니까?"

노숙이 깜짝 놀라며 묻자 공명은 웃으면서 대답했다.

"조조는 이 짙은 안개 속을 짓쳐 나오지는 못합니다. 우리는 술이나 마시다가 안개가 개거든 돌아갑시다."

한편 조조의 진영에서는 적이 내습했다는 급보를 듣자 조조가 명령을 내렸다.

"안개 속에 내습했으니 복병이 있을 것이 틀림없다. 함부로 나가지 말고 다만 어지러이 활을 쏘아라!"

명령이 떨어지자 수륙 양군 1만 명의 궁노수들은 빗발치듯 화살을 쏘아댔다. 공명은 선단의 좌우를 바꾸어 가며 배에 실은 짚더미로 적의 화살을 받았다.

이윽고 해가 돋고 안개가 걷히자 공명은 선단을 철수시키며 군사들에게 일제히 외치게 했다.

"어리석은 조조야, 화살을 많이 주어 고맙구나!"

조조는 분해서 이를 갈았다.

이윽고 본진으로 돌아온 공명은 주유에게 화살을 인계했다.

"배마다 5,6천 개의 화살이 있으니 이만하면 족히 10만 개는 넘을 것이오."

주유가 깜짝 놀랐음은 물론이다.

"선생은 참으로 귀신같은 분이오. 그런데 어떻게 해서 안개가 낀다는 것을 알 수 있었습니까?"

노숙이 궁금하여 묻자 공명이 대답했다.

"장수된 자는 모름지기 천문에 통달하고 지리를 알며 임기응변할 수 있어야 합니다. 주유 장군이 비록 나를 함정에 밀어 넣으려 했지만 그리 쉽게 넘어갈 내가 아니오."

노숙은 감탄하여 벌어진 입을 다물 줄 몰랐다.

3. 교묘한 방법으로 속이다

초나라 영왕(靈王)이 서(徐)나라를 치기 위해 건계 땅에 주둔하고 있을 때였다. 영왕의 동생인 공자 기질(棄疾)이 반란을 일으켰다. 기질은 군대를 보내어 영왕을 쳤다.

기질의 군대는 크게 이겼다. 이때 영왕은 이미 자결한 후였으나 생사를 확인할 수 없었다.

그 후 공자 기질이 왕위에 올랐으나 초나라 백성들은 영왕이 죽은 걸 몰랐기 때문에 민심이 자못 흉흉했다. 심지어는 영왕이 밤중에 몰래 돌아왔다는 헛소문이 나돌기도 했다.

기질은 생각 끝에 형체를 알아볼 수 없을 만큼 썩은 송장 하나를 파내 그 시체에다 영왕의 관(冠)과 옷을 입힌 다음 한수(漢水) 상류로 운반해 하류로 떠내려 보내게 했다.

며칠 후 시체가 떠내려 오자 기질은 그 시체를 빈렴(殯殮)하게 하고 왕의 예로 후히 장사 지내 주었다. 그제야 초나라 민심은 차차 안정되어 갔다.

4. 거짓 항복으로 상대를 무찌르다

원(元)나라 말기에 혼란이 계속되어 각지에서 민란이 잇따르고 몽고 귀족과 지주들의 학대와 횡포에 반기를 든 농민들의 대규모 무장 투쟁이 전개되었다.

이후 중국 대륙은 30년간 명(明) 왕조가 탄생할 때까지 5,6개국의 군웅할거 시대가 된다. 곧 장사성(張士誠)과 유복통(劉福通)이 세운 송(宋),

서수휘(徐壽輝)의 천완(天完), 진우량(陳友諒)의 대한(大漢) 등의 나라가 세워져 서로 각축을 벌였다. 한편 명옥진(明玉珍)의 하(夏)와 주원장(朱元璋)이 세운 오(吳)나라는 양자강 동남쪽에 위치하고 있었다.

이 중 가장 미약한 존재이던 주원장의 오나라가 결국은 중국을 통일하여 명 왕조를 세우게 되는데 그 대성의 발판이 된 것이 곧 진우량의 대한(大漢)을 쳐부순 번양호의 싸움이었다.

주원장은 안휘성(安徽省)에서 빈농의 아들로 태어나 처음에는 곽자흥(郭子興)의 홍건군에 들어갔다. 농민 반란군들에게 붉은 두건을 증표로 나누어 준 데서 그들을 홍건군이라 불렀다.

이 농민 폭동은 황하의 수리 공사장에 인부를 징발하는 데서 발단했다. 주원장은 그 무리 중에서 두각을 나타내어 응천(應天)에 근거하여 주변의 강소, 안위, 절강 등에 걸쳐 세력권을 형성했다.

한편 진우량은 호북 면양(沔陽)의 어부 아들로서 강서, 호남, 호북의 3성을 손아귀에 넣었다.

이 진우량이 홍건적의 잔존 세력과 합류하여 '타도 원나라'의 기치를 높이 들고 주원장의 근거지를 공략하려 했다. 이 정보를 입수한 주원장은 막료 회의를 소집했다.

"우리 군사와 진우량의 군사는 마치 호랑이와 닭과 같다 하겠소. 이 위급한 사태를 어떻게 하면 좋겠소?"

주원장이 이렇게 말문을 열자 한 장수가 대답했다.

"적을 피로케 한 연후에 치는 것이 상책입니다."

주원장은 이 계략을 받아들여 적의 대공세에 앞서 진우량의 진지를 기습하는 소규모 작전을 시도하기로 했다. 일종의 산발적인 게릴라 작전으로 적의 예기를 꺾고 혼란케 한다는 전략이었다.

그 다음에는 사항계(詐降計)를 쓰기로 했다. 주원장의 부장 강무재(康

茂才)는 진우량의 옛 친구였다. 이 강무재로 하여금 거짓 투항서를 가지고 가서 진우량을 유인하도록 했다.

"그 거짓 투항서에다 거짓 군사 기밀을 덧붙여 적으로 하여금 세 방면으로 남경을 공격하도록 적을 유인하도록 하오."

진우량은 옛 친구가 전해 주는 주원장의 투항서와 군사 기밀을 받아 들고 회심의 미소를 지었다.

이리하여 주원장의 군사는 번양호에 이르는 강하수(江河水)의 수로를 이용하여 적의 다리목을 지키고 있다가 진우량의 크고 작은 전선(戰船) 1백여 척을 기습하여 수많은 군사들을 수장해 버렸다. 기록에 의하면 이 때 포로만 해도 7천여 명이었다고 한다.

이 전승의 여세를 몰아 주원장은 일거에 모든 군사를 동원하여 진우량이 지배하던 안휘성의 태평·안경 지역과 강서성의 원주·강주 지역을 수복하여 강서·호북으로까지 세력권을 확대할 수 있었다.

5. 안과 밖이 달라서는 안 된다

제나라의 영공(靈公)은 기묘하게도 남장(男裝) 미인을 좋아해서 궁중의 여자들에게 남장을 시켜 놓고 즐겼다. 이것이 온 제나라 안에 유행이 되어 일반의 시중 여자들까지도 남장을 하게 되었다.

이를 본 영공은 엄격한 남장 금지령을 내렸다. 그러나 궁중만은 예외여서 여전히 남장 여인들이 들끓었다.

시중은 금지령에도 불구하고 더욱 남장이 성행했다. 금지령의 효과가 없는 것을 알게 된 영공이 이게 어찌된 일이냐고 하문하자 명재상으로 유명한 안자(晏子)가 대답했다.

"대왕께서 안으로는 권장하면서 밖으로는 금지하니 이것은 곧 양머리를 문에 걸어놓고 집안에서는 개고기를 파는 것과 같습니다. 안과 밖이 다름을 백성들이 알고 있는데 누가 따라오겠습니까."

가리고 감추려면 철저히 해야지 섣불리 하면 오히려 역효과가 난다는 이야기다.

6. 상대의 거짓을 꿰뚫어보라

연왕(燕王)이 섬세한 공예품을 좋아한다는 소문을 듣고 어느 날 위(衛)나라의 자칭 공예가가 찾아가 자기의 솜씨 자랑을 했다.

"저는 나뭇가지 끝에다 원숭이 상(像)을 새기는 특별한 재주를 가지고 있습니다."

연왕은 기뻐하며 그자에게 많은 상금을 내려주었다. 하루는 연왕이 위나라 공예가에게 물었다.

"그대가 새긴 나뭇가지 끝의 원숭이를 한번 보고 싶소."

공예가가 천연덕스럽게 말했다.

"대왕께서 그것을 보시려면 반 년 동안 후궁을 멀리하고 술과 고기도 끊으며 청정한 생활을 한 후에 비가 갠 맑은 날을 택하여 햇빛 아래 그늘에서 보셔야 합니다."

이러한 금욕 생활은 연왕으로서는 도저히 감당할 수 없는 일이었다. 그래서 연왕은 공예가를 부조해 주면서도 그가 새긴 원숭이는 볼 수가 없었다.

그 때 연나라의 성 밖에 있는 마을에 철공을 업으로 하는 한 사람이 있었다. 그가 어느 날 연왕을 찾아뵙고 말했다.

"대저 섬세한 기물(器物)은 반드시 조각도(彫刻刀)로 깎고 저미어 만듭니다만 어떤 경우에도 깎이는 재료는 조각도의 끝머리보다는 크게 마련입니다. 그런데 나뭇가지의 끝은 너무나도 가늘어서 조각도의 칼끝을 쓸 여지가 없습니다. 그러니까 조각도로 새긴다는 것은 불가능합니다. 대왕께서는 그 공예가가 사용하는 조각도를 한번 보여 달라고 해 보십시오. 그렇게 하시면 그 자가 자랑하는 재주가 과연 진짜인지 가짜인지 아실 수 있을 것입니다."

연왕은 이 말을 듣자 고개를 끄덕이며 그 위나라의 공예가를 불러서 물어 보았다.

"그대는 나뭇가지 끝에 원숭이를 새길 때 도구는 무엇을 쓰는가?"

"물론 조각도를 씁니다."

"그렇다면 그것을 한번 내게 보여 달라."

"네, 잠시만 시간을 주십시오. 집으로 가서 곧 가지고 오겠습니다."

위나라의 공예가는 그렇게 말하고 물러간 뒤 다시는 돌아오지 않았다.

7. 속지 않는 지혜가 필요하다

기원전 234년, 촉나라의 제갈공명은 기산(祁山)으로 출병하여 오장원(五丈原)에 진을 치고 위군(魏軍) 대도독 사마중달(司馬仲達)의 군대와 대진했다.

당세의 전략가인 제갈공명은 이 싸움에서 마침내 진중(陣中) 병사(病死)를 하게 된다. 그는 죽음을 앞두고 미리 만들어 두었던 자신의 목상(木像)을 사륜거에 싣고 마치 그가 살아서 진두지휘를 하고 있는 것처럼 위장하여 위나라 군사들을 막으라고 유언했다.

공명의 교묘한 전술에 걸려 고전을 면치 못하고 있던 사마중달은 제갈공명의 죽음을 탐지하자 대군을 이끌고 스스로 선두에 서서 쳐들어갔다.

"적군을 쳐부술 때는 바로 지금이다!"

그러자 전방의 산모퉁이에서 촉군이 나타났다. 사마중달이 자세히 보니 선두에 달려 나오고 있는 것은 항상 공명이 즐겨 타는 사륜거이고 그 위에 단정히 앉아 있는 것은 분명 공명이 아닌가.

사마중달은 거짓 정보에 속은 줄 알고 깜짝 놀라 전군에게 퇴각 명령을 내렸다. 이것이 이른바 '죽은 제갈공명이 살아 있는 사마중달을 도망가게 했다'는 옛 고사이다.

대개 의병(擬兵)을 하는 데는 두 가지 방법이 있다. 그 한 가지는 군사가 아닌 것을 군사처럼 보이게 하는 것이고 다른 한 가지는 군사를 군사가 아닌 것처럼 꾸미는 것이다.

〈사기(史記)〉에도 '산 위에 깃발을 세워서 의병(擬兵)으로 한다'는 기록이 있으며 〈삼국지연의(三國志演義)〉에도 '성(城)을 위장하는 방법'과 '짚으로 만든 인형'의 위장술을 사용한 기록이 나온다.

〈삼국지연의〉에는 오나라 명장 여몽(呂蒙)이 촉나라 용장 관우(關羽)가 지키는 형주를 기습했을 때 쾌속선 80척의 선창에 3만 명의 군사를 장사치로 변장시켜 전승을 거둔 예가 있다.

또 춘추 시대에 진(晋)나라의 헌공(獻公)이 호국의 하양성(下陽城)을 공격했을 때 병사를 숨겨놓은 전거 100대를 보내 성을 함락시키기도 했다.

근대전에서도 위장 은폐술은 군사학의 기초 지식으로 되어 있다. 아무리 첨단 과학 병기가 발명되어도 사람의 눈을 속이는 위장술의 중요성은 예나 지금이나 다름이 없다.

8. 미소 뒤에 숨긴 칼을 경계하라

촉나라의 제갈공명과 위나라의 사마중달이 오장원에서 싸울 때의 일이다.

사마중달이 여러 번 싸움에서 패하자 보급로가 긴 촉군(蜀軍)의 불리함을 노려 철저한 지구전을 펴고 있었다.

공명이 아무리 싸움을 걸어도 중달이 진문을 굳게 닫고 좀처럼 응전하지 않았다. 공명은 생각 끝에 중달의 화를 돋우기 위해 사람을 시켜 여자 옷과 족두리를 보내 조롱했다.

'장수된 자가 겁을 집어먹고 달팽이처럼 진문에서 나오지 않으니 아녀자와 무엇이 다른가? 부끄러움을 안다면 썩 나와서 싸우라!'

사마중달은 가슴 속에서 불덩이 같은 분노가 끓어올랐으나 겉으로는 자못 여유 있게 미소를 지으며 말했다.

"공명이 나를 아녀자로 보는 모양이군. 일껏 보내준 것이니 내 받아 두지."

이렇게 말한 뒤에 사자를 후하게 대접하면서 은근히 공명의 신상에 대해 물었다.

"그래, 승상(공명)께서는 어떻게 지내시나?"

"네, 아침에 일찍 일어나서 밤늦게 주무십니다. 그런데도 식사는 조금밖에 들지 않습니다."

사자가 대답하자 중달은 빙긋이 웃으면서 생각했다.

'그렇듯 노고에 시달리면서 조금밖에 먹지 않다니 그 목숨이 어찌 오래갈까.'

과연 제갈공명은 격무에 시달려 그 후 얼마 되지 않아 병사하고 말았다. 중달은 가슴 속에 칼을 품고도 연막술로 공명의 죽음을 예견했던 것이다.

이와 같이 '정(情)'과 '뜻(意)'의 위장술을 이용하여 적의 판단을 기만하는 것을 '미소 뒤에 칼을 숨기는' 이른바 소리장도(笑裡藏刀)요, '입에는 꿀이 흐르고 배에는 칼이 든' 구밀검복(口蜜劍腹)이라고 부른다.

당나라 때의 재상 이임보(李林甫)에 대하여 〈당서(唐書)〉에 다음과 같은 기록이 나온다.

> 이임보는 재상이었다. 덕망과 공업(功業)으로 자신보다 왕의 신임을 많이 받거나 그 위세가 자신을 능가할 정도가 되면 이임보는 모든 계책을 써서 가차 없이 그를 제거했다. 때로는 좋게 말하고 혹은 감언이설로 그를 모함했다. 세상 사람들이 말하기를, '이임보는 입에는 꿀을 바르고 뱃속에는 칼을 품었다'고 했다.

9. 위장술로 상대를 안심하게 만든다

당나라 현종(玄宗)의 문약한 치세는 끝내 총비인 양귀비(楊貴妃)와 서역 출신의 안록산(安祿山)이 내통하여 반란을 일으키게 만들었다. 왕조에 반기를 든 안록산은 곧 진압되었지만 이 때부터 당나라는 쇠망의 길로 들어선다.

전국 각지의 수령이나 절도사로 임명된 자는 그 지역의 군대와 경제를 한손에 거머쥐고 있었는데 50여 곳으로 확대된 지방, 특히 장안에서 멀리 떨어진 변방의 절도사들은 저마다 각기 독립 왕국을 선언하고 나섰다.

이러한 당나라의 말기 시대에 회서(淮西) 절도사 오원제(吳元濟)도 역시 황제에 반기를 들고 중앙 정부와 대립하고 있었다. 오원제는 회서의 채주(蔡州)를 근거지로 하여 민생을 착취하고 백성들을 괴롭혔다.

이 오원제의 토벌에 나선 것이 이삭 장군이었다. 그런데 당주(唐州)에 부임한 이삭은 토벌을 포기한 듯 전란에 시달린 민생과 피폐한 민심을 수습하는 데만 골몰했다.

그 결과 그는 용감한 무장이기는커녕 그저 주민들의 비위나 맞추는 나약한 겁쟁이라는 소문이 돌았다. 이 소식은 곧 오원제에게도 전해졌다. 새로 부임해 온 이삭을 은근히 경계해 온 오원제는 그 때부터 긴장을 풀고 그를 경시하게 되었다.

"이삭은 하잘것없는 겁쟁이야!"

그러나 기실 이삭은 적을 안심시키는 위장술과 민심을 수습하는 일석이조의 묘책을 쓰고 있었다.

그는 여러 곳에서 군사들을 모아 조련시키는 한편 무예에 능한 젊은이로 부대를 보강하고 중앙 정부에 기병 2천을 요청하여 전투력을 강화하고 있었다.

또한 정략적인 내부 이간책으로 오원제 일당에 대해 유화책을 써서 이들의 귀순을 꾀하기도 했다.

이삭의 뛰어난 전술은 공격 날짜를 정하는 데서도 나타난다. 사람들은 흔히 대사나 길사를 치를 때는 모두가 황도 길일(黃道吉日)을 택하는 것이 보통이다.

그러나 이삭은 흑도 흉일(黑道凶日) 이른바 음양학으로 볼 때 도저히 아무 일도 할 수 없다는 날에 대작전을 기도한 것이다. 곧 상대의 의표를 찌르는 방법이다.

그는 10월 15일, 아침부터 서북풍이 몰아치며 폭설이 내릴 것이라는 흉일에 군사 작전을 개시, 이유 장군에게 3천 명의 돌격대를 주어서 선발대로 먼저 내보냈다.

뒤이어 후속 부대 3천과 이삭이 이끄는 중군(中軍) 3천 등 약 1만 대군은 혹한의 눈보라 속을 행군했다. 많은 군사들이 도중에 쓰러지고 낙오를 했다. 그러나 이삭은 행군을 강행하여 대군이 채주성의 성문 앞에 들이닥쳤을 때 성 안에서는 아직 새벽의 곤한 잠에 빠져 있었다.

이리하여 30여 년 동안 무자비한 횡포를 부렸던 오원제는 함거에 실려 당나라 도읍 장안으로 끌려가 참수되어 그의 머리는 성문에 효수되었다.

제11편 리더십의 비밀

제11편 리더십의 비밀

인간 관계는 욕망 대 욕망의 관계라고 할 수 있다. 그것이 서로 복잡하게 얽히고설키면서 우군이 되기도 하고 적군이 되기도 하고 좋아하기도 하고 미워하기도 한다.

여기에서 리더십이 등장한다. 작은 욕망들을 모아서 큰 뜻을 세우기도 하고, 욕망들을 조정하여 큰 힘을 만들어 내기도 한다.

1. 미끼를 잘 이용한다

제나라의 침공으로 영토의 절반을 잃은 연나라의 소왕(昭王)은 절치부심, 스스로 머리를 굽혀 널리 인재를 구하며 원수 갚을 때를 노렸다. 어느 날 소왕이 곽외에게 어떻게 하면 인재를 구할 수 있는가 물었다. 곽외가 대답했다.

"이런 얘기가 있습니다. 옛날 어떤 왕이 천금을 가지고 하루에 능히 천리를 달리는 천리마를 구하려고 했으나 3년이 지나도 구할 수가 없었습니다. 그러자 하루는 한 신하가 말하기를 '그 일은 제게 맡겨 주십시오' 하고 자청을 했습니다. 왕은 기뻐하며 그에게 천금을 내려서 천리마를 찾으러 보냈습니다. 그는 마침내 천리마가 있는 곳을 알았으나 그가 당도하기 직전에 말이 죽고 말았습니다. 그러자 그는 죽은 말의 뼈를 5

백금을 주고 사들였다고 합니다. 이 말을 들은 왕은 크게 노하여 말했습니다. '내가 원하는 것은 살아 있는 말이다. 누가 죽은 말을 5백금이나 주고 사라고 했더냐?' 그러자 그는 왕에게 이렇게 대답했다고 합니다. '잠깐만 제 말씀을 들어 주십시오. 천리마라면 죽은 말이라도 5백금으로 사는데 살아 있는 말이라면 얼마나 더 비싸게 살 것인가 하고 사람들은 생각할 것입니다. 앞으로 머지않아 천리마가 반드시 찾아올 것입니다.' 과연 얼마 후 천리마를 끌고 온 사람이 세 사람이나 있었다고 합니다. 지금 진실로 대왕께서 현사(賢士)를 구하고 싶다면 우선 저에게 사표(師表)의 예우를 해 주십시오. 저 같은 사람에 대해서 그렇게 예우를 해 주신다면 저보다 뛰어난 사람에게는 훨씬 더한 예우를 해 주실 것으로 알고 인재들이 구름같이 모여들 것입니다."

소왕은 이 말에 크게 감탄하고, 곽외를 위하여 황금대(黃金臺)라는 궁전을 세워서 그에게 사표의 예우를 했다. 이 소문이 여러 나라로 전해지자 천하의 인재들이 모두 연나라로 모여들었다.

먼저 조나라의 명장 악의(樂毅)가 찾아왔고 다음은 음양가로 이름 높은 추연(鄒衍)이 제나라에서 왔다. 또 명재상인 극신(劇辛)도 조나라에서 찾아왔다.

이리하여 소왕은 이들 인재들을 적재적소에 써서 마침내 진·초·한·위·조 등 5개국과 동맹하여 제나라를 쳐서 크게 이기고 잃었던 영토를 다시 되찾았다.

2. 본보기를 보인다

진(晋)나라 문공(文公)은 여생(呂甥)과 극예(郄芮)의 반란을 평정하고 그들을 주륙했으나 그 잔당들이 워낙 많아서 어떻게 하면 민심을 수습할 수 있을까 고심하고 있었다.

이 때 두수(頭須)가 문공을 찾아왔다. 두수는 문공의 망명 시절에 행리(行李)를 몽땅 가지고 도망치는 바람에 노자가 떨어져 문공 일행이 걸식을 하게 했던 죄인이었다.

문공이 노기 띤 어조로 말했다.

"네놈이 무슨 면목으로 과인을 찾아왔단 말이냐?"

두수가 머리를 조아리고 대답했다.

"민심을 수습할 수 있는 계책을 아뢰기 위해 목숨을 걸고 찾아왔나이다."

문공이 정색하고 물었다.

"계책을 말해 보라."

두수가 아뢰었다.

"여생과 극예의 잔당들은 자기들의 죄가 크고 무겁다는 것을 잘 알고 있습니다. 그들은 비록 주공의 대사령으로 용서를 받았지만, 마음속으로는 여러 가지로 의심하고 있습니다. 주공께서는 마땅히 그들을 안심시킬 수 있는 방법을 생각하시옵소서."

"어떻게 해야만 그들을 안심시킬 수 있겠느냐?"

"지난날 신이 주공의 행리를 훔쳐 가지고 달아났기 때문에 주공께서는 갖은 고생을 다 하셨습니다. 이 나라 백성으로서 신이 저지른 죄를 모르는 사람은 없습니다.

그러니 만일에 주공께서 궁 밖으로 외출하실 때 신으로 하여금 수레를 몰게 하시면 여생과 극예의 잔당들도 이를 보게 될 것입니다. 그들은 이를 보고 주공이 지난날의 과오를 너그러이 용서해 주시는 군주라는 걸 알게 될 것입니다. 그러면 모든 사람들이 누구나 다 의심을 풀어 버리지 않겠습니까."

"네 말이 옳다!"

문공은 그날로 두수에게 수레를 몰게 하고 성을 한 바퀴 돌았다. 그 후부터 과연 민심은 차차 수습되고 나라는 크게 안정되었다.

3. 신뢰를 미끼로 대어를 낚는다

병법가로 유명한 오기(吳起)가 위나라 하서 자사로 임명되었을 때의 일이다. 하서는 진(秦)나라와 국경을 접하고 있는 지방으로 그 국경에 진나라의 작은 성이 하나 있었다.

그곳에 착임한 오기에게는 그 성이 몹시 눈에 거슬렸을 뿐만 아니라 또한 위험한 존재이기도 했다. 오기는 북문 밖에 수레를 세워놓고 다음과 같은 포고를 붙였다.

'이 수레를 남문 밖으로 옮기는 자에게는 좋은 밭과 집을 주리라.'

수레를 옮기는 것쯤은 아주 쉬운 일임에도 구태여 큰 상을 주겠다는 것은 그 이면에 수상한 계략이 숨어 있으리라 생각하고 사람들은 아무도 그것을 옮기지 않았다.

그런데 한 사람이 그 수레를 남문 밖으로 옮겨 놓았다. 그러자 오기는 즉시 그 사람을 불러 포고한 대로 상을 주었다. 이를 보고 사람들은 공연히 의심했던 것을 후회했다.

이어서 오기는 한 섬의 옥수수를 동문 밖에 놓고 또 포고를 내렸다.

'이것을 서문 밖으로 옮기는 자에게는 지난번과 같은 상을 주리라.'

사람들은 다투어 옥수수를 서문 밖으로 옮겼다. 이것을 본 오기는 일일이 상을 준 다음 모든 주에 걸쳐 다음과 같은 포고를 내려 군사를 모집했다.

'내일 진나라의 성을 공격한다. 선두를 달리는 자는 현령에 임명하고 최상의 밭과 집을 하사한다.'

사람들은 다투어 모병에 응했다.

마침내 오기는 새로이 모집한 군사들과 함께 눈엣가시 같은 국경성을 쳐서 삽시간에 이를 빼앗았다.

이와 같이 오기는 신뢰를 미끼로 팔아서 목적을 이루었는데 그 전에는 신뢰를 내걸고 스스로 미끼가 되어 팔린 적도 있었다. 그것은 오기가 노나라의 왕을 섬기고 있을 때의 일이다.

제나라가 노나라를 치려고 하자 노나라에서는 오기를 장군으로 삼아 제나라 군사를 막으려고 했다. 그러나 오기의 아내가 제나라의 여자였기 때문에 제나라와 내통하지 않을까 의심하는 자가 많았다. 오기는 신뢰를 보이기 위해 아내를 죽여 제나라와는 아무런 상관도 없음을 분명히 했다.

노나라의 왕은 오기를 믿고 기용하여 제나라 군대를 크게 격파했다. 신뢰를 얻기 위하여 아내를 죽일 만큼 그는 공명심이 대단한 사람이었다. 그러나 이것이 나중에는 그로 하여금 천하에 발붙일 곳이 없게 만들었다.

4. 상대의 원수를 미끼로 삼는다

전국 시대 말기의 일이다. 연나라 태자 단(丹)은 일찍이 조나라에 볼모로 가 있었다. 그 때 조나라에서 태어난 진왕의 아들 정(政)은 어렸을 때 단과 소꿉놀이 친구가 되었다.

정이 진왕으로 즉위하자 단은 진나라에 볼모로 갔다. 진왕 정은 어릴 적 친구인데 태자 단을 푸대접했다. 단은 한을 품고 도망쳐 와 보복할

날만 기다리고 있었다.

그 때 진나라 장군 번오기가 죄를 짓고 연나라로 도망쳐 왔다. 진나라에서는 그를 잡는 자에게 황금 천냥에 1만호를 주겠다는 방을 내붙였다. 그러나 태자 단은 그를 받아들여 집에 숨겨 주었다.

한편 단은 위(衛)나라 사람 형가(荊軻)를 진나라에 자객으로 보내어 진왕을 죽이려고 했다. 그러나 의심 많은 진왕에게 접근하는 것이 문제였다. 진왕의 의심을 풀어 신뢰를 얻기 위해 진왕과 원수 사이가 된 번오기 장군의 목과 진왕에게 바치겠다는 땅의 지도가 필요했다.

단이 번오기를 죽일 수 없어 주저하자 형가가 찾아가 말했다.

"진왕을 죽여 원수를 갚고 천하를 편안케 하려 하는데 그의 의심을 풀 방법이 없습니다. 이를 어찌하면 좋겠습니까?"

번오기는 형가의 말뜻을 얼른 알아들었다. 더욱이 그 또한 이를 갈며 진왕을 원망하고 있던 터였다.

"좋소, 내 목을 가져가시오."

번오기는 말을 마치자 스스로 목을 찔러 죽었다.

이리하여 번오기의 목과 지도를 지니고 진나라를 향해 떠나는 형가는 역수(易水) 강변에서 태자 단과 이별하며 매우 감동적인 유명한 시 한 편을 남겼다.

    바람은 쓸쓸히 불고 역수는 차구나
    대장부 한번 떠나면 다시 오지 못하리

한 자루 비수를 가슴에 품고 자객이 되어 진왕을 죽이러 떠난 형가는 간발의 차이로 진왕의 암살이 실패로 돌아가 오히려 참혹한 죽임을 당했다.

진왕은 크게 노하여 대군을 일으켜 연나라를 치게 하니 연왕 희는 부득이 사랑하는 태자 단의 목을 베어 진왕에게 바치고 사과했다. 이로써 양국은 얼마 동안 평화를 되찾았으나 그 후 3년이 지나자 진왕은 다시 연나라를 쳐서 이를 멸망시켜 버리고 말았다.

일의 성패 여부는 논외로 하고 진왕이 이를 갈며 찾고 있는 번오기의 목을 바쳐 진왕의 신임을 얻으려고 한 것이나 연왕이 사랑하는 태자의 목을 바쳐 나라를 지키려고 한 것도 모두 원수를 미끼로 한 것이다.

5. 은혜를 미끼로 한다

한나라 고조 유방(劉邦)이 초나라 항우(項羽)를 멸하고 천하를 통일한 뒤 나라의 공신에 대한 논공행상이 있었다.

그런데 유방이 평소에 좋아하는 사람에게는 후한 상을 주고 미워하는 사람에게는 상을 내리지 않았다. 그러자 군신들 사이에 불안과 불만이 고조되고 더러는 모반을 꾀하는 등 불온한 분위기가 감돌았다.

고조는 이를 우려한 끝에 장량에게 대책을 물었다.

"폐하께서 평소에 미워하는 인물로 군신들도 모두 그것을 알고 있는 옹치(雍齒)가 있지 않습니까. 만일 그를 제후에 봉한다면 군신들도 조용해질 것입니다."

그리하여 고조가 군신들을 모아 놓고 주연을 벌인 자리에서 옹치를 십방후(什方侯)로 봉하자 군신들은 비로소 잠잠해졌다.

고조는 옹치를 미끼로 하여 '원수에 보답하기를 덕으로 한다(怨報以德)'는 것을 효과적으로 연출함으로써 군신들의 불만을 쉽게 가라앉혔던 것이다.

6. 은의(恩義)를 산다

 맹상군(孟嘗君)이 제나라 재상으로 있을 때의 일이다. 어느 날 식객들에게 그의 영지인 설(薛) 땅에 가서 빌려준 돈을 거두어 올 사람을 구했다.
 그러자 풍환(馮驩)이라는 자가 나서서 자기가 그 일을 해 보겠다고 자청했다. 맹상군은 기꺼이 그를 설 땅으로 보냈다.
 그런데 풍환은 설 땅에 가자 받을 만한 것만 받은 후에 마을 사람들을 모아 놓고 상환 능력이 없는 사람들의 차용 증서를 모두 모아 그들이 보는 앞에서 불태워 없애버렸다.
 기뻐하는 마을 사람들의 환호성을 뒤로 들으며 풍환은 맹상군에게 돌아왔다. 이 말을 들은 맹상군이 크게 꾸짖자 풍환은 태연히 대답했다.
 "받을 수도 없는 차용 증서만 가지고 있으면 무얼 합니까. 그 대신 저는 은의(恩義)를 사 온 것입니다."
 은의를 사 왔다는 것은 차용 증서를 태워 버림으로써 그 곳 사람들에게 은혜를 베풀어 후일에 그 은혜에 대한 보답을 받게 한다는 뜻이다. 맹상군은 마음속으로 언짢았으나 그 이상 풍환을 힐책하지는 않았다.
 얼마 후 맹상군이 실각해서 자기의 영지인 설 땅으로 돌아가자 늙은이와 어린이 할 것 없이 모두 마중 나와 그를 반겼다.
 맹상군이 풍환에게 말했다.
 "선생이 나를 위하여 은의를 사준 까닭을 오늘에야 알겠소."
 풍환이 대답했다.
 "영리한 토끼가 죽음을 면하고 살아가기 위해서는 세 개의 구멍이 있어야 합니다. 그런데 귀공에게는 구멍이 아직 하나밖에 없습니다. 베개를 높이 하고 주무실 수는 없는 형편이니 나머지 두 구멍을 파 드리겠습니다."

이리하여 풍환은 위(魏)나라 혜왕(惠王)을 설득하여 맹상군을 위나라의 재상으로 초청하게 일을 꾸몄다. 이를 눈치 챈 제나라 왕은 예를 갖추어 사과하고 맹상군을 다시 기용했다. 이것이 제2의 구멍이었다.
　풍환은 다시 또 맹상군을 설득하여 그의 영지인 설 땅에 조상을 위한 종묘를 세우게 했다. 그 때문에 동족인 제나라 왕은 설 땅을 넘볼 수 없게 되었다.
　이것이 유명한 '교토삼굴(狡兎三窟)'이라고 하는 고사이다. 즉, 영리한 토끼에게는 굴이 3개 있다는 비유이다.

7. 신의로 치고 힘으로 잡는다

　진나라 문공(文公)이 원(原)이라는 곳을 칠 때 군사들에게 7일 안에 성을 함락시키겠다고 약속했다. 그러나 7일이 지나도 성이 떨어지지 않자 군사들에게 철수 명령을 내렸다.
　그 때 적정(敵情)을 탐지하러 갔던 첩자가 돌아와서 문공에게 보고했다.
　"원이 지금 곧 항복을 하려 합니다."
　그러자 막료 장수들은 모두 원이 항복할 때까지 기다리자고 했다. 그러나 문공은 끝내 군대를 거두었다.
　"신의야말로 나라의 보배이다. 원을 얻자고 나라의 보배를 잃어서는 안 된다."
　다음 해에 문공은 다시 군대를 일으키며 이번에는 반드시 원을 쳐서 깨뜨리겠다고 맹세했다. 원의 군사들은 그 말을 듣고 모두 항복하고 말았다.
　"문공은 약속을 지키는 사람이다. 그가 반드시 우리 원을 쳐서 깨뜨리겠다고 맹세했다면 꼭 그렇게 하고야 말 것이다."

또 위나라도 그 소식을 전해 듣고 문공은 반드시 신의를 지키는 사람이라 하여 마침내 귀속했다. 흔히 '원을 공격하여 위를 얻었다'는 말은 이를 두고 하는 말이다.

8. 사람을 알아보는 눈을 가져야

한고조 유방이 아직 진나라의 시골 패현(沛縣)에서 정장(亭長)이라는 말단 관리였을 때의 일이다.

이 때 여공(呂公)이라는 대신이 잠시 패현으로 피접을 온 일이 있었다. 이 대신을 접대하기 위해 패현 현감은 부하 관리들에게 금 1천 냥씩의 헌금을 가지고 연석에 참여토록 했다.

말단 관리 유방에게 그런 큰 돈이 있을 턱이 없었다. 그러나 그는 배짱 좋게도 헌금 1만 냥을 헌납하겠다는 어음을 내고 참석했다.

이 같은 유방의 두둑한 배짱에 감동한 여공은 유방을 가까이 불러들였다. 아무 거리낌 없이 호탕하게 술을 마시는 그의 인품에 반한 여공은 돈은 고사하고 자기 딸을 받아 달라고 간청했다.

"저에게는 이미 조강지처가 있습니다."

유방은 이렇게 숨김없이 말했다.

"상관없소. 당신의 인품을 보니 내 딸이 당신의 뒷바라지만이라도 할 수 있다면 다행이오."

여공은 떠맡기다시피 자기 딸을 맡겼다. 이렇게 해서 유방의 아내가 된 이 여자가 바로 후일의 여태후였다.

그 후 여 씨(呂氏) 부인은 유방이 시골 정장으로 있는 3년 동안에는 첩의 신세로 농촌에서 논밭 일을 돌보는 일개 아녀자에 불과했다. 그 후 유방은 거병하여 3년 만에 한나라의 왕좌에 오르고 4년 후에는 항우를 물리치고 한(漢)의 황제가 된다.

수년 전의 여 씨 부인은 마침내 첫째 부인 조 씨(曹氏)를 몰아내고 황후가 되었다. 실로 그 아버지에 그 딸이라 아니할 수 없다.

9. 뚜렷한 대의명분을 세운다

주나라 무왕(武王)이 은나라 주왕(紂王)을 쳐부수어 왕국을 교체한 것은 노예제 사회가 종말을 고하고 새로운 봉건 군주 사회로 바뀌었다는 역사적인 의미가 있다.

주왕이 학정을 자행하고 음탕한 짓을 했기 때문에 천명(天命)에 의해 무왕이 역성혁명(易姓革命)을 했다는 것은 주나라를 찬미하기 위한 공자 일파의 도의론(道義論)에 불과한 것이다.

황하의 서쪽 오지에 있던 주나라에 별다른 문화가 있었던 것도 아니고 더구나 예절 같은 것이 있을 리 만무했다. 그 당시에 가장 필요했던 것은 승리이고 실리였다.

마침내 은나라를 치려는 단계에 이르자 무왕은 태공망(太公望) 여상(呂尙)에게 최후의 다짐을 하며 물었다.

"첫째는 확실하게 이긴다는 보장이 있어야 하고 둘째는 출진의 점을 치지 않아도 길(吉)하다는 보장이 있어야 하며 셋째는 우리 군대 이외의 백성들과 다른 제후들이 우리에게 협력해 준다는 보장이 있어야 하오."

그야말로 유치하리만큼 우유부단한 무왕이었다. 그러나 그 당시의 무왕은 일개 제후로서 왕권에 도전하는 것이니 만약에 실패하는 날에는 역적으로 몰려 삼족이 결딴나는 판이다.

태공망이 서슴지 않고 대답했다.

"그러니까 대왕께서는 의로운 군대를 일으켜 무도한 왕을 친다는 대의명분을 내세우셔야 합니다. 일월같이 뚜렷한 명분이 있으니 싸움은 이긴 것이나 다름없고 현자가 우자를 응징하는 싸움이니 점을 칠 필요도 없으며 필승에 대길(大吉)이니 백성들과 다른 제후들도 틀림없이 대왕을 도울 것입니다."

이리하여 무왕은 은나라를 멸하고 주 왕조를 세우게 되었다.

10. 희생의 제물로 본보기를 삼는다

사마양저가 제나라 경공(景公)에게 초빙되어 장군으로 임명되었을 때의 일이다. 그는 경공에게 한 가지 부탁을 했다.

"저는 본시 한낱 미천한 평민 출신으로 이제 비록 장군이 되었으나 사졸들이 심복하지 않을까 두렵습니다. 이래서는 기강을 세우고 군기를 바로잡을 수 없으니 주군의 총신 가운데 사람들의 존경을 받는 인물을 골라 그로 하여금 군사들을 감독하게 해 주십시오."

경공은 이 말을 듣고 곧 장가(莊賈)를 파견했다.

경공에게 작별을 고한 사마양저는 장가에게 '내일 정오에 영문(營門) 앞에서 만납시다'라고 약속을 했다.

그런데 이튿날 장가가 찾아온 것은 그보다 훨씬 늦은 저녁 무렵이었다. 사마양저가 늦은 이유를 묻자 장가는 이렇게 변명했다.

"대부와 친척들이 송별연을 베풀어 주어 늦었소이다."

이 말을 들은 사마양저는 대로하여 말했다.

"장수된 자는 마땅히 임명을 받은 날로부터 가사(家事)를 잊어야 하고 전장에서 진고(陣鼓)를 두들길 때는 자기의 일신을 잊어야 한다. 지금 적이 영내에 깊이 들어와 나라는 소란스럽고 대왕께서는 식음이 편치 않은 터에 한가하게 송별연이나 받으며 군율을 어기다니 이는 용서할 수 없다."

그리고 즉시 군법에 따라 장가의 목을 베어 전군에 본보기로 삼았다.

사졸들은 간담이 서늘했다. 그 후로는 군의 기강이 서고 위세가 높아져 진·위 두 나라 군사를 쳐서 크게 이겼다.

이 이야기는 〈사마병법(司馬兵法)〉의 저자이기도 한 제나라의 명장 사마양저의 젊은 날 이야기이다.

한나라 초기의 명장 한신이 장군에 임명되었을 때도 사마양저와 같은 방법으로 은개(殷蓋)를 참하여 '신상필벌(信賞必罰)'의 기강을 세웠다.

손자도 오왕으로부터 궁전 안의 궁녀에 대한 군사 훈련을 위촉받았을 때 오왕의 두 총비를 참함으로써 180명의 '미녀 부대(美女部隊)'를 성공적으로 조직하여 용병술을 인정받았다. 이런 예는 모두 '미끼'를 이용한 좋은 예이다.

삼국 시대의 위·오·촉 세 나라가 다투던 때 '읍참마속(泣斬馬謖)'의 고사도 널리 알려진 이야기이다.

제갈공명이 눈물을 머금고 군령을 위반하여 가정(街亭) 전투에서 대패한 애장(愛將) 마속을 참한 것도 신상필벌의 군율을 위한 것이었다.

중국에는 '정리(情理)'라는 말이 있다. 제갈공명은 군법, 즉 리(理)에 의하여 사랑하는 장군을 참했으나 그 때 눈물을 흘린 것은 '정'이었다. 그것이 진정이냐 아니냐의 여부는 고사하고 정을 보이지 않으면 또한 부하를 신복시킬 수 없는 것도 사실이다.

11. 큰 것을 얻으려면 작은 것을 버린다

조조(曹操)가 원소(袁紹)와 싸워 전승을 거두고 빼앗은 금보(金寶)와 비단을 모두 내어 장수와 군사들에게 상으로 준 다음에 서류함 가운데서 서신 한 묶음을 찾아내었다.

그런데 뜻밖에도 그것은 자기 군중에 있는 여러 사람들이 몰래 원소와 주고받은 글이었다.

이를 보고 좌우에서 말했다.

"일일이 성명을 밝혀서 잡아 죽이도록 하십시오."

"원소의 세력이 원체 커서 나도 이길 것을 기약하지 못했는데 하물며 다른 사람들이야 일러 무엇 하랴."

조조는 더 살펴보려 하지 않고 그대로 불에 태워 일체 불문(不問)에 붙였다. 이를 본 사람들은 모두 조조의 대범함에 감탄하여 심복하는 자가 많았다.

12. 인정을 쓸 때는 써야 한다

조조가 원담의 군대를 치기 위해 남피(南皮)에 이르렀을 때였다. 날은 혹독하게 춥고 물길은 모두 얼어서 군량을 실은 배가 움직이지 못했다.

조조는 그 곳 백성들에게 영을 내려 얼음을 깨뜨리고 배를 끌게 했다. 그러나 백성들이 영을 듣자 모두 달아났다. 조조는 크게 노하여 모조리 잡아다 목을 베려고 했다.

백성들이 그 소문을 전해 듣고 모두 두려워서 자수하고 조조에게 용서를 빌었다.

조조가 말했다.

"내가 너희들을 죽이지 않으면 내 명령이 서지 않을 것이요 그렇다고 내가 너희들을 죽인다면 이 또한 너무도 잔혹한 일이니 너희들은 이 길로 빨리 산 속으로 깊이 들어가 숨어서 내 군사들에게 붙잡히지 않도록 하라."

이 말을 듣고 백성들이 감격하여 모두 눈물을 줄줄이 흘리며 나갔다.

제12편 이해득실의 계산

제12편 이해득실의 계산

중국 사람은 흔히 이렇게 말한다.
"돈만 있으면 도깨비에게 맷돌을 돌리게 할 수 있다."
프랑스 사람은 이렇게 말한다.
"돈은 웅변보다 낫다."
일본 사람은 이렇게 말한다.
"지옥의 형편도 돈 나름이다."
한편 손자는 이렇게 말했다.
"이익으로 사람을 움직이고 거짓으로 사람을 대한다."
즉, 이익으로 적을 유인하고 그 이면을 노려서 이를 공격하라는 것이다. 요컨대 이익은 중요한 것이며 인간은 이익으로 움직인다. 그래서 이익을 미끼로 한 술수와 농간이 판을 치게 된다.

1. 남을 도와줄 때는 최대한 생색을 내라

오랑캐의 침략을 받은 형(邢)나라가 제나라 환공(桓公)에게 구원을 청했다. 이에 환공이 송·조 두 나라 군대와 함께 형나라를 구하기 위해 섭북 땅에 이르렀을 때였다.
관중(管仲)이 환공에게 가만히 아뢰었다.

"비록 오랑캐의 군력(軍力)이 강성하지만 형나라도 아직까지는 힘이 있습니다. 오랑캐의 군력이 클수록 우리도 싸우기에 힘이 들 것이며 아직도 힘이 있는 형나라를 도와봤자 나중에 우리의 공로는 과소평가될 것입니다. 앞으로 형나라는 틀림없이 오랑캐에게 무너질 것입니다. 또 적이 처음에 형나라를 이기면 반드시 피로해질 것입니다. 그때에 죽어가는 형나라를 돕고 지칠 대로 지친 적군을 치면 우리는 크게 힘들이지 않고도 많은 공을 세울 수 있을 것입니다."

"묘계로군."

환공은 관중의 계책에 따라 군대를 움직이지 않고 관망만 하고 있었다. 과연 형나라는 오랑캐에게 도성이 함락되고 형나라 임금 숙안(叔顔)은 단신으로 환공의 영채로 도망을 와 대성통곡하며 살려 달라고 했다.

그제야 환공은 군대를 거느리고 오랑캐를 치려고 갔으나 그 사이에 마음껏 노략질과 약탈을 한 오랑캐는 사방에다 불을 지르고 북쪽을 향해 달아나고 말았다. 그리하여 환공은 별로 힘도 들이지 않고 크게 생색만 내었다.

2. 무력보다는 돈의 힘이 더 크다

천하의 책사들이 조나라에 모여 합종책(合縱策: 강국 진나라를 제외한 여섯 제후국이 동맹하여 진나라를 치자는 정책)으로 진(秦)나라를 공략할 의논을 하고 있을 때였다. 진나라 재상 범수(范雎: 또는 범저[范雎]라고도 함)가 소양왕(昭襄王)에게 말했다.

"대왕께서는 조금도 염려하실 것 없습니다. 그들의 합종책을 곧 중지시키고 말겠습니다. 우리 진나라는 그들 책사들에게 하등의 원한을 산 일이 없습니다. 그럼에도 불구하고 저들이 모여서 우리를 치려는 것은 모두가 자기들의 입신출세를 위해서입니다. 저 개들을 보십시오. 누워 있는 놈은 누워 있고 일어서 있는 놈은 일어서 있으며 걷는 놈은 걷고 웅크리고 있는 놈은 또 가만히 웅크리고 있습니다. 그런데 거기에 뼈다귀 한 개만 던져 보십시오. 저들은 순식간에 서로 덤벼들어 물어뜯기 시작할 것입니다."

"경의 말이 옳다. 경의 뜻대로 하라."

왕이 얼굴을 펴며 말했다.

범수는 곧 사람을 시켜서 수천 금을 수레에 싣고 조나라의 무안(武安)으로 보내 그곳에서 성대한 주연을 베풀고 책사들을 접대하라고 했다. 떠나기에 앞서 범수는 이렇게 귀띔을 해 주었다.

"책사들 중에서 누가 돈을 구하러 올지는 모르지만 진나라를 치자고 주장한 자에게는 돈을 주어서는 안 된다. 다만 그대가 진나라를 위해서 주어도 좋겠다고 생각되는 사람에게는 아낌없이 주라."

과연 수레가 무안에 도착하여 채 3천 금을 뿌리기도 전에 책사들은 돈을 탐내어 서로 각축을 벌이느라 진나라를 치는 일은 그만 흐지부지되고 말았다.

이와 같이 적을 공략하는 데에는 무력에 의한 방법보다도 이익을 미끼로 한 이해득실의 술책이 더 효과적일 때도 있는 것이다.

3. 뇌물로 환심을 산다

위(魏)나라의 서문표(西門豹)는 업(鄴)이라는 곳의 태수로 임명되었으나 청렴결백하여 사리(私利)를 도모하지 않고 고위 인사들에게 뇌물도 바치지 않아 조정에서는 모두 그를 미워했다.

1년이 지나서 서문표가 지방의 일을 보고하러 조정에 오자 문후(文侯)는 그의 관인(官印)을 몰수하고 관직을 해임하려고 했다. 그러자 서문표는 무릎을 꿇고 호소했다.

"신은 지금까지 업을 다스리는 요령을 잘 몰랐는데 이제야 그 요령을 알 것 같습니다. 바라건대 한 번만 더 기회를 주시어 업을 다스리게 해 주십시오. 만일에 잘 다스리지 못하면 그 때는 사죄(死罪)라도 달게 받겠습니다."

문후는 그의 말을 듣자 측은한 생각이 들어 다시 관인을 내주었다.

그 후 서문표는 백성들로부터 무거운 세금을 거둬들이고 고혈을 착취하여 부지런히 근신들에게 뇌물을 바쳤다. 1년이 지나서 다시 행정 보고를 위하여 조정에 나가자 이번에는 문후도 마중을 나와서 정중하게 대우했다.

그러자 서문표는 자못 비감한 어조로 말했다.

"지난해에 저는 대왕을 위해 업을 다스렸습니다만 대왕께서는 저의 관인을 몰수하셨습니다. 그래서 이번에는 대왕의 근신들을 위해 업을 다스렸더니 대왕께서는 저를 칭찬하셨습니다. 이렇게 해서는 결코 지방을 다스릴 수 없습니다."

말을 마치자 그는 관인을 스스로 내놓고 사직하려 했다. 당황한 문후가 관인을 돌려주며 말했다.

"나는 지금까지 그대를 알지 못했으나 이제야 비로소 알았으니 이번에는 부디 나를 위하여 업을 다스려 주오."

그러나 서문표는 끝내 듣지 않고 총총히 물러나왔다.

유능한 사람이 반드시 재능을 인정받는다고 할 수 없다. 오히려 유능하기 때문에 경쟁자들의 질투를 사고 화를 입는 경우가 종종 있다.

오직 간부진이나 그 측근에게 아첨이나 하고 뇌물이나 바치는 사람이 성실하게 일하는 사람보다 더 출세하는 경우가 적지 않다. 출세는 능력만으로 되는 것도 아니고 또 성의만으로 되는 것도 아닌 모양이다.

4. 이익이 용기를 분발케 한다

위나라 문후 때 한 지방의 태수가 백성들에게 활쏘기를 장려하기 위해 다음과 같은 포고를 내렸다.

"소송이 애매하여 판결을 내리기가 어려운 경우에는 쌍방에게 활쏘기를 시켜 과녁을 적중시킨 자를 소송에 이긴 것으로 하고 맞히지 못한 자를 진 것으로 한다."

이러한 포고가 나붙자 모두들 활쏘기를 배우느라 여념이 없었다. 얼마 후에 진나라와 전쟁이 일어났을 때 적을 가장 많이 무찌른 것은 이 지방 사람들이었다. 모두들 활쏘기에 능했기 때문이었다.

대개의 경우 장려술이라는 것은 장려의 목적을 분명히 밝히는 것이 보통인데 그것만으로는 사람들이 잘 움직여 주지 않는다.

직접적으로나 혹은 간접적으로 그 당사자들에게 이익이 되게 하면 사람들은 거기에 따라 움직이게 마련이다. 〈한비자〉는 이 점에 대해서 이렇게 쓰고 있다.

"뱀장어는 뱀을 닮았으며 누에는 감자벌레와 비슷하다. 사람은 뱀을 보면 놀라고 감자벌레를 보면 징그럽게 여기지만 어부는 뱀장어를 손으로 잡고 여자들은 누에를 손으로 만진다. 만일 자기에게 이익이 있다면 사람은 누구나 천하 맹장인 위나라의 맹분(孟賁)이나 오나라의 전제(傳諸)와 같은 용기를 내는 법이다."

5. 상대방에게 맞는 미끼를 쓰라

초나라가 대군을 이끌고 제나라를 침공했을 때였다. 제나라의 위왕(威王)은 순우곤(筍于髡)을 사절로 조나라에 보내어 원군을 요청하기 위해 황금 일백 근과 사두마차 열 승을 선물로 내주었다.

그러자 순우곤이 하늘을 쳐다보며 크게 웃었다.

"선생은 왜 웃으시오?"

"…."

"혹시 선물이 적다고 그러는 거요?"

그제야 순우곤이 정색하고 말했다.

"방금 제가 이리 올 때 길가에서 풍작을 비는 사람을 만났습니다. 돼지 다리 한 개와 술 한 병을 차려놓고 '오곡이 무르익어 열매를 맺고 집안에 곡식이 가득 차도록 해 주십사' 하고 빌었습니다. 차려놓은 음식은 인색한데 바라는 것은 매우 컸습니다. 그것이 생각나서 웃었습니다."

위왕은 그제야 깨닫고 황금 일천 일, 질 좋은 무명 열 패, 사두마차 일백 승으로 선물을 늘여 주었다.

순우곤이 조나라로 가서 선물을 바치고 원병을 청하자 조왕은 선물이 많은 것을 기뻐하며 정예 군사 십만과 전거 일천 대를 제공했다. 초나라는 이 소식을 듣고 밤사이에 군대를 철수시켰다.

태공망(太公望)이 낚시하는 법에 의하면, '작은 고기는 작은 미끼로 낚고 큰 고기는 큰 미끼로 낚는 것이 원칙이다. 낚싯밥이 너무 적으면 대어(大魚)는 쳐다보지도 않는다. 가령 대어가 어쩌다 입질을 해도 낚싯줄만 끊어지기 십상이다.'

'돈의 끝장은 인연의 끝장'이라는 말은 바로 이를 두고 한 말이다.

6. 상대가 심약해졌을 때를 노린다

한(韓)나라의 재상 장견(張譴)이 병석에 누워 위중해졌을 때 무정(無正)이 금 서른 냥을 품에 넣고 병문안을 갔다.

한 달이 지난 뒤 한왕이 친히 장견의 병문안을 가서 물었다.

"만약의 경우 누구를 후임으로 하면 좋겠소?"

장견이 대답했다.

"무정은 법을 존중하고 윗사람을 섬길 줄 아는 사람입니다. 공자 식아(食我)가 비록 민심을 잘 살피는 사람이기는 하나 그에는 미치지 못합니다."

그리하여 장견이 죽자 한왕은 장견의 의견에 따라 무정을 재상으로 임명했다.

장견의 뒤를 잇게 될 한나라의 재상 후보인 무정과 식아는 서로 경쟁하는 관계였다. 그러나 그 승리는 금 서른 냥을 품에 넣고 병문안을 간 무정에게로 돌아갔다.

죽음을 눈앞에 두고 한껏 심약해진 외로운 장견에게는 무정의 마음씀씀이가 참으로 고마웠을 것이다.

그리고 한왕도 장견의 말대로 민심을 잘 살피는 식아보다도 법을 존중하고 윗사람을 섬길 줄 아는 무정을 재상으로 삼는 것이 자기에게 이롭다고 생각했다.

7. 끈질긴 집념이 필요하다

기원전 1세기경 한나라 무제(武帝)가 등극한 뒤의 일이다. 무제는 대제국을 건설하기 위해 처음으로 서역 경략(西域經略)을 편 사람이다. 이 무제의 건원 연간에 낭관으로 뽑힌 장건은 이른바 서역으로 통하는 실크 로드를 개척한 최초의 인물이다.

어느 날 서역의 흉노족으로부터 밀파된 자가 무제에게 고했다.

"지금 서역에서는 흉노가 월씨족(月氏族)을 쳐서, 그 월씨족 왕의 두개골을 술잔으로 만들어 쓰는 만행을 저지르고 있습니다. 그래서 월씨국의 유민들은 함께 힘을 합쳐 흉노를 칠 나라를 찾고 있습니다."

무제는 이 기회에 서북의 흉노를 멸망시킬 뜻을 품고 월씨족과 연락을 취하기로 했다. 그러나 월씨국은 흉노보다 더 서쪽에 있어 흉노가 지배하는 땅을 통과해야만 월씨국으로 갈 수 있었다. 이 위험을 무릅써야 하는 모험을 지망하여 뽑힌 사람이 곧 장건이었다.

준비가 갖추어지자 장건은 감부(甘父)라는 안내인과 1백여 명의 부하를 거느리고 농서를 출발했다. 그러나 장건은 흉노 지역을 통과하다가 일행과 함께 잡혀 족장 선우(單于)에게 끌려가 10년간이나 억류를 당했다.

10년 후에야 그는 겨우 흉노를 탈출하여 월씨국으로 갔다. 서쪽으로 수십 일을 가 마침내 월씨국의 대하(大夏)에 도착했다. 그러나 월씨국과 한나라와는 거리가 너무 멀어 흉노를 치는 공수 동맹(攻守同盟)을 맺기가 쉽지 않아 1년 이상이나 더 체류하면서 노력했으나 끝내 무위로 돌아가고 말았다. 서로 실익이 없기 때문이었다.

장건은 곤륜산맥의 타림 분지를 따라 귀국하다가 다시 흉노에게 잡혔으나 마침 선우가 죽고 내란이 일어난 틈을 타서 13년 만에 한나라로 도망쳐 왔다. 안내인으로 함께 간 감부와 함께 오직 두 사람만 돌아왔을 뿐이었다.

이 장건의 서역행은 그야말로 끈질긴 집념이 없이는 불가능한 일이었다. 비록 그것이 실패로 끝나기는 했지만 수없는 죽음의 고비를 넘기며 여러 해 동안 고생을 했다. 오로지 목적 수행을 위한 집념 하나로 버틴 것은 대단한 일이다.

8. 돈으로 내부를 교란시킨다

기원전 237년, 양(梁)나라의 위료(尉繚)가 진나라로 유세를 와서 진왕 정(政)에게 말했다.

"강국 진나라의 힘에 비하면 여타 제후국들의 힘은 진나라의 일개 군현에 불과할 정도로 미약한 것입니다. 그러나 그 제후들이 연합하여 기습을 한다면 이는 실로 감당하기 어려울 것입니다. 하오니 대왕께서는 재물을 아끼지 마시고 제후의 중신들에게 뿌려서 합종(合從)의 책모를 흩으려 놓으십시오. 그 돈은 불과 삼십만 금이면 족할 것이며 그렇게 하면 모든 제후들은 오래지 않아 멸망할 것입니다."

"옳은 말이로다."

진왕은 크게 기뻐하며 위료에게 그 의복과 음식을 자기와 같게 대접해 주고 기거도 자기와 함께 하면서 종일토록 천하 통일의 비책을 강구했다.

그러나 막상 위료는 혼자 탄식하며 말했다.

"진왕은 코가 높고 눈이 가늘며 독수리처럼 가슴이 튀어나오고 이리와 같은 음성을 가졌으며 잔인하기는 호랑(虎狼)과도 같다. 그는 곤궁할 때는 스스로 굽히지만 강대해지면 사람을 업신여길 것이다. 나는 일개 평민인데도 진왕은 항상 내게 공손한 체하지만 만약 진왕이 천하를 얻게 되면 천하의 사람들은 모두 진왕의 노예가 되고 말 것이다. 그는 결코 오래 섬길 인물이 아니다."

그래서 그는 진나라를 탈출하려고 했으나 실패하고 말았다. 진왕은 위료를 붙들어 놓고 군사 최고 장관인 태위(太尉)로 임명하여 그의 지혜를 이사(李斯)로 하여금 실행케 했다.

이리하여 마침내 진왕 28년에 진나라는 천하를 통일하고 진왕은 시황제(始皇帝)라 칭하게 되었다.

적의 내부 교란책에 관해서 육도삼략(六韜三略)의 〈육도〉에 다음과 같은 12가지 방법이 소개되어 있다.

1. 적장의 기호를 조장하고 오만케 하여 그 허점을 찌른다.
2. 적장의 측근들을 포섭 회유한다.
3. 적장과 그 측근들을 은밀히 매수한다.
4. 적장에게 보화와 미인을 보내어 음탕과 사치에 빠지도록 한다.
5. 적의 사자를 회유하여 적에 대한 책모를 꾸민다.
6. 적의 내부를 이간시켜 내외가 호응하도록 한다.
7. 적의 심복을 매수하여 정치를 태만케 하고 적국을 피폐케 한다.
8. 배반자를 포섭하여 후한 녹(祿)으로 미끼를 삼는다.
9. 적장을 오만하게 만들어서 주위의 미움을 사게 한다.
10. 적국의 심부(深部)를 파고들어 자멸을 기다린다.
11. 도당의 조직망을 종횡으로 펴서 적국을 얽는다.
12. 적국의 난신들을 돕고 미녀와 교섭하게 하여 현혹시킨다.

이 책은 내부 교란의 책모를 쓴 것으로 '악마의 성서(聖書)'라고도 부르는 권모술수의 원전이다.

9. 상대를 안심시킨다

조조에게 패하고 요동으로 도망간 원소의 아들 원희(袁熙)와 원상(袁尙) 형제가 서로 돌아보며 가만히 의논했다.
"요동 군사들이 수만 명이나 되니 그만하면 조조와 한번 싸워볼 만하다. 이제 잠시 몸을 의탁하고 있다가 태수를 죽이고 땅을 빼앗아 기력을 양성한 다음에 중원을 막으면 가히 호북(湖北)을 회복할 수 있을 것이다."

의논이 정해지자 형제는 성으로 들어가서 요동 태수 공손강(公孫康)과 서로 보기를 청했다. 그러나 공손강은 그들을 관역에 모셔 둔 채 병이라 칭탁하고 곧 만나보려 하지 않았다.

이윽고 공손강이 보낸 첩자가 돌아오자 불러들여 물어보니 조조는 지금 역주에 둔치고 있는데 요동으로 쳐내려올 기미는 조금도 보이지 않는다고 보고했다.

조조의 군사가 쳐들어올까봐 두려워했던 공손강은 크게 기뻐했다. 그는 곧 도부수들을 휘장 뒤에 감추어 놓고 원희·원상 형제를 청해 들였다.

형제가 서로 보고 예를 마치자 공손강은 그들에게 자리를 권했다. 그 때 날이 몹시 찬데 상탑(床榻) 위에 자리를 깔아 놓지 않은지라 원상은 이를 보고 공손강에게 말했다.

"무어 깔고 앉을 것을 마련해 주시오."

그 말에 공손강이 벌떡 일어나며 눈을 부릅뜨고 호통을 쳤다.

"너희 두 놈의 머리가 장차 만 리 길을 갈 터인데 무슨 자리를 마련해 달라느냐!"

원희·원상이 너무나 놀라고 어이가 없어 그의 얼굴만 멍하니 쳐다볼 때 공손강이 크게 외쳤다.

"저놈들을 죽여라!"

말이 떨어지자 양편 휘장 속에 숨어 있던 도부수들이 일제히 나와 그 자리에서 두 사람을 어지러이 찔러 죽여 버렸다. 공손강은 즉시 형제의 머리를 상자에 담아 사람을 시켜 역주로 가서 조조에게 바치게 했다.

그 무렵 조조는 역주에서 꼼짝도 하지 않고 있었다. 이를 보고 여러 장수들이 들어와서 품했다.

"만약에 요동으로 진격하지 않을 생각이면 곧 허도로 회군하시지요."

조조가 대답했다.

"원희·원상의 머리가 오는 대로 곧 회군하기로 하지."

그 말에 모든 사람이 다들 속으로 의아해 하기를 마지않는데 문득 군사가 들어와서 아뢰되 요동 태수 공손강이 사람을 시켜서 원희·원상의 목을 보내왔다고 한다. 사람들이 다들 크게 놀랐다.

사자가 서신을 올리자 조조는 받아서 펴 보았다.

"봉효가 예측하였던 대로구먼."

한 차례 크게 웃은 다음에 사자에게 후히 상을 주고 공손강을 봉하여 양평후 좌장군을 삼았다. 좌우의 무리가 물었다.

"어찌하여 승상께서는 봉효가 예측했던 대로라고 말씀하십니까?"

조조가 그제야 얼마 전에 죽은 봉효가 임종 때에 남겨 놓은 글을 꺼내어 여러 사람들에게 보이니 그 글은 다음과 같았다.

> 이제 들으매 원희와 원상이 요동으로 도망을 갔다 하오니 승상께서는 군사를 휘몰아 그들을 쫓지 마십시오. 공손강은 원 씨가 저의 땅을 삼킬까 두려워하던 터에 형제가 찾아갔으니 반드시 의심을 품을 것입니다. 군사를 휘몰아치면 힘을 합해서 항거하여 쉽게 깨치지 못할 것이나 그대로 두면 공손강과 원 씨가 반드시 서로 도모하려 할 것이니 이는 실로 자연스런 형세입니다.

보고 나자 모두들 감탄해 마지않았다.

제13편 회피의 술수

제13편 회피의 술수

도망을 비굴하다거나 나쁘게만 생각하는 것은 옳지 않다. 목숨이 왔다갔다 하는 절체절명의 순간이라면 도망 이외에 또 무슨 수단이 있겠는가.

역사를 돌이켜 보면 정치나 사업에 성공한 사람은 모두 도망의 명수였다. 중국의 손문(孫文)은 해외로 곧잘 도망을 쳤고 2차 대전 때 프랑스의 드골은 영국으로 망명했으며 인도네시아의 수카르노는 한때 일본으로 망명하여 훗날의 영광을 찾았다.

중국의 〈제서왕경측전(齊書王敬則傳)〉에도 '삼십육책 주위상계(三十六策走爲上計)' 즉 36가지 계책 중에서도 도망가야 할 때는 도망을 가는 것이 최선의 방법이라고 적고 있다.

1. 거짓말로 위기를 면하다

제나라의 신하인 장축(張丑)이 연나라에 볼모로 가 있었다. 그 후 제나라와 연나라의 관계가 악화되어 왕이 그를 죽이려고 하자 장축은 도망하여 국경을 빠져 나오려다가 관문지기에게 잡히고 말았다.

장축이 관문지기에게 말했다.

"연왕이 나를 죽이려는 것은 내가 진귀한 보석을 가지고 있다고 밀고

한 지가 있어서 그 보석을 탐내어 나를 죽이려는 것이다. 그런데 나는 그 보석을 잘못하여 잃어버렸다. 그런데도 왕은 내 말을 믿지 않는다. 지금 여기서 만일 당신이 나를 잡아간다면 나는 왕 앞에서 당신이 나의 보석을 빼앗아 삼켜 버렸다고 말하겠다.

그러면 왕은 틀림없이 당신을 죽이고 당신의 배를 갈라 창자를 꺼내어 조사할 것이다. 보석에 눈이 어두운 왕은 아무리 그렇지 않다고 말해도 소용이 없을 것이다. 나는 어차피 죽게 되어 있지만 당신도 억울한 죽음을 면치 못하게 될 것이다."

장축의 거짓 협박에 관문지기는 잔뜩 겁을 집어먹고 결국 장축을 놓아주었다.

거짓도 방편이라는 말이 있지만 거짓말도 경우에 따라서는 참말보다 더 실효가 있다.

2. 교묘하게 속인다

'계명구도(鷄鳴狗盜)'라는 고사로 유명한 전국 시대 4공자의 한 사람인 맹상군(孟嘗君)은 천하의 선비들을 후히 대접하여 그의 문하에는 식객들만도 수천이나 되었다.

그가 생명의 위협을 느끼고 진(秦)나라에서 도망칠 때의 일이었다. 맹상군이 지혜를 짜서 소왕(昭王)의 비(妃) 신희(辛姬)에게 귀국을 주선해 줄 것을 울며 호소했다.

"주선은 해 주겠지만 그대가 왕에게 바친 선물과 똑같은 호백구(狐白裘)를 주셔야 합니다."

맹상군이 진나라로 올 때 호백구는 이미 소왕에게 헌상했기 때문에 여분이 있을 까닭이 없었다. 호백구는 여우 겨드랑이의 흰 털이 나 있는 부분의 털가죽만을 모아서 안을 댄 갖옷으로 귀하디귀한 명품이었다.

맹상군은 이 요구에 당황하지 않을 수 없었다. 그러나 식객 중 개처럼 좀도둑질을 잘하는 사람이 있어 그를 시켜 몰래 궁중에 숨어 들어가 맹상군이 왕에게 헌상한 호백구를 훔쳐 그것을 그녀에게 주었다.

그런 줄도 모르고 신희는 호백구를 받고 기뻐하며 소왕에게 맹상군을 귀국시켜 주도록 설득했다.

이 설득이 성공하자 맹상군 일행은 우물쭈물하다가는 사실이 탄로 날 것을 염려하여 즉시 그 날로 진나라의 도읍 함양을 탈출하여 국경인 함곡관으로 향했다.

한편 소왕은 맹상군의 귀국을 뒤늦게 후회하여 뒤를 추격하여 잡아오도록 군사를 보냈다.

맹상군 일행이 허겁지겁 함곡관에 도착한 것은 아직 날이 새기 전이었다. 진나라의 법에 관문은 새벽 첫닭이 울 때까지는 열 수가 없었다. 그러자 이번에는 같은 일행의 식객 중에서 닭 울음소리를 잘 내는 재주를 지닌 사나이가 실력을 발휘했다.

그러자 그 소리에 부근의 다른 닭들도 일제히 따라 울기 시작했다. 닭 울음소리에 잠을 설 깬 관문지기들이 눈을 비비며 성문의 빗장을 열자 기다리고 있던 맹상군 일행은 재빨리 관문을 통과하여 진나라에서 빠져나왔다.

일행이 관문을 통과한 직후에 왕의 부하들이 도착했으나 이미 맹상군은 그곳에 없었다. 이것이 유명한 '계명구도(鷄鳴狗盜: 닭 울음소리와 개 도둑질)'의 탈출 일화이다.

3. 도망하여 복수를 하다

초나라에 내분이 일어나서 태자 건(建)이 송나라로 도망을 쳤는데 태자의 스승 오사(伍奢)가 대신 잡혔다. 그 때 간사한 비무기(費無忌)가 초왕에게 충동질을 했다.

"오사에게는 두 아들이 있습니다. 그들이 모두 비범하니 지금 죽이지 않으면 뒷날 초나라의 후환이 될 것입니다. 그들의 아비를 방면한다는 조건으로 두 아들을 불러 당장 잡아 죽이도록 하십시오."

초왕이 머리를 끄덕이고 오사를 불러들여 말했다.

"두 아들을 부를 수만 있다면 그대를 살려주겠다. 그들을 불러들이지 못하면 살려둘 수 없다."

그러자 오사가 처연한 얼굴로 대답했다.

"상(尙)은 오겠지만 원(員)은 오지 않을 것입니다."

왕이 궁금하여 물었다.

"그건 무슨 까닭인가?"

"상(尙)은 원래 천성이 성실하고 부모에게 효심이 지극해서 아버지의 명이라면 죽음을 두려워하지 않고 반드시 올 것입니다. 그러나 원(員)은 지혜와 용기가 있어서 죽을 것을 알면 결코 오지 않을 것입니다. 앞으로 초나라가 두려워해야 할 사람은 바로 이 동생일 것입니다."

초왕이 사람을 보내어 두 아들에게 말했다.

"너희들이 가면 아버지는 용서를 받을 것이다."

오상(伍尙)이 동생에게 말했다.

"아버지가 부르시는데 가지 않는 것은 불효이다. 또 아버지가 살해되고도 복수를 하지 않는 것은 수치스러운 일이다. 나는 복수할 능력이 없으니 스스로 사지로 가겠다. 그러니 너는 이곳을 떠나는 것이 좋겠다."

"형님, 나는 지금 비록 도망을 하지만 나중에 이 원수는 꼭 갚고야 말 것입니다."

이리하여 오상은 뻔히 죽을 줄을 알면서도 아버지에게로 가고 오원은 오나라로 도망을 쳤는데 이 사람이 유명한 오자서(伍子胥)이다. '자서(子胥)'는 그의 자(字)이다.

오사는 그 말을 듣고 탄식하며 말했다.

"원(員)이 도망을 갔으니 장차 초나라가 참혹한 전화(戰禍)를 입게 되겠구나."

초왕은 오사와 맏아들 오상의 부자를 모두 죽였다.

그 후 5년 되는 해에 평왕(平王)이 죽고 그 아들 진(珍)이 왕위에 오르니 그가 곧 소왕(昭王)이다. 소왕 10년에 오자서는 오나라 군대를 이끌고 대거 초나라를 습격하여 도읍에 입성했다. 오자서는 자기 아버지와 형을 죽인 평왕의 무덤을 파헤치고 그의 시체를 꺼내어 3백 번이나 매질을 했다.

4. 도망을 거부하여 화(禍)를 당하다

위(衛)나라의 왕실에 내란이 일어났다. 영공(靈公)이 죽은 뒤 태자 궤외의 아들이 왕위에 오르니 그가 곧 출공(出公)이다.

그런데 영공의 총희 남자(南子)를 암살하려다 실패하고 도망친 출공의 아버지 궤외가 되돌아 와서 자신이 왕이 되려고 했다.

그리하여 부자간의 왕위를 둘러싼 권모술수가 궁정 안에 소용돌이쳤다. 마침내 궤외가 여장(女裝)을 하고 공리의 집에 잠입하여 억지로 그를 반란에 가담시켰다. 공리는 바로 공자의 제자 자로(子路)가 모시고 있는 중신이었다.

자로는 반란 소식을 듣고 급히 도읍으로 달려오다가 위나라의 대신이며 같은 공자의 제자인 자고(子羔)와 마주쳤다. 자고가 자로에게 말했다.

"이미 공리 대감의 출입문은 닫혀 있소. 지금 가더라도 들여보내지 않을 것이오. 출공도 이미 도망을 치고 없으니 당신도 돌아가는 것이 좋을 것이오. 공연히 화를 입는 건 부질없는 짓이오."

"비록 열어 주지 않더라도 대문까지 가 보고 오겠소. 나는 공리로부터 녹을 받고 있는 터에 그가 지금 위험에 빠진 이상 가만히 있다면 이는 의리 없는 짓이오."

자고는 도망쳤으나 자로는 결국 반란에 말려들어 살해되고 말았다. 공자는 위나라의 반란 소식을 듣고 한탄했다.

"아, 자고는 탈출해 올 것이나 자로는 죽을 것이다."

그것은 자로의 성격이 호랑이가 달리는 것과 같아서 도망을 가지 않을 것임을 공자가 간파하고 있었기 때문이다.

5. 위장하여 도망하다

손빈(孫臏)은 〈손자병법〉으로 유명한 손무(孫武)의 후손이다. 그는 방연과 함께 귀곡자(鬼谷子)에게서 동문수학을 했다.

그 후 위나라의 혜왕에게 발탁된 방연은 자기 재능이 손빈을 당할 수 없다는 것을 깨닫고 사람을 시켜 손빈을 불렀다. 그가 오자 방연은 그에게 죄를 씌워 종지뼈를 도려내고 입묵(入墨)을 해서 불구자로 만들어 버렸다.

그러나 손빈은 그것이 방연의 짓임을 모르고 오히려 그를 생명의 은

인으로 생각하며 그의 보호 아래 병법 연구에 몰두하고 있었다. 한참 후에야 사실을 알았고 병법서를 다 쓰고 나면 생매장될 것도 알게 되었다.

손빈이 탈출의 기회만 노리고 있던 어느 날 제나라의 사자가 위나라의 도읍 양(梁)으로 왔다. 손빈은 몰래 면회를 청하고 도망갈 뜻을 말했다. 사자는 그의 뛰어난 재능이 아까워 손빈을 다른 사람의 시체라 속이고 자기 수레 속에 숨겨 빼내오는 데 성공했다.

그 후 손빈은 제나라 장군 전기(田忌)의 군사(軍師)가 되어 마릉 싸움에서 방연을 죽여 원한을 풀었다.

이것이 전국 시대 최고의 병법가인 손빈의 탈출 고사이다. 손빈이 방연을 속인 책술은 정말 통쾌하지만 자신의 종지뼈가 잘리는 불행을 사전에 방지하지 못한 것은 그의 실책이다.

이 이야기는 손빈과 같은 최고의 병법가도 실수할 때가 있다는 것이다. 음모학을 논한다고 해서 그가 반드시 '음모가'라고 할 수는 없다.

6. 변장술을 쓴다

조조는 중국 역사상 그 유례를 찾기 어려운 도피의 명수이다. 그가 동관(潼關)에서 싸울 때였다. 서량(西凉) 군대의 기습을 받은 조조가 난군 속에서 헤매고 있었다. 그때 서량 군사들 쪽에서 외치는 소리가 들렸다.

"빨간 옷 입은 놈이 조조다! 잡아라!"

이 소리를 듣자 조조는 곧 빨간 옷을 벗어 던졌다.

"수염 긴 놈이 조조다! 그놈을 잡아라!"

이 소리를 듣고는 칼을 뽑아 자신의 수염을 깎아 버렸다.

그런데 그가 수염 깎는 것을 본 졸개가 적장 마초(馬超)에게 고해 바쳤다. 그러자 마초가 소리를 질렀다.

"수염 짧은 놈이 조조다! 그놈을 잡아라!"

이 소리를 들은 조조는 얼른 깃발의 천을 찢어서 얼굴을 싸매고 도망을 쳤다.

7. 어려움을 알면 도망하라

10만의 대군을 거느리고 진나라 도읍 함양에 제1착으로 입성한 유방(劉邦)은 제후들의 도착을 기다리고 있었다.

항우(項羽)는 40만의 대군을 이끌고 한 발 뒤늦게 홍문(鴻門)에 진주했다. 라이벌인 유방을 죽일 수 있는 절호의 기회라 생각한 모사 범증(范增)이 항우를 설득했다.

"유방이 관중(關中)으로 들어가 몸을 사리고 있는 것은 그에게 야망이 있기 때문입니다. 이번 기회에 크게 연회를 베풀어 그를 초청하면 감히 거절을 못할 것이니 그 때 틈을 보아 죽이도록 하십시오."

그리하여 다음날 아침 유명한 홍문의 연회(鴻門宴)가 시작되었다.

범증은 때가 무르익자 유방을 죽이라고 항우에게 계속 눈짓을 했으나 항우는 응하지 않았다. 기다리다 못한 범증은 항우의 동생 항장(項莊)에게 귀띔하기를 검무(劍舞)를 추다가 틈을 보아 유방을 죽이라 했다.

유방의 부하 장량(張良)이 이를 눈치 채고 번쾌에게 가만히 눈짓을 보냈다. 번쾌가 칼을 들고 마주 나가서 항장과 같이 검무를 추는데, 항장이 유방에게 접근하면 번쾌가 이를 재빨리 막았다. 말이 검무이지 두 사람 사이에는 살기가 등등했다. [* 항장과 쌍검무를 춘 이가 항우의 숙부 항백이

라는 설도 있음.]

"뭣들 하는 짓이냐!"

이를 본 항우가 노하여 호통을 쳤다.

"내가 패공(沛公: 유방)과 더불어 연회를 즐기려는데 검무는 무슨 검무며 이렇게 살기가 등등한 것은 무슨 까닭이냐?"

항우는 당당한 무장으로서 범증의 간계(奸計)가 마음에 들지 않았다. 게다가 번쾌가 주인을 위해 목숨을 걸고 나와서 검무 추는 것을 보고 감동했던 것이다.

"참으로 범 같은 장수로다. 번쾌는 나의 술잔을 받으라."

항우는 번쾌를 칭찬하며 술까지 내려주었다.

그 틈을 타서 유방은 변소에 간다고 핑계를 대고는 그 길로 허둥지둥 도망치고 말았다.

장량은 유방이 취해서 돌아갔다 말하고 백옥 한 쌍을 항우에게 바치며 무례를 사과했다. 범증은 모래를 씹은 기분이었다. 그는 밖으로 나오며 하늘을 우러러 탄식했다.

"항왕(項王: 항우)이 무모하니 장차 천하를 차지할 자는 유방일 것이다."

과연 그 후 천하는 유방에게로 돌아가고 항우는 스스로 목을 찔러 자결하고 말았다. 사나이의 의리와 체면도 중요하지만 항우는 유방을 없애 버릴 절호의 기회를 놓쳐 천추의 한을 남겼다.

'지난이퇴(知難而退)'란 어려움을 알면 도망하는 것이 상책이라는 말이다. 무리하게 버티다가 참화를 당하는 것은 무모한 만용에 지나지 않는다. 도망가는 것을 모르면 전진도 있을 수 없는 법이다.

제14편 허허실실의 기략

제14편 허허실실의 기략

〈손자병법〉의 '허실(虛實)'편에 다음과 같은 말이 나온다.

"공격을 능숙하게 잘 하는 자는 적이 그 수비할 바를 알지 못하게 하고 수비를 능숙하게 잘 하는 자는 적이 공격할 곳을 알지 못하게 한다. 미묘하도다, 눈에 보이지 않는 데에 이르렀으니. 신통하도다, 소리도 나지 않는 데에 이르렀으니. 그리하여 능히 적을 제어할 수 있다. 적이 아군의 진격을 막을 수 없는 것은 그 허(虛)를 찌르기 때문이다. 아군의 후퇴를 적이 추격하지 못하는 것은 아군의 행동이 신속하여 따를 수 없기 때문이다."

적을 공격하려면 실(實)을 피하고 그 허를 찔러야 한다. '허'는 요해(要害)이며 간극이며 약점이며 또한 급소이다. 허를 찌른다는 것은 적의 무방비를 치거나 또는 미리 무방비를 조장시켜 놓고 그 틈을 치는 것이다.

1. 상대방을 혼란시킨다

기원전 206년, 그 해 정월에 항우는 스스로 서초 패왕(西楚覇王)이 되어 유방을 파촉(巴蜀)으로 보내면서 한왕(漢王)으로 삼았다.
유방이 파촉으로 향하는 도중에 장량(張良)이 나서 간(諫)했다.

"왕께서는 잔도(棧道: 험한 벼랑에 선반처럼 달아서 낸 길)를 불태워 동쪽으로 다시 나아갈 마음이 없다는 것을 보여 항우를 안심시키십시오."

유방은 이 말을 듣고 지나온 잔도를 불태웠으며 장량은 항우에게 '한왕은 잔도를 불태웠으니 동쪽으로 나아갈 뜻이 없습니다'라고 거짓으로 고하였다. 이 말을 믿은 항우는 서쪽의 한왕에 대한 염려는 하지 않고 북쪽으로 출병하여 제나라를 쳤다.

그 해 8월, 한왕은 한신의 계책을 받아들여 불태워 버린 잔도를 수리했다. 한신은 병력 1만을 주어 번쾌에게 잔도를 3개월 안으로 보수하라는 명령을 내렸다. 유방의 움직임이 수상하다는 소식을 듣고 위협을 느낀 삼진(三晉: 진[晉]나라를 받든 세 재상 위사[魏斯], 조적[趙籍], 한건[韓虔]이 세운 위(魏), 조(趙), 한(韓)나라)의 왕 중에서 장한(章邯)이 급히 보고 상황을 알아보았다가 코웃음을 치고 말았다. 그 잔도는 1만의 군사로는 3년을 걸려도 끝낼 수 있을까 말까 할 정도의 난공사였다. 이에 장한을 비롯한 삼진의 왕들은 일단 안심을 하면서도 잔도에 군사들을 집결시켜 놓았다. 하지만 한신의 생각은 잔도의 보수가 아니었다.

그는 몰래 한중에서 관중으로 가는 샛길로 빠져나와 진령산맥을 넘어 진창(陳倉)이라는 곳에서 삼진(三晉)의 군사를 기습하여 단숨에 관중 일대를 점령해 버렸다. 이것이 이른바 '암도진창(暗渡陳倉: 아무도 모르게 진창을 건너가다)'이라는 고사로 널리 알려진 이야기이다.

말하자면 자기 정체를 드러내지 않음으로써 적이 동쪽으로 움직이는지 서쪽으로 움직이는지 전혀 모르게 위장하여 적의 판단을 흐리게 하는 것이다.

    '군사를 형성하는 극치는 무형(無形)에 있다. 무형이 되면 그 길이 여하를 알 수가 없다.' (<손자> '허실'편)

즉, 최상의 방위 체제는 고정된 형태를 가지지 않는 것이다.

2. 상대방의 허점을 노린다

위(魏)나라 혜왕(惠王)이 조나라를 공격하자 조나라는 제나라에 구원을 청했다.

제나라 위왕(威王)은 병법가 손빈의 권유에 따라 전기(田忌)를 장군으로 하고 손빈을 군사(軍師)로 삼아 곧장 위나라의 도읍 대량(大梁)을 급습케 했다.

말하자면 조나라를 치기 위해 위나라 군대가 모두 싸움터에 나가 있는 허점을 노려 바로 위나라의 도읍을 기습하여 대승을 거두었다.

위나라는 군대를 동원하여 조나라를 치는 것까지는 좋았으나 요긴한 도읍을 비워 놓았다가 손빈에게 급소를 찔려 참패를 당했다.

맛있는 미끼라도 함부로 덥석 물었다가는 언제 자기 심장을 찔릴지 모르는 것이 약육강식의 냉혹한 생리이다. 그보다는 위나라 군대와 직접 대결하지 않고 비어 있는 대량을 친 손빈의 계책은 정말 뛰어난 것이다. 피 한 방울 흘리지 않고 쉽게 승리를 거머쥔 것이다.

3. 상대편의 불행을 노려서 친다

월(越)나라에 큰 기근이 들자 범려가 월왕 구천(勾踐)에게 다음과 같이 진언했다.

"지금 오나라에는 물자가 풍부하여 남아돌고 있으며 오왕은 나이가 어려 사려가 깊지 못합니다. 대왕께서 만약 몸을 굽혀 오왕에게 도움을 청한다면 오왕은 틀림없이 식량을 융통해 줄 것입니다. 그러나 언젠가는 월나라가 오나라를 빼앗게 될 것이니 하등 염려하실 것이 없습니다."

월왕이 사람을 보내 오나라에 식량을 청하자 오왕이 이를 들어 주려 했다. 그러자 오자서(伍子胥)가 나서서 간했다.

"식량을 주어서는 안 됩니다. 오나라와 월나라는 영토가 서로 근접해 있으므로 양립할 수 없는 사이입니다. 오나라가 월나라를 멸망시키지 않으면 월나라가 오나라를 멸망시킬 것입니다. 지금 월나라에 양곡을 보내 주는 것은 호랑이를 기르고 원수를 돕는 것과 같습니다. 그것보다는 오히려 지금 곧 군대를 몰아 월나라를 치는 것이 상책입니다."

그러나 범려가 예상했던 대로 오왕은 이 말을 듣지 않았다.

"아니, 그렇지 않소. '의병(義兵)은 복종하는 자를 치지 않고 인자(仁者)는 굶주린 자에게 먹을 것을 준다'는 말이 있소. 월나라가 지금껏 복종하고 굽혀 왔는데 이를 공격하는 것은 의병이라고 할 수 없고 기근에 시달리는 것을 보고 먹을 것을 주지 않는 것은 인자라고 할 수 없소. 불의와 불인(不仁)에 의거하여 어찌 천하를 다툴 수 있단 말이오?"

오왕은 끝내 식량을 월나라로 보내주었다.

그 후 3년이 지나자 이번에는 오나라가 극심한 기근을 당하여 월나라에 식량을 부탁했다.

그러자 월왕은 그것을 주지 않았을 뿐만 아니라 군대를 이끌고 쳐들어가서 오왕 부차(夫差)를 사로잡고 말았다.

자신의 힘을 스스로 증강할 수 없으면 적의 힘을 약화시키는 것도 한 방법이다. 소극적으로는 적의 천재(天災)를 이용하기도 하고 적극적으로는 인재(人災)를 일으키기도 한다.

천재이건 인재이건 적의 불행을 틈타 공격을 가하는 것이 권모가의 술수라고 하겠다.

4. 상대의 위장술을 조심한다

위(衛)나라의 사공(嗣公)이 심복에게 여행자의 모습으로 가장하여 관문을 통과하게 했다. 그 관문의 관원이 수상히 여겨 붙들려고 하자 가만히 돈을 쥐어 주니 곧 통과를 시켜 주었다.

사공은 그 관원을 불러 질책했다.

"어느 달 어느 날에 한 여행자가 관문을 지나갔다. 그 때 너는 돈을 받고 놓아주지 않았느냐?"

관원은 용서를 빌고 그 후부터 사공을 명군으로 받들어 모셨다.

이와 비슷한 이야기로, 복피(卜皮)라는 현령이 있었는데 그의 부하들 중에 부정하게 첩을 둔 자가 있었다.

복피는 다른 부하에게 명하여 그 첩과 내통케 한 다음 그 첩을 통하여 부정한 관원의 내정을 탐지해 내서 그를 관직에서 내쫓아 버렸다.

5. 계책을 써서 사로잡는다

어느 날 한(漢) 고조 유방에게 고하는 자가 있었다.

"초나라의 한신이 모반을 꾀하고 있습니다."

이것은 기실 한신을 두려워한 여후(呂后)가 꾸며낸 조작극이었다. 그럼에도 평소에 한신을 의심하고 있던 유방은 짐짓 모른 척하고 여러 장수들을 모아 놓고 대책을 강구했다.

"즉시 군대를 일으켜 잡아들여야 합니다."

강경파가 대세를 이루었다. 유방은 묵묵히 앉아 있다가 나중에 책사 진평(陳平)을 불러 의견을 물었다. 그러자 진평이 되물었다.

"여러 장군들의 의견은 어떠했습니까?"

유방이 자세하게 설명하자 이윽고 진평이 말했다.

"누군가 밀고하여 '한신이 모반했다'고 합니다만 그 모반 사실을 아는 자가 있습니까?"

"아직 없소."

"한신이 그 밀고를 알고 있습니까?"

"아마도 아직 모를 것이오."

유방이 난처해하며 어물어물 대답했다.

"폐하의 군대와 초왕 한신의 군대와 비교하여 어느 쪽이 더 우세합니까?"

"초나라 군보다 우리 군이 우세하다고 할 수 없소."

"폐하의 장군 가운데 용병에 있어 한신을 능가할 만한 인물이 있습니까?"

"한신을 따를 장군은 없소."

"그럼 군대는 초나라보다 강하지 못하고 한신만큼 유능한 장군도 없습니다. 그런데 군대를 일으켜 이를 친다는 것은 무모하기 짝이 없는 짓입니다."

"그럼 어떻게 하는 것이 좋겠소?"

"옛날부터 천자가 여러 제후국을 순행하여 제후들과 회맹하는 의식이 있었습니다. 지금 남쪽에 운몽(雲夢)이라는 풍광 좋은 곳이 있습니다. 폐하께서는 풍광을 즐기려 운몽에 간다는 구실 아래 제후들과 진(陳)에서 회맹하는 자리를 만드십시오. 진은 초나라의 서쪽 국경에 있습니다. 한신은 폐하의 순행이 단순히 풍광을 즐기려는 것이라고 생각하면 안심하고 마중을 나와서 배알하게 될 것입니다. 폐하께서는 그 틈을 타서 그를 사로잡도록 하십시오."

유방은 즉시 사자를 보내어 제후들에게 알리고는 그 날로 출발했다.

"진에서 회맹한 후에 운몽으로 출유(出遊)하리로다."

유방이 아직 진에 도착하기 전에 과연 초왕 한신이 도중에 마중을 나왔다.

유방은 미리 무사를 숨겨 두었다가 한신을 그 자리에서 포박해 버렸다. 그러고는 초나라 땅을 접수해 버리고 말았다.

한신은 한나라 건국의 일등 공신이다. 그러나 유방은 한신이 혹 자기를 배반할지 몰라 항상 두려웠다. 그래서 반란을 음모했다고 꾸며 그를 사로잡은 것이었다.

그 후 유방의 의심이 풀려 한신은 잠시 위기를 면했으나 나중에 다시 여후의 계략에 걸려 끝내 목숨을 잃고 말았다.

손자는 이렇게 말하고 있다.

"상대를 움직이기 위해서는 상대를 움직이도록 해야 한다. 상대가 원하는 것을 주면 상대는 반드시 취하려고 할 것이다."

6. 상대의 기를 꺾는다

진나라 군대가 조나라의 도읍 한단을 기습 포위했다. 이에 조나라 혜문왕의 아우 평원군(平原君) 조승(趙勝)이 초나라에 원군을 청하러 가기로 했다.

평원군은 초나라로 출발하기에 앞서 20명의 수행원을 결정해야 했다.

그런데 19명을 결정해 놓고 최후의 한 사람에 마땅한 사람이 없어서 고심하고 있는데 모수(毛遂)라는 자가 자기를 데려가 달라고 청했다.

평원군이 물었다.

"선생은 나에게 몇 해나 의지해 있었소?"

"3년이 되는가 봅니다."

그 말을 듣고 평원군이 말했다.

"어진 사람이 세상에 있는 것은 마치 송곳이 주머니 속에 있는 것과 같아서 날카로운 끝이 당장에 밖으로 드러나게 마련이오. 그런데 선생은 내 집에 3년이나 있으면서도 어느 누구의 입에도 오른 적이 없고 나도 선생의 이름을 지금까지 들은 적이 없소. 따라서 선생은 유능하다고 할 수 없으니 그만 여기 남아 계시오."

그러자 모수가 대답했다.

"그래서 저를 오늘 바로 그 주머니 속에 넣어 달라고 청하는 것입니다. 주머니 속에 넣지 않으면 송곳 끝이 나오는지 안 나오는지 알 수 없습니다. 진작부터 주머니 속에 넣어 주셨더라면 벌써 송곳 끝이 튀어나와 주머니를 찢었을 것입니다."

평원군은 그 말에 고개를 끄덕이며 모수를 데리고 초나라로 출발했다.

초나라에 도착한 평원군은 진나라에 대항해서 조나라와 초나라가 동맹을 맺도록 설득했으나 초왕은 끝내 듣지 않았다. 해가 뜰 무렵부터 담판을 시작해서 한낮이 되어도 이야기는 끝이 나지 않았다.

이를 본 모수는 분연히 칼을 빼어 들고 상좌로 뛰어 올라갔다. 초왕(楚王)이 이를 보고 크게 꾸짖었다.

"이 무례한 놈! 나는 여기서 너의 주군과 이야기를 나누고 있지 않은가. 썩 물러가라!"

그러나 모수는 그 말은 들은 척도 않고 칼을 든 채 앞으로 나아갔다.

"대왕께서 저를 꾸짖는 것은 초나라의 군사들이 많기 때문입니다. 그러나 지금 대왕과 저의 거리는 불과 열 걸음입니다. 여기에 초나라 군사는 아무도 없습니다. 그러므로 대왕의 목숨은 바로 저의 손아귀에 있습니다. 저의 주군 앞에서 저를 꾸짖다니 그것은 대체 무슨 무례입니까. 무릇 힘이 있는 자가 천하의 안정을 위해 힘쓰는 것이 도리입니다. 초나라의 힘으로 말한다면 천하에 대적할 자가 없을 것입니다. 그럼에도 진나라의 백기(白起)는 초나라와 싸움을 벌여 서전(緖戰)에서는 초나라의 도읍을 점령하고 두 번째 싸움에서는 초왕의 조상 묘를 불태웠으며 세 번째 싸움에서는 초왕의 부군(父君)을 욕보이기까지 했습니다. 이는 초나라로서는 씻을 수 없는 치욕이며 우리 조나라도 유감으로 생각하는 일입니다. 그럼에도 지금 대왕께서는 그 수치를 모르고 있으며 또한 합종 동맹책이 초나라를 위한 것이지 조나라를 위한 것이 아님을 모르고 있습니다. 어찌하여 이 일을 망설이고 있는 것입니까?"

초왕은 마침내 모수의 기세에 눌려 어쩔 수 없이 합종 동맹에 서약을 했다. 평원군은 조나라로 돌아와서 탄식하며 말했다.

"이제부터 나는 사람을 안다고 말하지 않겠다. 내가 만난 사람은 수천에 이르고 깊이 사귄 사람도 많았다. 그래서 나는 지금까지 사람을 제법 볼 줄 안다고 자부하고 있었는데 그럼에도 나는 모수를 몰라보았다. 내가 어찌 사람을 볼 줄 안다고 할 수 있겠는가."

목적을 달성하려면 급소를 눌러야 한다. 주장(主將)을 누르면 부하는 절로 굴복하게 마련이다.

적대 집단을 누르기 위해서는 그들의 두목을 누르고 군중을 누르려면 그 전위(前衛)를 눌러야 한다. 그리고 사물을 파악하려면 그 요점을 공략하고 장소를 제압하려면 그 요소(要所)를 제압해야 하며 사람을 제압하려면 그 급소를 찾아서 공략해야 한다.

당나라의 유명한 시인 두보(杜甫)는 다음과 같은 시를 남겼다.

挽弓當挽强　활을 당기려거든 강한 활을
用箭當用長　화살을 쓰려거든 긴 것을
射人先射馬　사람을 쏘려거든 말을 먼저 쏘고
擒賊先擒王　도적을 치려거든 우두머리를 쳐라
殺人赤有限　사람을 친다 해도 한도가 있고
立國自有彊　나라를 세우면 국경이 있다
苟能制侵凌　경계를 능히 지키는 자라면
豈在多殺傷　함부로 죽이는 일은 없을 것이다

7. 무방비를 노려 갑자기 친다

한왕(漢王) 유방이 책사(策士) 역이기(酈食其)를 보내 제왕(齊王)를 설득하여 항복을 받아오도록 했다. 역이기가 제나라로 가서 제왕에게 말했다.

"대왕께서는 천하가 어느 쪽으로 기울어지는지 아십니까? 한왕은 천하의 군사를 수습하여 제후의 성을 함락시키면 공이 있는 자에게 그 땅을 주고 재부를 얻으며 사졸들에게 나누어 주어 천하의 영웅호걸과 현인재사는 모두 그의 부려 쓰는 방식에 만족하고 제후의 병사들은 사방에서 구름처럼 모여들고 있습니다. 이에 비해 항왕(項王)은 남의 공로를 시기하고 남의 허물은 잊어버리지 않아 그 때문에 장병들은 싸움에 이겨도 은상(恩賞)을 받을 수가 없고 성을 빼앗아도 봉지(封地)를 받을 수 없으며 항 씨 일족이 아니고는 중요한 국사에 참여할 기회를 얻지 못합니다. 그래서 천하의 사람들은 모두 그를 버리고 떠나고 있습니다. 이를 보더라도 천하는 한왕에게 귀의할 것이 명약관화합니다. 대왕께서도 조속히 한왕에게 들어오신다면 제나라는 존속할 수 있고 대왕께서도 부귀영화를 누릴 것입니다. 지금 한왕을 따르지 않으면 멸망의 위기는 바로 목전에 닥칠 것입니다."

이리하여 제왕 전광(田廣)은 한왕에게 항복하기로 결심하고 매일 주연에 도취되어 지냈다.

한신은 역이기가 교묘한 변설로 제나라 70여 성을 굴복시켰다는 말을 듣자 역이기의 공로를 시샘하여 제나라를 기습했다. 그러자 제왕은 역이기에게 속은 것으로 잘못 알고 그를 가마솥에 넣어 삶아 죽인 후 동쪽의 고밀(高密)로 도망쳤다.

〈육도(六韜)〉·〈삼략(三略)〉에서 태공망 여상(呂尙)은 이렇게 말했다.

"군사에서 이기는 방법은 몰래 적의 기미를 살피고 재빨리 그 이점을 노리며 신속히 그 불의(不意)를 치는 것이다."

또 손자는 그의 〈병법〉에서 이렇게 말하고 있다.

"그 방비 없음을 노리고 그 불의를 친다."

적이 방비를 게을리 하고 있거나 안심하고 있을 때 기습적으로 그 허(虛)를 친다는 것이다. 불의의 습격이 항상 강한 것은 자기편이 치밀한 계획과 명확한 공격 목표를 가지고 있는 것에 비해 적은 무방비·무계획이기 때문이다.

8. 함정에 빠뜨린다

정나라 장공(莊公)은 그의 동생 단(段)이 경성에서 군사들을 모아 왕의 자리를 노리고 있다는 것을 알고 있었다. 그런데도 아무런 조치를 취하지 않았다.

이를 답답하게 여긴 공자 여(呂)가 간했다.

"이제 태숙(太叔: 단)이 경성에 의지하여 밤낮없이 군사를 조련하고 있다 하니 과연 그 뜻이 무엇이겠습니까. 이는 바로 왕의 자리를 찬탈하려는 것입니다. 그러니 미리 손을 써야 할 것입니다."

장공이 천천히 대답했다.

"과인은 이미 계책을 세워 두고 있다. 단이 비록 옳지 못한 생각을 하고 있으나 아직 결정적인 증거가 없다. 신하로서 군사들을 조련하는 것은 나라를 지키려는 충의지심이 아니겠느냐. 지금 단을 죽이려 한다면 세상 사람들은 과인을 형제간에 우애 없는 잔인한 폭군이라고 할 것이다. 과인이 지금껏 모른 척하고 있는 것은 그가 마침내 드러내놓고 반역하기를 기다리는 것이다. 그 때에 그의 죄를 묻는다면 신하와 백성들도 나를 도울 것이다."

그 후 장공은 나라 일을 대신들에게 맡기고 주(周) 왕실에 가서 왕의 정사를 돕겠다며 주나라로 떠났다.

이 소식을 들은 단은 즉시 군대를 일으켜 도성(都城)으로 쳐들어갔으나 이보다 먼저 경성이 함락되고 앞뒤로 왕군(王軍)을 맞은 단은 마침내 칼을 뽑아 스스로 자기 목을 찌르고 죽었다.

9. 세심한 관찰력이 필요하다

위나라의 사마의와 대진하고 있는 촉나라의 제갈공명이 장수들과 함께 진병할 일을 의논하고 있는데 홀연히 위나라 장수 한 사람이 항복하러 왔다 했다.

공명은 그 장수를 불러들여 물었다.

"네 이름이 무엇인가?"

"위나라 편장군(偏將軍)으로 있는 정문(鄭文)입니다."

"그래, 무슨 까닭으로 항복을 하려는가?"

"소장이 근자에 진랑(秦朗)과 함께 인마를 조용(調用)하고 있는데 사마의가 편벽되게 굴더니 마침내는 진랑을 전장군으로 삼으면서 소장을 너무 무시하므로 원통하고 분하여 항복을 드리는 것입니다. 아무쪼록 승상께서는 돌아갈 길 없는 몸을 거두어 주십시오."

정문은 거듭 애걸을 했다. 이 때 사람이 들어와서 보고했다.

"진랑이 군대를 거느리고 와서 정문을 내놓으라고 야단입니다."

공명이 정문에게 물었다.

"진랑의 무예가 그대와 비해 어떠한가?"

정문은 자신 있게 대답했다.

"그깟 놈쯤이야 단칼에 베어 버리겠습니다."

"정녕 네가 진랑을 죽여 버린다면 내 너를 의심하지 않으마."

그 말을 듣자 정문은 씩씩하게 말 타고 영채를 나가 진랑과 마주섰다. 이 때 공명은 몸소 가서 그들이 싸우는 모습을 바라보았다.

진랑이 창을 꼬나 잡고 큰 소리로 꾸짖었다.

"이놈 반적(反賊)아, 나라를 배반하고 가면서 내 말까지 훔쳐 가다니 내 말 내놔라!"

말이 끝나기도 전에 진랑이 달려 나오니 정문이 말을 달려 칼을 들고 춤추며 이를 맞아 싸우는데 정문의 칼날이 한번 번쩍 빛나며 단 1합에 진랑의 목이 땅으로 떨어지고 말았다. 진랑이 죽자 따라왔던 위군들은 겁을 집어먹고 정신없이 달아났.

정문이 의기양양하게 진랑의 목을 들고 영채로 들어오니 공명은 장중(帳中)으로 돌아와 자리잡고 앉아 있다가 정문을 불러들였다. 정문이 들어오자 제갈공명은 좌우의 무사들에게 명령을 내렸다.

"저놈을 끌어내어 당장 목을 베어라."

정문은 깜짝 놀라며 말했다.

"소장은 아무 죄도 없습니다."

"죄가 없다고? 이놈아, 내가 전에 진랑을 본 적이 있는데 네가 벤 것이 진짜 진랑이란 말이냐. 여기를 어디로 알고 함부로 거짓말을 하는가."

정문은 더 숨기지 못하고 사죄했다.

"사실 이놈은 바로 진랑의 아우 되는 진명(秦明)입니다."

공명이 껄껄 웃으며 말했다.

"사마의가 그렇게 하라더냐? 정녕 네가 나를 속일 수 있다고 생각했느냐? 정 바른말을 아니하면 내 지체 않고 너의 목을 베리라."

마침내 정문은 거짓 항복을 했다고 바른대로 자백하며 눈물을 흘리면서 목숨을 애걸했다.

"그래, 목숨이 아깝거든 지금 편지를 써서 사마의가 우리 영채를 겁탈하러 오도록 하라. 그러면 내 너의 목숨을 구해 주마."

이윽고 정문은 사마의에게 보내는 편지를 써서 공명 앞에 놓았다. 공명은 그의 편지를 얻고 나자 장수들을 시켜 그를 옥에다 가두게 했다.

그러자 곁에 있던 한 장수가 물었다.

"승상께서는 어떻게 그가 거짓 항복한 줄 아셨습니까?"

공명이 웃음을 띠며 대답했다.

"사마의로 말하면 가벼이 사람을 쓰지 않는 터인데 정문의 말대로 진랑을 전장군으로 삼았다면 필연코 무예가 뛰어날 것이야. 그런데 그와 싸워 단 1합에 죽였으니 어찌 진랑이라 하겠는가. 그러므로 그 자가 거짓으로 항복한 줄 안 것이지.."

듣고 있던 사람들이 모두 감탄했다.

공명은 구변 좋은 한 군사를 가리어 사람을 물리치고 조용히 계교를 가르쳐 주며 정문의 편지를 들려 사마의의 영채로 보냈다. 사마의는 군사가 가지고 온 편지를 읽고 나자 물었다.

"너는 어디 사람이냐?"

"저는 원래 중원 사람으로 촉중(蜀中)으로 유락되어 왔는데 거기서 뜻밖에도 같은 고향 사람인 정문을 만났습니다. 이번에 정문이 공을 세워 공명이 그로 선봉을 삼았습니다. 정문은 특히 저에게 은밀히 부탁하여 편지를 올리게 하며 내일 밤을 기약해서 불을 올려 신호를 삼겠으니 도독께서 친히 대군을 거느리고 영채를 겁탈하시면 정문이 안에서 내응을 하겠다고 합니다."

사마의는 계속해서 이것저것 물어 보고 편지를 자세히 거듭 살폈으나 미심한 점이 없는지라 즉시 군사에게 술과 음식을 내린 다음 돌려보내었다.

"수고 많이 했네. 내 오늘 이경(二更)에 겁채하리니 전승을 거두는 때에는 너를 중히 쓰겠다."

사마의는 곧 대군을 거느리고 나아가 촉의 영채를 겁탈했다. 마침내 진짜 진랑이 앞장서서 일만 대군을 휘몰아 촉군의 영채로 곧바로 짓쳐 들어갔다. 그러나 영채 안은 텅 비어 있고 사람의 그림자조차 볼 수 없었다.

진랑은 계교에 빠진 줄 깨닫자 큰 소리로 군사들을 물렸다.

"물러나라! 물러나라!"

사방에서 횃불이 대낮같이 환하게 일어나고 함성 또한 천지를 뒤흔들며 촉군이 쏟아져 나왔다. 이 싸움에서 사마의는 크게 패하여 수많은 군사들을 잃었다.

촉군이 승리를 거두고 영채로 돌아오자 제갈공명은 도부수에게 명하여 정문의 목을 베어 버렸다.

10. 정공법보다 기계(奇計)를 쓴다

연나라 소왕(昭王)이 5개국 연합군을 이끌고 제나라로 쳐들어오자 제나라의 여러 성(城)들이 속속 함락되고 제왕도 혼전 중에 죽고 말았다. 그리하여 마침내 제나라에는 오직 두 성만 남아 있었다.

이 때 전단(田單)은 제나라의 일개 지방 관리였으나 즉묵성(卽墨城)의 백성들이 추대하여 장군이 되었다. 그는 이간책을 써서 연군(燕軍)을 물리치기로 하고 연군 진영에 첩자들을 투입시켰다.

첩자들의 공작이 효과를 발휘해 연군에서는 명장 악의(樂毅)를 소환하고 졸장 기겁(騎劫)을 장군으로 교체했다. 전단은 계속 첩자들을 시켜 연군이 잔학 행위를 하도록 유도하여 연군의 분위기가 충분히 고조되었을 때였다. 전단은 성을 넘겨준다고 적을 속이고 그 틈에 각처에서 모은 일천 마리의 소에 모두 붉은 옷을 입혔다. 그리고 뿔에는 칼을 묶고 기름을 칠한 갈대를 꼬리에 맨 다음 야음을 틈타 꼬리에 불을 붙여서 연군을 향해 내몰았다.

그와 동시에 돌격대가 그 뒤를 따라 돌진하자 연군은 당황하여 어쩔 줄 모르다가 대패하고 말았다. 전단은 여세를 몰아 빼앗겼던 제나라의 70여 성도 모두 되찾았다. 이것이 이른바 '화우지계(火牛之計)'이다.

모든 전쟁은 대개의 경우 정규군을 동원하여 정면으로 승부하는 것이 보통이지만 기회를 잡고 요소를 찾아 기계(奇計)를 써서 적을 치기도 한다.

손자는 이렇게 말했다.

"싸움이라고 하는 것은 정(正)으로써 마주 대하고 기계(奇計)로써 승리를 거두는 것이다. 그러므로 능히 기계를 쓰는 자는 무궁한 천지와도 같고 끝없는 강하(江河)와도 같다."

11. 몇 수 앞을 내다본다

적벽대전에서 대패한 조조가 한동안 말을 달려 도망가다가 추격군이 점점 멀어지자 그제야 말고삐를 늦추고 좌우를 돌아보니 상처를 입지 않은 자가 없었다.

조조가 한탄해 마지않으며 수하 장수들과 함께 계속 앞으로 나아갈 때 문득 앞서 가던 군사가 달려와서 고했다.

"길이 둘이온데 어느 길로 가야 합니까?"

"어느 길이 더 가까우냐?"

"대로가 평탄하기는 하지만 그리로 가면 50여 리를 돌아야 하고 소로를 취하여 화용도(華容道)로 접어들면 가깝긴 하지만 다만 지세가 협착하고 산길이 험하여 행군하기가 어렵습니다."

조조는 곧 사람을 시켜 산에 올라가 좀 더 자세히 살펴보게 했다. 얼마 안 있어 군사가 돌아와서 보고했다.

"소로산변(小路山邊)에는 몇 군데 연기가 피어오르고, 대로에는 아무런 동정도 없습니다."

조조는 곧 영을 내렸다.

"화용도 소로로 나아가도록 하라."

수하 장수들이 의아하여 물었다.

"연기가 오른다면 필시 군마가 있기 때문일 터인데 일부러 그 길로 가시려는 것은 무슨 까닭입니까?"

조조가 웃으며 대답했다.

"병서에 허즉실지(虛則實之)하고 실즉허지(實則虛之)라고 한 말도 못 들었는가? 제갈량이 원체 꾀가 많은지라 일부러 사람을 시켜 소로에 연기를 내게 하여 우리 군대가 감히 그리로 못 가게 꾸미고 정작 군대는 대로에다 매복을 시켜 놓고 우리를 기다리는 것이 분명하기 때문이다. 다른 사람이면 몰라도 어찌 나까지 속이겠는가."

모든 장수들이 탄복하며 말했다.

"참으로 승상의 신기묘산은 다른 사람들이 감히 따를 수 없습니다."

드디어 군마를 몰아 화용도 산길로 들어갔다.

그 때 사람들은 모두 허기지고 말은 또 말대로 지쳐 있었다. 불에 머리가 타고 이마가 부어오른 사람이며 화살을 맞고 창에 찔린 자가 절뚝거리며 길을 더듬어 나가는데 그 고생은 이루 말할 수 없었다. 그런데 갑자기 전군(前軍)이 말을 멈추고 나아가지 않았다.

조조가 물었다.

"왜 그러고들 있느냐?"

군사가 달려가서 보고 돌아와 보고했다.

"앞쪽의 비탈길이 오늘 새벽 비에 그만 구렁으로 변해 말굽이 빠져 더 나갈 수가 없다고 합니다."

조조는 크게 노했다.

"군려(軍旅)는 으레 산을 만나면 길을 터서 나아가고 물을 만나면 다리를 놓아 건너는 법인데 그만한 구렁 하나로 행군을 못한다는 것이 대체 웬 말이냐!"

그는 즉시 영을 내려 강장(强壯)한 무리들만 뽑아 모두 흙을 지고 섶을 묶으며 풀을 자르고 갈대를 베어다가 구렁을 메워 행군을 강행했다.

조조는 혹시 추격병이 또 오지나 않을까 겁이 나서 여러 장수들에게 명하여 수하 군졸 백 명을 거느리고 칼 빼어 손에 들고서 만약 조금이라도 게으른 자가 있으면 용서 없이 그 자리에서 목을 베게 했다. 이렇게 인마를 재촉하여 나아가게 하니 울부짖는 소리가 길에 끊이지 않았다.

그렇게 나아가기 채 5리를 못 갔을 때 조조는 문득 마상에서 채찍을 높이 들고 소리를 내어 크게 웃었다. 장수들이 깜짝 놀라 물었다.

"승상께서는 왜 웃으십니까?"

조조가 대답했다.

"사람들이 모두 주유와 제갈량을 뛰어난 지략가라고 하지만 내가 보기에는 아무래도 무능한 무리들이거든. 만약 이곳에 군사 몇 백만 매복시켜 두었더라면 우리들은 모두 사로잡히고 말았지 별 도리가 없을 게 아니겠는가."

참패를 당하고 도망가는 사람으로서 참으로 대단한 여유요 자존심이 아닐 수 없다.

그러나 그 말이 미처 끝나기도 전에 미리 매복해 있던 촉나라 군사들이 몰려나와 조조는 또 한 번 많은 군사들을 잃었다.

그리고 보면 화용도 소로에 일부러 연기를 피워 놓고 조조를 기다린 제갈량이 조조보다 한 수 위임에 틀림없다.

12. 허점을 만들어서 친다

촉나라의 제갈량이 죽자 자신에게 군권을 물려주지 않은 데에 불만을 품은 위연(魏延)이 반기를 들고 남정(南鄭)으로 쳐들어갔다. 그 때 남정을 지키던 양의(楊儀)는 말을 몰고 진 앞으로 나와 웃는 얼굴로 타이르듯이 말했다.

"필경 네가 반기를 들고 말았구나. 제갈 승상께서 평소에 위연이 수상하다 하시더니 그 말씀이 과연 틀림없었구나."

위연이 발끈 성을 내었다.

"사나이 대장부거든 이리 나와 싸우자. 무슨 잔말이 그리 많으냐!"

버럭 소리를 지르자 양의는 더욱 웃으며 말했다.

"그래, 네놈이 진정 대장부라면 말을 탄 채라도 좋으니 '나를 죽일 자가 누구냐!' 하고 세 번만 크게 외쳐 봐라. 그러면 내 한중의 성지(城池)를 너에게 주마."

스스로 천하의 맹장임을 자처하는 위연은 이 말을 듣자 어처구니가 없다는 듯 웃었다.

"이놈이 별소릴 다 하는구나. 그 따위 소리쯤이야 세 번이 아니라 삼백 번이라도 하겠다. 이놈아, 어디 들어 봐라!"

위연이 말고삐를 잡고 마상에서 큰 소리로 외쳤다.

"나를 죽일 자가 누구냐?"

세 번이 아니라 한 번을 외치는 순간 바로 위연의 뒤에서 누군가가 외쳤다.

"너를 죽일 자는 바로 여기 있다!"

한 소리 크게 외치며 한 칼로 위연을 내리치니 위연은 난데없는 칼을 맞고 그대로 말 아래 거꾸러졌다. 양편 군사들이 모두 깜짝 놀라 바라보니 위연을 벤 장수는 다름 아닌 마대(馬垈)였다.

원래 제갈공명이 임종할 때 마대에게 밀계를 준 바 있었으니 곧 위연이 마음 놓고 소리칠 때를 타서 치라고 한 것이었다.

제15편 난세의 유영술

제15편 난세의 유영술

누구와 동맹하고 누구와 적대할 것인가. 중립을 지킬 것인가 고립주의를 고수할 것인가.

이것을 정확하게 판단하고 결정하는 것은 참으로 어려운 일이다. 그 판단과 결정에 따라 그 사람의 흥망성쇠는 물론 생사까지도 좌우되기 때문이다.

1. 적과 동지는 종이 한 장 차이다

춘추 시대의 수많은 나라들이 일곱 개의 강대국으로 정리되어 전국 시대로 접어들었다. 진(秦)나라의 시황제가 천하를 통일하여 5,6년이 지나자 다시 여러 나라가 난립하다가 한(漢)나라의 유방이 다시 천하를 통일하게 된다.

대체로 이 시기는 중국 역사상 보기 드문 군웅할거의 시대이며 변화무쌍한 난세이기도 하다.

여기서 서로가 서로의 지혜와 권모 그리고 힘과 권세로 온갖 승패의 무대를 전개한다. 그 중에서도 가장 규모가 크고 기기묘묘한 것이 전국 시대의 최강국 진나라와 다른 6개국의 역학 관계이다.

'원교근공(遠交近攻)'이니 '합종연횡(合從連橫)'이니 '어부지리(漁父之

利)'니 하는 말도 모두 이 시대에 생겨난 말이다.

초나라의 회왕(懷王)이 즉위할 무렵 이웃 강국인 진나라에서는 책사 장의가 재상으로 취임한다. 또 동쪽 제나라에서 그와 비견되는 소진이 활약한 것도 이 무렵이다. 그래서 외교와 전쟁의 무대는 더욱 화려하게 펼쳐진다.

회왕은 그리 현명한 군주는 아니었다. 그는 초나라 말기의 유명한 충신 굴원(屈原)을 간신들의 참언 때문에 추방하여 위수(渭水)에서 투신자살하게 만든 장본인이기도 하다.

초나라는 가장 넓은 영토와 양자강 연안의 풍부한 자원을 가지고 있어 황하와 양자강 사이의 땅을 호령하고 있었다. 한때 이 회왕이 맹주가 되어 제·연·조·위·한과 동맹군을 조직하여 강국 진나라를 공격하기도 했다.

회왕의 재위 30년 동안 치른 큰 전쟁만도 11회가 되는데 대개는 2개국 사이의 단독 싸움이 아니고 수개 국이 연합을 하거나 그 반대의 싸움을 했다. 이러한 이합집산을 거듭하다 보면 어제의 적도 오늘의 동지가 되고, 오늘의 동지도 내일의 적이 되었다.

이 때 초와 위의 관계를 예로 들면 서로 싸우기를 7회, 동맹하기를 4회, 심지어는 한 해 동안에 싸웠다가 동맹을 맺었다가 또다시 싸우기를 여러 번 하기도 했다. 진나라와는 싸우기를 7회, 동맹하기를 6회나 했는데, 그 중에 가장 특기할 일은 회왕 16년에 초나라가 꼼짝없이 진나라에 당한 사건이었다.

그 해에 진나라의 재상 장의가 초나라의 도읍을 방문했다. 그 동안 진과 초는 5년 동안이나 서로 싸워 아직 국교도 회복되지 않은 상태였다. 그러나 유명한 책사(策士) 장의가 초나라를 찾아왔으므로 회왕은 그를 매우 환영했다.

장의가 초왕에게 말했다.

"우리 진나라는 귀국과 친교를 맺고 싶으나 한 가지 장애가 있습니다. 그 장애는 다름이 아니라 귀국이 우리와 대립하고 있는 제나라와 우호 관계를 맺고 있다는 점입니다. 만일 귀국이 제나라와 관계를 끊고 우리 진나라와 우호를 맺는다면 사방 6백 리의 진나라 땅을 귀국에 할양하겠습니다."

회왕은 이 제안에 홀딱 넘어가 제나라와 단교를 하고 말았다.

그런데 그 후 진나라에서는 약속한 땅을 할양할 기미를 보이지 않았다. 이것은 장의를 시켜 초나라와 제나라와의 동맹 관계를 깨기 위한 사기술이 분명했다.

회왕은 크게 노하여 진나라로 대군을 보냈으나 오히려 8만 명이나 되는 군사들을 잃고 장군을 비롯해서 고위 관리 70여 명이 포로가 되고 말았다. 게다가 초나라가 이처럼 대패하자 전에 동맹 관계에 있던 한·위 두 나라도 초나라 영토로 쳐들어왔다.

그 후 초나라는 다시 진나라와 동맹을 맺고 위나라를 침공하려다가 중도에 진나라를 배신하고 위나라와 단독 강화를 맺어 보복을 했으니 결국 피장파장이라 하겠다.

2. 경쟁자들끼리 싸움을 붙인다

위나라와 조나라가 싸울 때였다. 위나라 대군이 조나라의 도읍을 포위하자 조나라는 위기에 빠졌다. 이를 보고 기뻐한 것은 초나라였다. 양국이 사투를 계속하는 한 초나라는 안전하기 때문이었다.

그런데 조나라에서 사절을 보내어 구원을 청했다. 초나라에서는 그

대책을 위한 조정회의가 열렸다. 초나라의 용장 소해휼(昭奚恤)이 말했다.

"어느 쪽도 편들지 말고 그대로 싸우게 하여 쌍방이 지치도록 하는 것이 좋겠습니다."

모두 그 생각이 옳다 하여 그 방침이 결정되려는 순간, 경사(景舍)라는 자가 자리에서 일어나 말했다.

"우리가 그대로 내버려두면 조나라는 필경 망하고 말 것입니다. 그러나 그보다 먼저 조나라가 우리 초나라를 믿지 못하면 위나라에 항복하여 그 두 나라가 동맹을 맺고 우리 나라를 공격할지도 모릅니다. 그러므로 두 나라의 싸움을 계속시키려면 조나라에 약간의 원조를 해 주어야 할 것입니다. 그러면 조나라는 그에 힘을 얻어 싸움을 계속할 것입니다. 한편 위나라는 초나라의 원조가 별것 아닌 것을 알면 계속 힘을 내어 조나라를 치고 들어갈 것입니다. 이렇게 해서 두 나라가 모두 싸움에 지치게 하도록 해야 합니다."

경사의 건의는 채택되었다. 이리하여 초나라는 어부지리를 얻어 조나라의 땅을 크게 차지했다.

3. 적대 세력을 분열시킨다

전국 시대에 한·위·제의 3국이 동맹을 맺고 초나라를 치려 했다. 그런데 초나라는 진나라와 우호 관계를 맺고 있어서 3국은 자칫하면 진나라가 옆구리를 찌르지 않을까 두려웠다.

그래서 먼저 초나라에 사신을 보내어 우호 관계를 청하면서 함께 진나라를 치자고 제의했다.

초나라는 진나라와 우호 관계를 맺고 있지만 지난날 진나라에 영토를 빼앗긴 일이 있었기 때문에 3국의 제의는 실지 회복을 위한 절호의 기회였다.

초나라는 3국의 제의를 믿고 진나라와 싸울 준비를 서둘렀다. 이 정보는 지체 없이 진나라에 전해졌다.

그러나 3국은 즉각 태도를 바꾸어 초나라를 공격하기 시작했다. 초왕은 당황하여 급히 진나라에 구원을 청했으나 진나라가 응해 줄 리 만무하였다. 그리하여 3국은 초나라를 공격하여 대승을 거두었다.

4. 대세에 적응한다

힘의 역학 관계가 소용돌이치고 있을 때 약자가 안전하게 살아가기 위한 방법에는 크게 두 가지가 있다.

한 가지는 약자끼리 단결하여 강자에게 대항하는 일이다. 이 경우 자주성은 지켜지겠지만 각개 격파를 당할지 모르는 불안이 뒤따른다.

다른 한 가지는 강자의 비호 아래 들어가서 안전을 보장받는 일이다. 이 경우에는 안심은 할 수는 있으나 자주성은 포기해야 한다.

전국 시대 후반에 접어들면 진나라가 점차 강성해지고 제·연·조·위·한·초의 여섯 나라는 항상 진나라의 침공을 두려워하게 된다.

이 6국의 단결로 강국 진나라에 대항하자는 것이 소진이 주창하는 합종책(合從策)이다. 이에 대해 강국 진나라와 개별적으로 동맹을 맺고 자기의 안정을 도모하자는 것이 장의가 주창하는 연횡책(連橫策)이다.

소진은 6국을 순방하며 합종 동맹을 강화하여 한때 진나라를 고립시키는 데 성공한다. 그러나 그 뒤에는 진나라 장의의 분열 공작 때문에 균열이 생겨 소진은 끝내 죽임을 당하고 합종책도 무너지고 만다.

한편 장의는 진나라의 재상으로 있으면서 6국을 분열시켜 저마다 개별적으로 진나라와 연합시키는 연횡 공작을 폈으나 결국에는 그 자신도 신변의 위험을 느끼고 망명하여 객사하고 만다.

이 두 가지 방법 중 어느 쪽이 좋고 어느 쪽이 나쁘다고 딱 잘라 말할 수는 없다. 필요와 상황과 능력에 따라 다르기 때문이다.

결국 이 합종과 연횡의 와중에 휘말려서 몸을 망친 것은 합종과 연횡 사이를 좌고우면(左顧右眄)하다가 끝내는 진나라의 술책에 넘어가 사로잡히고 마는 초나라의 회왕이다. 항상 자기 능력을 기르면서 대세에 적응하지 못했기 때문이다.

5. 가까운 곳을 친다

전국 시대에 합종책도 연횡책도 아닌 새로운 전략으로 진왕(秦王)을 놀라게 한 자가 있었다. 그의 이름은 범수(范雎)이다.

그는 일개 미천한 세객(說客)으로 입신하여 강대국 진나라의 재상이 되었는데 그가 활동한 때는 소진과 장의보다 약 50년 후이며 시황제가 천하를 통일하기 30년 전이다.

그가 진왕을 처음 만나서 진언한 전략이 바로 '원교근공책(遠交近攻策)'이다. 멀리 떨어져 있는 제나라와는 동맹을 맺고 가까운 나라인 한·위는 우선 쳐야 한다는 것이다.

지금까지 이웃 나라인 한·위와 동맹을 맺고 그 힘으로 먼 곳의 제나라를 치려고 생각해 온 진왕으로서는 실로 놀랄 만한 제안이 아닐 수 없었다.

범수가 진왕에게 말했다.

"우리 진나라가 멀리 제나라까지 출병하여 싸우는 동안 이웃 나라는 힘을 기르고 군사들을 훈련시킬 것입니다. 설령 우리가 그 싸움에 이긴다 하더라도 먼 곳의 영토를 유지하기는 쉽지 않습니다. 그보다는 차라리 멀리 있는 제나라와 손을 잡고 가까운 한·위를 치는 것이 실리가 적지 않습니다. 뿐만 아니라 획득한 영토는 고스란히 우리 진나라에 귀속시킬 수 있으니 이것이 이른바 원교근공책이라는 것입니다."

진왕은 연신 고개를 끄덕이면서 감탄하기를 마지않았다.

6. 어부지리(漁父之利)를 노린다

조나라 혜왕(惠王)이 연나라를 치려고 했다. 조나라는 산동성 서남 지역인 황하 북쪽의 대국이고 연나라는 지금의 북경을 도읍으로 하북(河北)의 가장 북쪽에 있던 나라이다. 따라서 이 두 나라는 항상 충돌이 잦았다.

소진의 아우 소대(蘇代)가 연나라를 돕기 위해 조나라로 가서 혜왕을 알현하고 말했다.

"제가 이번에 이쪽으로 올 때 역수(易水)를 건너며 보니 조개가 입을 벌리고 있었습니다. 그곳에 따오기가 와서 조갯살을 쪼아 먹으려 하자 조개는 얼른 입을 닫고 따오기의 주둥이를 꽉 물어 버렸습니다.

따오기가 '이틀 동안 비가 오지 않으면 너는 말라 죽을 거야'라고 말하니 조개는 '이틀 동안만 이대로 물고 있으면 너는 시체가 될 거야'라고 하면서 서로 조금도 양보하지 않았습니다. 그 때 마침 그곳을 지나가던 어부가 '이게 웬 떡이냐' 하며 따오기와 조개를 한꺼번에 잡아 버렸습니다. 지금 귀국에서 연나라를 치려 하고 있습니다만 양국이 서로 싸우다 보면 욕심 많은 진나라가 두 나라를 모두 잡아먹을지도 모를 일입니다."

혜왕은 그 말을 듣자 크게 깨닫고 즉시 연나라 공격을 중지했다.

7. 사태의 핵심을 간파해야 한다

당나라 말기에 다섯 왕조가 자주 바뀌어 말세라 일컫던 오계 시대(五季時代: 후량[後梁], 후당[後唐], 후진[後晉], 후한[後漢], 후주[後周])에 안중패(安重覇)라는 사람이 있었다. 그는 워낙 재물을 좋아하여 어디를 가나 지방민들의 돈을 갈퀴질하는 것이 유일한 취미이자 도락이었다.

그가 촉나라의 간주(簡州) 자사로 부임했을 때에도 온갖 방법으로 백성들을 수탈하고 들볶았다. 재산깨나 있는 사람들은 비록 몇 푼이라도 안중패에게 뺏기지 않은 사람이 없었건만 오직 등온해라는 사람만은 어쩔 수가 없었다.

등온해는 10여 년간 착실하게 기름을 짜서 생계를 구하고 푼푼히 모은 돈으로 조금씩 가게를 늘려갔는데 안중패가 부임했을 당시에는 그 지방의 유지가 되어 있었다.

털어서 먼지 안 나는 사람이 없다는 걸 잘 아는 안중패는 등온해가 10여 년간 기름 장사를 해 오는 동안 조금이라도 허물이 없었는가를 샅샅이 조사해 보았다.

그러나 이렇다 할 부스러기 하나 나타나지 않자 이번에는 그의 취미가 무엇인지 조사했다.

명을 받은 관원이 며칠간 조사를 하고 돌아와 보고하기를 그의 취미는 바둑이라고 했다. 안중패는 혼자 무슨 생각을 했는지 무릎을 탁 치며 말했다.
"이제야 됐다. 너는 내일 아침 일찍 등온해를 찾아가 이 서찰을 전하도록 해라."

관원은 다음날 일찍 안중패의 서찰을 등온해에게 전했다. 내용인즉 자기가 간주 자사로 부임해 왔으나 지방 유지인 등온해와 수인사 한번 못했으니 간단히 점심이나 같이 하자는 것이었다.

등온해는 서찰을 받은 즉시 관청으로 나아가 허리를 굽혔다.
"자사님의 부르심을 받고 이렇듯 찾아뵈었습니다."
관원이 말했다.
"그래요? 그렇다면 여기서 잠시 기다리시오. 자사님께서는 지금 중요한 손님을 접대하고 있는 중입니다."

등온해가 기다리는 동안 점심때가 훌쩍 지나고 어느새 저녁 무렵이 되었다. 관아에 불이 켜질 때가 되어서야 등온해에게 안으로 들어오라는 분부가 떨어졌다.

등온해가 하루 종일 쫄쫄 굶고 허기진 몸으로 들어가자 안중패가 제법 정중하게 말했다.
"여기까지 오시느라 수고가 많으셨소. 그대와 같이 부지런한 사람이 내 관내에 있다는 것을 알고부터 한번 만나보고 싶어 이렇게 청한 것이오."
"황감하옵니다."
"아니오. 어서 이리 올라오시오."
안중패는 등온해를 빈객실로 오르게 한 후 은근히 물었다.
"내 듣자 하니 그대가 바둑에 무척 조예가 깊다고 하던데 사실이오?"
등온해가 겸연쩍게 웃으며 대답했다.
"조예가 깊다 함은 당치 않습니다. 그저 심심풀이로 낙석(落石)해 보는 정도입니다."

"그래요? 그렇다면 나와 한 판 두어 봅시다. 그대가 만일 나를 이긴다면 나는 마땅히 그대의 청을 한 가지 들어 주겠소."

안중패는 곧 바둑판과 알을 내오게 한 다음 백돌을 쥐었다.

"지사님, 소생이 먼저 두겠습니다."

등온해가 화점에 착점을 하자 안중패는 화를 벌컥 내며 말했다.

"어허, 이런 고이헌 일이 있나!"

등온해가 갑작스런 안중패의 태도에 어리둥절하자 안중패가 언성을 높여 말했다.

"나는 이 지방을 다스리는 방백이고 그대는 내가 다스리는 관내의 백성이 아니오. 그런데 어찌 감히 나와 함께 대좌하여 바둑을 둘 수 있단 말이오. 그대는 자리에서 일어나 남쪽 창가에 서 있다가 내가 착점을 하거든 와서 바둑을 두시오!"

참으로 어이없는 말이었다. 그러나 등온해는 그가 하라는 대로 창가로 가서 그가 착점하기를 기다릴 수밖에 없었다. 그런데 아무리 기다려도 착점을 하지 않고 있었다.

한참 후에야 한 점 착점을 했다 싶으면 다시 한 점을 두기 위해서는 몇 시각이 흘러갔다. 자시(子時)가 가까워서야 일단 봉수를 했는데 기껏 진행된 것은 다섯 수 정도였다.

다음 날도 마찬가지였다. 거의 하루 종일 등온해는 창가에서 안중패의 착점을 기다리다가 녹초가 되어 집으로 돌아오곤 했다. 등온해의 괴로움은 이만저만이 아니었다.

마침내 등온해가 머리를 싸매고 자리에 드러눕자 시중을 들던 처녀가 말했다.

"나리, 안자사의 속셈은 아무래도 바둑에 있는 것이 아니라 재물에 있는 것 같습니다. 그러니 집에 있는 금덩이를 하나 가져다 그에게 줘

보시지요."

다음 날 등온해가 안중패를 찾아가 금덩이를 바치니 그는 입을 벌리고 크게 웃으며 제멋대로 바둑을 무승부로 정해 버렸다.

관리가 무엇을 원하고 있는지 빨리 간파하지 못하면 엉뚱한 고생을 하게 된다는 이야기다.

8. 책략은 함부로 쓰는 것이 아니다

어느 날 순자(荀子)가 조나라의 효성황(孝成王)·임무군(臨武君)과 함께 병법에 대해 이야기했다.

임무군이 자기 의견을 말했다.

"먼저 천기(天機)를 살피고 지세와 풍토를 이용해야 하며 또한 적의 동정을 세밀하게 통찰하는 것이 중요하오. 한 가지 더 덧붙인다면 기선을 제압하는 것도 필요하오."

그러자 순자가 이를 반박하고 나섰다.

"그런 일은 지엽말단에 불과한 것입니다. 가장 중요한 것은 민심을 얻는 일입니다. 용병(用兵)의 근본은 오로지 백성들을 따르게 하는 것뿐입니다."

임무군은 용병의 기술을 말하고 순자는 용병의 정신을 강조한 것이었다. 그래서 두 사람의 의견은 팽팽하게 맞섰다.

임무군이 계속 강조했다.

"전쟁은 기술이지 민중 공작이 아닙니다."

그러자 순자가 다시 반박했다.

"왕자와 제후의 차이는 바로 이 두 가지 점을 분별하느냐 못하느냐에 달려 있는 것입니다. 장군은 지금 중요한 것은 책략이라고 말하지만 그것은 제후들이나 취할 바이지 천하의 왕자가 할 짓은 아닙니다."

순자의 말뜻은 상대가 어진 군주라면 책략 따위는 통하지 않는다는 것이다. 가령 걸왕과 같은 폭군이 요순 시대의 성왕(聖王)에게 책략을 쓴다는 것은 그야말로 바위에 침을 놓는 격이라는 것이다.

요컨대 순자의 주장은 손자나 오자가 주장하는 용병술을 함부로 적용하는 것은 위험하다는 얘기이다.

9. 스스로 낮추어야 한다

당나라 명황 시대에 한림원의 기대소(棋待詔), 즉 당 현종의 바둑을 상대하는 벼슬 출신의 기사(棋士)로 왕적신(王積薪)이란 사람이 있었다. 그는 현종과 자주 대국을 했으며 〈위기십결(圍棋十訣)〉의 저자이기도 하다.

현종 15년 6월에 안록산(安祿山)의 반군이 도읍을 함락시키자 왕적신도 서촉(西蜀)으로 피난을 떠나게 되었다. 서촉은 지금의 사천성으로 산세가 워낙 험했다.

그는 기진맥진하여 밤길을 헤매다가 한 민가를 발견하고 하룻밤을 기탁하게 되었다. 흐릿한 달빛이 송림 사이로 비쳐 올 무렵 감자로 허기를 때운 왕적신이 물었다.

"이곳에는 두 분 고부만 사시는지요?"

"그렇습니다. 며느리와 같이 이렇게 산수 간에 살면서 임천한흥(林泉閑興)의 즐거움을 만끽하고 있습니다."

왕적신은 정중하면서도 해박한 지혜를 감추고 있는 것 같은 노파에게 자신의 처지를 숨김없이 얘기했다.

그러자 노파가 말했다.

"저기 있는 숯으로 여기에 글자 하나만 써 보시지요."

왕적신은 처음에는 영문을 몰라 어리둥절했다. 그러나 이내 그 뜻을 알아차리고 숯을 집어 들고는 반석 위에 무슨 글자를 쓸까 하고 생각에 잠겼다. 그러다가 이윽고 '알 지(知)'자를 썼다.

이를 보고 노파가 말했다.

"지(知)라는 것은 안다는 뜻이긴 하지만 과녁(口)을 진리의 화살(矢)로 꿰뚫어야 비로소 안다(知)고 할 수 있습니다. 그러기에 우주 만물의 이치를 알면 비로소 신인합일(神人合一)의 경지에 이를 수 있지요. 그러나 화살은 세모꼴이니 이것은 마치 독사의 머리를 닮아 어설픈 소인배들이 입(口)을 함부로 놀려 사람에게 상처를 입히지요. 돌아가시거든 부디 말을 삼가십시오."

"네, 명심하겠습니다."

노파가 다시 말했다.

"글자 하나를 더 써 보시지요."

그러자 이번에는 자신이 기사(棋士)임을 생각해 내고 바둑 '기(棋)'자를 반석 위에 썼다. 노파는 이번에도 심각한 얼굴로 말했다.

"무릇 장기라는 것은 마음 속의 근심이 판을 놓을 때마다 없어지는 것이지요. 처음에는 차포마상(車包馬象)에 병졸(兵卒)들이 늘어서 있어 마음의 판에 근심이 가득 찬 듯 보이나 시간이 지나면 하나씩 하나씩 없어지게 됩니다. 그러나 바둑은 시간이 갈수록 하나씩 하나씩 돌이 더해만 가는 형국이니 어찌 가볍게 볼 수 있겠습니까."

왕적신은 노파의 말에 반쯤 얼이 빠져 있었다. 그것은 마치 하루살이가 거미줄에 걸려 바둥거리는 듯한 자신의 처지를 정확히 집어낸 탓이기도 했지만 흘러드는 달빛에 비친 노파의 얼굴이 신선처럼 너무도 고

아했기 때문이기도 했다.

왕적신은 노파에게 배례를 올리고 건넌방으로 돌아와 자리에 누워 생각에 잠겼다. 어지럽기만 한 세상에서 부귀와 공명이 무엇이기에 이다지 뜬구름처럼 흘러 다녀야 한단 말인가. 그의 마음은 착잡하기만 했다.

애써 잠을 청해 보았지만 마음만 산란하여 이리 뒤척 저리 뒤척 하고 있는데 안방에서 도란거리는 말소리가 들려왔다.

"애야, 밤은 길고 별로 할 일도 없으니 바둑이나 한 판 두는 게 어떻겠느냐?"

"그러지요."

왕적신은 바둑이란 말에 귀를 쫑긋 세워 안방의 동정을 들었다. 그러나 가만 생각해 보니 며느리는 주렴을 내린 서쪽 방에 있었고 노파는 동쪽 방에 있는데 이 집엔 촛불 하나 없었다. 더군다나 희미한 달빛 아래에서 바둑을 둔다는 것은 더욱 어려운 일이었다.

그런데 노파와 며느리는 바둑을 두었다. 바둑판을 가져다 놓고 그 위에 알을 놓아 가며 두는 게 아니라 구담(口談)으로 두는 것이었다. 즉, 노파가 나는 어디에 놓았다 하면 며느리는 저는 어디에 놓았습니다 하는 식이었다.

왕적신은 노파와 며느리가 구담으로 두는 바둑에 깜짝 놀라지 않을 수 없었다. 자신으로 말하자면 한림원에서 황제의 바둑을 지도하고 있는 몸으로 천하의 국수(國手)라고 자부하고 있는 터가 아닌가. 그런데 아직 구담으로 바둑을 둔 적은 없었다.

얼마 후에 노파의 목소리가 들려왔다.

"오호라, 화국(和局)이로다!"

"네, 그렇습니다. 어머니!"

화국이란 승부가 나지 않는 빅을 뜻한다. 이렇게 해서 고부간의 바둑은 끝이 났다. 왕적신은 너무도 신기하여 그 밤을 거의 뜬 눈으로 지새우고 나서 다음날 아침 노파에게 머리를 숙이고 바둑 두는 법을 물었다. 노파가 며느리에게 말했다.

"얘야, 이 손님이 보통의 수 정도는 배워 갈 것 같구나."

노파의 말에 며느리가 바둑판을 내어 공격과 수비의 요점을 가르쳐 주는데 왕적신으로서는 생전 처음 보는 기상천외한 묘수들이었다.

그로부터 왕적신은 근신하여 말을 삼가고 스스로 국수라 뽐내지 않으며 더욱 바둑에 정진했다. 비록 난세가 아니더라도 스스로 잘났다고 뽐내는 것이 얼마나 어리석은 일인가.

10. 굽힐 줄도 알아야 한다

적대 세력을 분열시키려는 술책은 실패하면 위험하다. 그것이 간파되었을 경우에는 상대방의 힘을 더욱 결속시키기 때문이다.

따라서 상대가 이 술책으로 쉽게 무너지지 않겠다고 판단되면 재빨리 포기하는 것이 상책이다. 서투른 책동을 계속하거나 대항을 시도하다가는 상대의 결속력만 더욱 높여 줄 뿐이다. 그러나 이쪽이 머리를 굽히면 상대도 달라진다. 이런 경우의 항복은 빠르면 빠를수록 좋다.

진나라는 한·위·제의 3국이 연합하여 대군을 이끌고 질풍처럼 쳐들어와 요충지인 함곡관까지 돌파당한 적이 있었다. 사태는 급박해서 적을 분열시킬 만한 시간적 여유도 없었다. 진나라는 싸우면 싸울수록 불리하다고 판단하여 재빨리 항복하고 세 곳의 성을 각각 3국에 양도했다.

이리하여 진나라는 3국의 군대를 철수시켜 위기를 모면할 수 있었다. 즉, 불리할 때는 재빨리 굴복하여 재기를 꾀하는 것이 상책이다.

11. 이해득실을 따진다

초나라와 제나라 사이가 갑자기 악화되어 곧 싸움이 벌어지려는 상황이 되었다. 바로 그 때 노나라가 초나라 쪽에 가담했다. 노나라는 비록 소국이기는 하지만 영향력은 컸다.

제왕은 어떻게 해서든 노나라의 뜻을 돌이켜 중립을 지키도록 만들어 놓지 않으면 안 될 상황이었다. 그래서 제왕은 서둘러 노나라에 특사를 보냈다. 특사는 노왕을 만나자 이렇게 말을 꺼냈다.

"대왕께서는 이번 일로 후회를 하시게 될 것입니다."

"그건 무슨 연유요?"

"승리가 확실하지 않은 사람과 손을 잡았기 때문입니다."

"그대는 제나라와 초나라 중에서 어느 쪽이 이긴다고 생각하오?"

"그건 알 수 없습니다."

"그렇다면 왜 후회한다고 말하오?"

"제나라와 초나라의 힘의 관계를 말씀드리자면 귀국이 가담하든 아니하든 큰 영향은 없습니다. 그러니 승부가 날 때까지 기다려서 이긴 쪽을 돕는 것이 유리할 것입니다. 왜냐하면 제나라와 초나라는 어느 쪽이 이기든 국력을 소모하여 그 후의 국방력을 유지하는 데에 다른 나라의 도움이 필요할 것입니다. 그 때를 기다려서 돕는 것이 안전하고 더 큰 은혜를 베푸는 길이 될 것입니다."

노왕은 그 말을 듣고 곧 원군을 철수시켜 버렸다.

12. 주체 의식이 중요하다

한나라와 조나라가 대립하여 싸우게 되었다. 양국의 중간에 끼인 위나라의 향배를 두 나라가 지켜보고 있는데, 한나라에서 먼저 위나라에 도움을 청해 왔다.

한나라의 사자가 말했다.

"조나라를 치기 위해 원군을 부탁합니다."

그러자 위나라의 문후(文侯)는 이렇게 거절했다.

"우리 나라는 조나라와 형제 사이입니다."

"…."

뒤이어 조나라에서도 위나라에 구원을 청했다.

"한나라를 치려는데 원군을 보내 주십시오."

문후는 역시 거절했다.

"우리 나라는 한나라와 형제 사이입니다."

"…."

원군을 얻지 못하게 되자 양국은 모두 군사를 철수시켰다. 그 뒤에 양국은 문후가 자기의 적국을 돕지 않은 것을 오히려 감사하게 생각했다.

위나라는 단지 원군을 거절했을 뿐만 아니라 쌍방에 친근을 유지하려는 주체적인 의사를 분명히 함으로써 쌍방과 모두 사귈 수 있게 되었다.

13. 끝까지 단념하지 않는다

초나라의 성왕(成王) 때 쿠데타가 일어났다. 반란을 일으킨 사람은 다름 아니라 다음 대를 계승할 왕자 상신(商臣)이었다.

사실 성왕은 애초에 상신을 다음 왕위 계승자로 생각하고 있었으나 나중에 상신의 이복동생인 자직(子職)으로 바꾸려 했다. 이것을 눈치 챈 상신이 선수를 쳐 쿠데타를 일으킨 것이었다.

근위병을 거느린 상신이 궁중으로 난입하여 성왕을 포위했다. 이 시대는 피비린내 나는 배신이나 패륜도 예사로 행해질 때였다.

"잠깐만 기다려라."

이미 대세가 기울어진 것을 안 성왕은 길이 한숨을 쉬며 애원하듯 말했다.

"마지막으로 내가 좋아하는 웅장(熊掌)이나 한번 먹어 보고 싶구나."

웅장이라면 곰의 발바닥으로 만든 고급 요리이다. 그 말을 들은 상신은 머리를 흔들었다.

"안 됩니다. 지금 자결하십시오."

이렇게 되니 더 어찌해 볼 도리가 없었다. 드디어 성왕은 스스로 목을 매고 죽었다.

이 이야기를 읽는 사람은 성왕을 두고 '미식가(美食家)의 말로'라고 비웃을지도 모른다. 그러나 기실 알고 보면 이 한마디야말로 그의 최후를 장식한 '권모술수'였다. 왜냐하면 웅장 요리는 주문을 해도 최소한 3일은 걸리기 때문이다.

성왕은 끝까지 포기하지 않고 3일의 시간을 벌어 그 사이에 어떤 술수를 쓰려고 했던 것이다. 그러나 상대도 그 의도를 간파하고 술책에 속지 않았기 때문에 역사는 바뀌게 되었다.

'성왕청식웅장이사(成王請食熊掌而死)' 즉 성왕이 곰의 발바닥 먹어 보기를 청했으나 죽고 말았다는 이 말 속에 숨어 있는 지혜의 대결, 이것이야말로 권모술수의 극치라고 할 수 있다.

14. 책략이 정도(正道)를 이긴다

춘추 시대 송나라의 양공(襄公)이 초나라와 싸울 때였다. 공자(公子) 목이(目夷)가 적이 포진하기 전에 공격하여 기선을 잡자고 진언했다. 그러나 양공은 고개를 가로저으며 목이의 진언을 받아들이지 않았다.
"군자는 당당하게 싸워야 해. 적이 아직 포진하기도 전에 이를 치는 것은 의롭지 못한 일이야."
마침내 포진을 마친 초나라 군사들이 공격을 시작하자 송나라는 크게 패하고 말았다. 이를 '송양의 인(宋襄之仁)'이라고 한다.
승부의 세계에서 더구나 목숨을 건 전쟁에서 패배한다는 것은 곧 죽음을 의미한다. 양공은 인(仁)을 내세워 정도(正道)를 지키려다 패전의 쓴잔을 마신 것이다.

15. 강자의 비위를 맞춘다

송나라 때 바둑의 명인 가현(賈玄)은 태종과 더불어 바둑을 두었는데 언제나 태종이 석 점을 접어 주었다. 그런데도 늘 가현이 패하자 태종이 말했다.
"그대가 나와 바둑을 두면 항시 패하는 것은 아마도 거짓으로 승부를 조작하기 때문일 것이다. 마땅히 그대의 실력을 다해 보라."
두 사람은 다시 대국에 들어갔다. 그러나 결과는 한 점 승부도 없는 빅이었다. 태종은 다시 얼굴을 엄히 하여 말했다.
"이번에 다시 한 판을 두어 그대가 지면 연못의 진흙탕 속에 집어 던질 것이며, 그대가 이기면 비단을 하사하겠다."

두 사람은 다시 대국에 들어갔다. 밀고 밀리는 접전 끝에 바둑은 어느덧 종반전에 들어서고 마침내 계가를 했는데 이번에도 역시 빅이 났다.

태종은 짐짓 얼굴을 붉히며 말했다.

"이 판은 그대가 졌다!"

"어찌하여 제가 졌다고 하십니까?"

"그렇지 않은가. 보라! 나는 그대에게 석 점을 접어 주었는 데도 그대가 이기지 못했으니 이 판은 진 것이 분명하다."

"…."

태종은 가현을 잠시 바라보고 나서 가까이 있는 신하에게 분부했다.

"어서 가현을 지원(池苑)에 던져 넣으라!"

그러자 가현이 당황하여 말했다.

"아닙니다, 폐하!"

"아니라니?"

"황공하오나 제가 진 것이 아닙니다."

"진 것이 아니라니? 어째서 그러한가?"

가현은 왼손을 펴 보이며 말했다.

"여기에 사석(死石)이 한 알 있습니다."

태종이 보니 가현의 왼손 안에 바둑 한 알이 감추어져 있었다. 태종은 호기롭게 껄껄 웃고 나서 비단을 하사했다.

가현은 바둑에 만능의 재주가 있어 판을 자유자재로 짤 수 있었다. 그리하여 이기지도 지지도 않는 빅의 묘수를 절묘하게 구사함으로써 태종의 변함없는 총애를 받을 수 있었다.

16. 지나침은 모자람만 못하다

낙양(樂羊)이라는 위나라 장군이 중산(中山)을 공략하고 있었다. 이 때 그의 아들이 적국인 중산에서 벼슬을 살고 있었다. 중산왕은 낙양의 아들을 볼모로 삼아 공격을 멈추라고 요구했다.

그러나 낙양은 일국의 장군으로서 공사(公私)를 혼동하지 않았다. 그는 더욱 치열하게 공격을 가했다. 중산왕은 대로하여 마침내 낙양의 아들을 죽여 가마솥에 넣고 삶아서 그 국물을 낙양의 진영으로 보냈다.

낙양은 그 국물을 마시면서 말했다.

"대의(大義)에 살고자 함이 곧 부모의 도리를 잃게 만들었구나."

낙양으로서는 왕명에 따라 중산을 치는 것이 임무였지만 그로 인해 그는 어버이의 의리를 저버린 결과가 되고 말았다. 일국의 장군으로서 그의 고뇌와 슬픔이 얼마나 컸겠는가. 그로서는 둘을 다 이루지 못할 입장이니 하나라도 살리고자 했을 것이다.

그러나 세상일은 반드시 그러하지 못했다. 위왕은 낙양 장군의 얘기를 듣고 측근인 도사찬(堵師贊)에게 말했다.

"낙양 장군이 과인을 위하여 자식의 살을 먹었다고 하던데."

위왕은 자식을 희생시킨 낙양의 태도에 감격하여 말했다. 그러자 도사찬이 말했다.

"자기 자식의 살을 먹을 정도이니 다음에는 누군들 먹지 못하겠습니까?"

그 말을 듣자 위왕은 모골이 송연해졌다.

낙양이 중산을 공략하여 마침내 대승을 거두자 위왕은 그에게 후한 상을 내리기는 했으나 낙양으로부터 병권(兵權)을 회수해 버리고 말았다.

17. 때를 기다린다

왕맹(王猛)은 때때로 전연(前燕)의 도읍인 업(鄴)이나 낙양(洛陽)으로 삼태기를 팔러 다니는 가난한 선비였다. 그러나 그는 모습이 단정하고 박식하여 병법은 물론 당시에 유행한 도교의 묘리를 체득하여 사람을 보는 안목이 높았다.

한번은 그가 업에 갔을 때 그곳의 관부에 있는 서통이라는 자가 그의 인물됨을 알고 사서를 다루는 하급 관료인 공조(功曹)로 천거했다. 그러나 왕맹은 도망해 은화산에 숨어 버렸다.

이 무렵 동진(東晋)의 이름난 장수 환온(桓溫)이 전진(前秦)을 치기 위해 관중으로 쳐들어왔다. 그러자 누더기를 걸친 왕맹이 환온을 찾아갔다. 환온은 사람을 알아보는 눈이 있어 그와 대좌하여 이야기를 나누다가 문득 물었다.

"나는 천자의 명을 받들어 정예 군사 10만을 거느리고 의(義)를 좇아 역도(逆徒)를 치며 만민을 위해 잔적을 소탕하려 하는데 진나라의 현인·호걸들이 즐겨 이에 응하지 않는 것은 무슨 까닭이오?"

왕맹이 대답했다.

"장군께서는 수천 리를 불원하고 깊이 적지까지 들어왔습니다. 그런데 장안을 목전에 두고도 패수를 건너려 하지 않습니다. 이래서야 장군께서 무슨 일을 하려는지 사람들은 도무지 알 수가 없습니다. 그러니 어찌 장군께 호응을 하겠습니까."

왕맹의 말에 환온은 깊이 깨달은 바 있었다.

그 후 환온은 패수를 건너 장안을 공격했다. 그러나 여의치 못하자 왕맹에게 거마를 보내며 은근히 권했다.

"지금 강동에는 그대만한 인물이 없습니다. 그대에게 합당한 지위를 보장할 터이니 함께 동행하면 어떻겠소?"

이에 왕맹은 낙양 부근의 숭고산으로 가서 항상 자기의 장래를 돌봐주는 선인(仙人)에게 물었다. 선인이 대답했다.

"그대와 환온은 비록 득세는 할 수 있으나 두 영웅이 함께 양립하기는 어렵다. 이곳에 그대로 있어도 반드시 부귀할 때가 올 것이니 가벼이 움직이지 말라."

왕맹은 이 말을 듣고 따라갈 것을 단념했다.

환온은 그 후 강대한 군사력을 등에 업고 동진의 왕권을 찬탈하려 했으나 뜻을 이루지 못하고 병사하고 말았다. 그 사이에 왕맹은 전진(前秦)의 왕 부견(符堅)에게 발탁되어 그의 재주를 마음껏 발휘하였다.

18. 스스로 정도(正道)를 걷는다

당나라 태종이 제위에 오르고 얼마 되지 않았을 때의 일이다. 그가 경세(經世)에 관한 공부를 하고 있는데 한 근신이 아뢰었다.

"폐하께서는 모름지기 간신을 멀리 하십시오."

태종이 물었다.

"간신이라니 누구를 가리키는 말인가?"

"꼭 누구라고 지칭할 수는 없습니다만 간신을 분별할 수 있는 방법은 있습니다. 폐하께서 군신(群臣)들과 대화를 하실 때 일부러 화를 내어 따질 경우 끝까지 도리를 지키고 굴복하지 않는 자는 강직한 신하이고 반대로 폐하의 위엄을 두려워하여 폐하의 뜻에 따르는 자는 간신일 것입니다."

그러나 태종은 그 말을 물리치고 듣지 않았다.

"윗물이 맑으면 아랫물도 맑은 법이라. 군주 된 자가 자기를 속이면서 어찌 신하들에게 정직을 구할 수 있단 말인가. 오직 성심성의로 천하를 다스릴 뿐이다."

과연 태종다운 치도(治道)였다.

19. 지나치게 직설적으로 말하지 말라

조조가 심한 두통으로 병석에 누워 있을 때였다. 화타(華陀)가 천하의 신의(神醫)라는 말을 듣고 즉시 사람을 보내어 그를 불렀다. 화타가 조조를 진맥하고 병세를 살펴본 후 말했다.

"대왕께서 골머리가 쑤시고 아픈 것은 환풍(患風)으로 인하여 생긴 것입니다. 병의 뿌리가 이미 뇌수에 박혔으니 풍연(風涎)을 걷어내기가 쉽지 않습니다. 탕약만으로는 도저히 고칠 수 없습니다."

"그러면 영영 고칠 수 없다는 말인가?"

조조가 한숨을 쉬며 물었다. 좌우 제관(諸官)들도 걱정스럽게 화타의 입만 쳐다보았다. 화타가 대답했다.

"대왕의 병을 고치시려면 단 한 가지 방법밖에 없습니다."

"그 방법이란 무엇이오?"

"대왕께서 과연 그 방법을 허락하실지 자못 의문입니다."

"속히 말해 보오."

"먼저 마폐탕(麻肺湯)을 써야 합니다. 대왕께서 의식을 잃고 가사(假死) 상태에 드시면 그 때에 날카로운 도끼로 두골을 쪼개어 뇌수를 집어낸 후 풍연을 말끔히 씻어내 버려야만 병의 뿌리를 뽑을 수 있습니다."

듣기만 해도 소름이 끼치도록 무서운 일이었다. 그런데 화타가 이런 소리를 태연히 하는 것을 보자 의심 많은 조조는 크게 노했다.

"네가 나를 죽이려 하는구나!"

화타는 계속해서 대답했다.

"대왕께서도 들으셨을 줄 압니다만 지난날 관운장이 오른팔에 독화살을 맞아 고생했을 때 제가 뼈를 긁어 독을 뽑았건만 관운장께서는 조금도 두려워하는 빛이 없었고 유유히 바둑을 두며 담소했습니다. 그러한데 이제 대왕께서는 치료를 두려워하며 의심을 하시니 이러고서야 어찌 병을 고칠 수 있겠습니까."

"팔이 쑤시고 아프면 뼈를 깎아낼 수도 있지만 두골을 쪼개어 뇌수를 집어낸다니 그게 말이나 되는 소리냐! 네 나를 어떻게 알고 하는 수작이냐. 네가 지금 관운장 이야기 하는 것을 보니 이는 나를 꼬임수로 속여 오히려 관운장의 원수를 갚으려는 것이로구나!"

"대왕께서 병 고치실 생각이 없으면 그만이지 오해는 하지 마십시오."

조조는 더욱 대노하여 소리쳤다.

"저놈을 당장 옥에다 가두고 사정없이 고문하여 이실직고하게 하라!"

조조의 영이 떨어지자 좌우의 사람들이 화타를 끌고 나갔다.

억센 옥졸(獄卒)들의 뭇매질을 받고 화타는 살이 터지고 뼈가 으스러졌으나, 어찌 없는 일을 말할 수 있겠는가. 화타는 끝내 입 한 번 잘못 놀린 탓으로 옥중에서 죽고 말았다.

제16편 싸우지 않고 이기는 법

제16편 싸우지 않고 이기는 법

동서고금을 막론하고 '싸우지 않고 이기는' 것을 승부의 가장 이상적인 형태로 여겼다. 병법의 대가인 손자는 이렇게 말했다.

"백전백승은 최선의 방법이 아니다. 싸우지 않고 적을 굴복시키는 것이야말로 최선의 방법이다. 최선의 방법은 적을 책략으로 이기는 것(伐謀)이다. 그 다음은 교섭을 통해 이기는 것(伐交)이다. 그 다음은 실전을 전개하여 전투로 이기는 것(伐兵)이다."

또 한 사람의 병법 대가 오자(吳子)도 이와 비슷한 말을 했다.

"여러 번 이겨서 천하를 얻는 자는 드물고 오히려 멸망하는 자가 많다."

또 태공망(太公望)이 편찬한 것으로 알려진 옛 병서 〈육도삼략(六韜三略)〉에도 "싸우면 상처가 나게 마련이다"라는 구절이 나온다. 모두 싸우지 않고 이기는 것을 최선의 방법으로 삼고 있다.

이처럼 싸우지 않고 이기는 것이 이상적이라는 것은 적이 백 번이나 져서 재기 불능이 되었다 하더라도 이쪽도 그에 상당하는 손상을 입기 때문이다.

1. 힘으로 안 될 때는 꾀로 이긴다

제나라의 환공(桓公)이 노나라를 공격하자 노나라의 장군 조말(曹沫)은 세 번 싸워서 세 번 모두 패했다. 노나라의 장공(莊公)은 싸움을 두려워하여 제나라에 수읍이라는 땅을 헌납하는 조건으로 휴전하기를 청했다.

환공은 이를 받아들이고 노나라와 가(柯)라는 곳에서 회합을 가졌다. 노나라의 장공이 환공에게 막 서약을 하려는 순간 조말이 단검을 뽑아 들고 단상으로 올라가서 환공을 위협했다.

"비록 제나라는 강하고 노나라는 약하지만 귀국이 노나라를 치는 것은 무례한 짓이오. 지금 귀공과 나 사이는 불과 석 자 거리밖에 되지 않습니다. 만일 노나라의 성벽이 무너지면 그 기와는 제나라의 국경으로 떨어질 것이며 내가 죽으면 내 피는 귀공의 옷자락을 물들일 것입니다. 그래서는 귀국에게도 하등 이로울 게 없을 것이니 그 점을 깊이 생각하시기 바랍니다."

환공은 칼을 뽑아 든 조말을 보자 간담이 서늘해져서 말했다.

"노나라로부터 빼앗은 땅을 모두 돌려주겠소."

그러자 조말은 단검을 버리고 아무 일도 없었다는 듯이 태연하게 자기의 자리로 되돌아갔다.

일단 위기를 모면하기 위해서 약속은 했으나 환공은 조말의 오만불손함에 노하여 그를 죽이려고 했다. 그러자 재상 관중(管仲)이 만류했다.

"그래서는 안 됩니다. 소리(小利)에 눈이 어두워지면 장차 무엇으로 일어서겠습니까? 지금 조말을 죽이고 약속을 어긴다면 제후들의 신뢰를 잃고 천하의 사람들로부터 비웃음을 살 것입니다. 약속은 지켜야 합니다."

마침내 환공은 빼앗은 땅을 모조리 노나라에게 돌려주었다.

제후들은 이 소식을 듣자 환공을 믿고 제나라와 화의하기를 청하여 환공은 제후들과 견(甄)이라는 곳에서 회맹을 했다. 이리하여 환공은 춘추 시대 최초의 패자(覇者)로 우뚝 서게 되었다.

조말은 전장(戰場)에서 잃은 것을 회의장에서 되찾았고 환공은 빼앗은 영토를 돌려줌으로써 천하의 신뢰를 얻어 패권을 장악했다. 쌍방이 모두 싸우지 않고 목표를 달성한 셈이다.

대개 약자는 실리를 구하고 강자는 명분을 찾는다. 그런데 강자는 그 명분 때문에 더 많은 실리를 얻는 경우도 있다.

2. 모함하여 제거한다

서주(西周)와 동주(東周)는 견원지간(犬猿之間)이었다. 그런데 서주의 신하 창타(昌他)가 동주로 도망쳐 서주의 내정을 아는 대로 다 고해 바쳤다. 이를 알게 된 서주의 왕은 크게 노했다.

그 때 서주의 책사 풍단(馮旦)이 나서서 말했다.

"그놈을 꼭 죽여 없애겠으니 대왕께서는 금 30근만 내려주십시오."

풍단은 부하를 시켜 왕이 내려준 금 30근과 편지를 몰래 창타에게 전하도록 일러주고 편지에는 다음과 같이 썼다.

'성공의 기미가 보이거든 힘써 노력하라. 그러면 우리도 마땅히 외응하마. 하지만 가망이 없으면 속히 도망쳐 오라. 일을 오래 끌면 오히려 누명을 쓰고 망신을 당하게 될지도 모른다.'

그런 다음에 풍단은 사람을 시켜 동주 관아에 다음과 같이 밀고를 하게 했다.

"오늘 밤 서주의 첩자가 잠입할 것이오."

동주의 군사들은 기다렸다가 금 30근과 편지를 창타에게 전달하러 온 사람을 잡아서 왕에게 끌고 갔다. 동주의 왕은 창타를 첩자로 오해하고 즉시 잡아서 목을 베어 버렸다.

이처럼 교묘하게 적을 함정에 빠뜨려 제거하는 것은 오늘날에도 흔히 보는 수법이다.

3. 다른 사람의 명성을 빌린다

소대(蘇代)가 연나라를 위하여 제왕을 설득하려 했다. 그는 제왕을 알현하기에 앞서 우선 제나라의 유명한 실력자 순우곤을 찾아가 말했다.

"준마를 파는 자가 있었습니다. 3일 동안 아침마다 저잣거리에 세워 놓았으나 누구 한 사람 거들떠보지도 않았습니다. 그는 하는 수 없이 백락(伯樂: 말 감정의 명인)에게 가서 말했습니다. '준마를 팔려고 내놓았으나 사흘이 지나도록 물어 보는 사람조차 없습니다. 원컨대 선생께서 제 말 주위를 한 바퀴 돌아보고 돌아가면서 다시 한 번만 더 돌아봐 주십시오. 다행히 말이 팔리면 크게 사례를 하겠습니다' 하고 청했습니다. 백락이 그의 청대로 말의 주위를 한 바퀴 돈 다음 돌아가면서 다시 한 번 더 돌아봤습니다. 그러자 당장에 사람들이 모여들어 말 값은 열 배로 뛰었다고 합니다. 저는 지금 준마로서 제왕을 배알하고 싶습니다만 이끌어 주는 사람도 밀어 주는 사람도 없습니다. 하오니 선생께서 저의 백락이 되어 주지 않겠습니까? 백옥 한 쌍과 황금 천 냥을 사례로 드리겠습니다."

순우곤은 이를 응낙하고 어전으로 나아가 제왕에게 소대를 소개했다. 소대가 제왕의 마음에 들어 뜻을 이루었음은 물론이다.

아무리 능력 위주의 시대라 하더라도 권위와 명성은 무시할 수 없는 위력을 가지고 있다. 권위나 명성을 내세워 이를 이용하는 것도 직접 싸우지 않고 이기는 방법 중의 하나가 아닐 수 없다.

4. 세 치 혀로 실지(失地)를 회복하다

연나라의 문후(文侯)가 죽자 태자가 왕위를 물려받아 역왕(易王)이 되었다. 연나라가 국상 중임을 틈타 제나라의 선왕(宣王)이 대군을 이끌고 연나라를 침공하여 열 곳의 성을 빼앗았다.

연역왕은 곧 책사 소진(蘇秦)을 불러 노한 얼굴로 따졌다.

"지난해에 선생이 우리 연나라로 왔을 때 선왕(先王)께서는 거마를 갖추어 선생을 조나라로 보냈소. 그 덕분으로 6국 합종의 맹약이 이루어진 것인데 제나라가 이제 그 맹약을 깨뜨리고 전에는 조나라를 공격하더니 이번에는 또 우리 연나라를 침입했소. 이대로 가만있으면 우리 연나라는 천하의 웃음거리가 되고 말 것이오. 그 사단을 만든 사람은 바로 선생이니 지금 곧 제나라로 가서 빼앗은 땅을 찾아오시오."

"대왕께서 말씀하시니 그렇게 해 드리겠습니다."

소진이 제나라로 가서 선왕에게 먼저 두 번 절하고 축하를 드린 다음 곧 이어서 머리를 들고 조의를 표했다.

"축하를 말하더니 당장에 조의를 표하다니 이게 무슨 영문이오?"

선왕이 깜짝 놀라며 묻자 소진은 정색하고 대답했다.

"이런 얘기를 들은 적이 있습니다. 아무리 아사 직전이라 하더라도 독초인 오훼(烏喙)만은 먹지 않는다고 합니다. 그것은 먹을수록 죽음을 재촉하기 때문입니다. 지금 대왕께서 연나라의 성 열 곳을 빼앗았으니 필경 연나라는 강대국 진나라에 항복하고 말 것입니다. 그렇게 되면 약소국 연나라를 침공한 것이 원인이 되어 진나라가 천하의 강병을 몰아 제나라를 친다면 제나라의 운명은 어떻게 되겠습니까. 그야말로 오훼를 먹는 것과 다름이 없을 것입니다."

"그럼 어떻게 하면 좋겠소?"

선왕은 안색이 달라지며 물었다. 소진은 기회를 놓치지 않고 대답했다.

"예로부터 성공하는 자는 화를 복으로 바꾸고 실패를 거울삼아 성공을 이룩한다고 했습니다. 빼앗은 성 열 곳을 곧 연나라로 돌려주십시오. 그렇게만 하신다면 연나라가 기뻐할 것은 말할 것도 없고 연나라와 친선 관계를 맺고 있는 진나라도 역시 기뻐할 것입니다. 구원(舊怨)을 씻고 새로이 친교를 맺는다는 것은 바로 이 경우를 두고 말하는 것이 아니겠습니까.

이번 기회에 대왕께서 연·진 양국과 친교를 맺는다면 다른 제후들도 감히 제나라를 가볍게 보지 못할 것입니다. 성 열 곳을 미끼로 하여 천하를 편하게 할 것이니 이야말로 상지상책(上之上策)이 아니고 무엇이겠습니까."

선왕은 크게 고개를 끄덕이고 연나라에 성 열 곳을 되돌려주었다. 세 치 혀의 위력은 옛날이나 오늘날이나 다름이 없다.

5. 남의 손을 빌려 보복한다

제나라의 중대부(中大夫: 궁내대신)에 이사(夷射)라는 사람이 있었다. 한번은 그가 왕의 주연에 시종하고 있다가 몹시 취해서 궁전의 낭문(廊門)에 의지하여 잠깐 쉬고 있었다.

그 때 발꿈치가 잘린 죄인 하나가 문지기를 하고 있다가 중대부에게 와서 청을 했다.

"어르신께서 잡수시다 남은 술이 있으면 적선을 베풀어 주십쇼."

그 말을 들은 이사는 크게 화를 내며 꾸짖었다.

'뭐라고? 이놈! 죄인이 밥을 빌어먹는 것만 해도 다행스러운 일인데 술까지 청하다니 무슨 말버릇이냐. 썩 물러가라!"

문지기는 얼굴을 가리고 허둥지둥 그 자리를 피했다. 그런데 이사가 남문을 떠나자마자 그 문지기가 다시 나타나서 그가 떠난 자리에 물을 뿌렸다.

다음 날 아침 왕은 그 흔적을 보고 크게 노했다.

"누가 감히 이곳에 오줌을 누었느냐?"

문지기는 겁에 질린 얼굴로 대답했다.

"누가 그랬는지는 알 수 없습니다. 다만 어제 저녁 중대부께서 이곳에 서 있는 것을 보았습니다."

그 말을 듣자 왕은 궁전을 더럽힌 불경죄로 이사를 극형에 처해 버렸다.

6. 강자의 권위를 이용한다

어느 날 초나라 선왕(宣王)이 신하들에게 물었다.

"북방의 여러 나라에서는 우리 초나라 재상 소해휼을 몹시 두려워하고 있다는데 그게 사실인가?"

아무도 대답하는 사람이 없었다. 그러자 강을(江乙)이 나아가 천천히 말했다.

"호랑이는 백수(百獸)를 다 잡아먹는데 어느 날 여우를 잡았습니다.

여우가 이렇게 말했습니다.

'당신은 나를 잡아먹어서는 안 됩니다. 천제(天帝)께서 나를 백수의 왕으로 삼았으니 당신이 나를 잡아먹으면 천제의 뜻을 거스르는 것이 됩니다. 만약 믿지 못하겠으면 내가 앞장을 서서 걸어 보겠습니다. 당신은 나의 뒤를 따라오면서 모든 짐승들이 다 나를 보고 도망치는 것을 확인해 보시오.'

호랑이가 이 말을 듣고 그렇게 했더니 과연 짐승들이 모두 도망을 쳤습니다. 호랑이는 자기가 두려워서 도망치는 것을 모르고 여우가 무서워 도망치는 줄 알았던 것입니다. 지금 대왕의 땅은 사방 5천 리이고 군사는 백만이 넘는데 그것을 모두 소해휼에게 맡기고 있습니다. 북방의 여러 제후들이 소해휼을 두려워하고 있음은 마치 모든 짐승들이 호랑이를 두려워하고 있는 것과 같은 것입니다. 대왕께서는 소해휼 재상을 의심하지 마십시오.

한 권씩으로 엮은 中國 古典 十五選 ⑮
권모술수(權謀術數)

· 편찬 이언호
부산대에서 영문학을 전공했으나 중국 문학에 심취하여 중국 소설을 연구하였다. 평역 및 저서로는 〈공자를 알아야 나라가 산다〉〈수호지〉〈삼국지〉〈제자백가〉〈열국지〉〈금병매〉〈초한지〉 등 다수의 작품이 있다.

2019년 7월 31일 1쇄 발행
2022년 12월 10일 3쇄 발행

펴 낸 곳 | 학술편수관
펴 낸 이 | 조점숙
기획·편집·제작 | 그린하우스(GREEN HOUSE)
총　　괄 | 방효균
표지 디자인 | 이관일
편　　집 | 김 성·김미숙·이관일
디 자 인 | 세일포커스(주) (02)2275-6894~6
인　　쇄 | ㈜한빛인쇄 (031)906-8591

등록번호 | 제388-2008-00022호
주　　소 | 경기도 부천시 소사구 소사본동 181
전　　화 | (02) 2618-0700
팩　　스 | (032) 348-1240

ISBN 978-89-93039-37-5
ISBN 978-89-93039-38-2(전15권)

값 12,000원(전15권 260,000원)